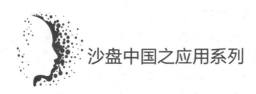

沙盘中国之应用系列

中小学团体沙盘心理技术应用实践

邹　萍　　李鑫蕾　　郭丽芳　　主编
于　晶　　审

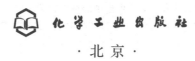

化学工业出版社

·北京·

内容简介

本书以团体沙盘心理技术在中小学实践的应用为主线，包括了三篇十二章。内容包括基础理论篇、实践教学篇和应用发展篇，具有鲜明的实践性、科学性、前沿性和应用性。本书紧扣中小学学生心理发展的实际，力求反映沙盘心理技术的最新成果与理论应用，是一本理论与实践相结合的著作，既可用作高等学校本科教学，也可供中小学老师、心理咨询师及有志于从事儿童心理咨询与研究的人士自学使用。

图书在版编目（CIP）数据

中小学团体沙盘心理技术应用实践/邹萍，李鑫蕾，
郭丽芳主编. —北京：化学工业出版社，2021.10（2025.1重印）
（沙盘中国之应用系列）
ISBN 978-7-122-39597-9

Ⅰ.①中… Ⅱ.①邹… ②李… ③郭… Ⅲ.①心
理健康-健康教育-中小学-教学参考资料 Ⅳ.①G444

中国版本图书馆CIP数据核字（2021）第146225号

责任编辑：李彦玲 文字编辑：李　曦
责任校对：王佳伟 装帧设计：王晓宇

出版发行：化学工业出版社（北京市东城区青年湖南街13号　邮政编码100011）
印　　装：北京天宇星印刷厂
710mm×1000mm　1/16　印张17　字数335千字
2025年1月北京第1版第2次印刷

购书咨询：010-64518888 售后服务：010-64518899
网　　址：http://www.cip.com.cn
凡购买本书，如有缺损质量问题，本社销售中心负责调换。

定　　价：59.80元

本书编审人员名单

主　　编：邹　萍　李鑫蕾　郭丽芳

副 主 编：宋剑锋　鲁　靖　吕永茂

　　　审：于　晶

编写人员（按姓氏笔画排序）：

于爽婷　万　里　王　美

王亚维　王海英　孔玉华

邓绍强　石继平　吕永茂

任　伟　刘　畅　刘　蕊

安文娟　许　佺　孙　平

孙　俪　李　琳　李鑫蕾

杨　莉　杨辉英　邹　萍

宋剑锋　张丽坤　张晓红

金秋月　胡紫蚕　钦志清

徐凤花　郭丽芳　崔　畅

鲁　靖　樊　嘉　潘丽新

序

团体沙盘心理技术是中国本土化的创新与应用，是借用结构式团体开展的沙盘心理技术，有效发挥了沙盘各个要素及团体动力，从而使心理健康教育、心灵成长及心理辅导以寓教于乐的"游戏"方式有效地开展。这种技术的应用已经遍及全国各地的各行各业，特别是中小学的应用更为广泛。

本书策划于2017年，也是我们团队最早策划并想出版的指导用书之一。撰写本书的原因有三个。

第一，2010年，中国本土化团体沙盘师的第一场培训就是为中小学专兼职心理教师组织的。在培训经验及培训内容、培训设置都不完善的情况下，就有162名（23小组）中小学教师参加了培训，培训组织方从13所学校借来了沙盘与沙具，培训现场23组162名参加者把一个小学的礼堂挤满了，三天的体验式培训让他们热情满怀。至今想起此场景，仍对组织方及这些教师心怀感激，正是他们的热情才鼓励我们走到今天。之后的案例报告及走访统计显示，第一批接受培训的老师仍有超过45％的人在自己所在的中小学心理健康工作岗位上应用此技术，并且收到了实效。

第二，这十余年间，我们培训过的学员中小学教师占多数，他们遍布各个省市，而且应用也特别广泛、深入且持久，有大量的案例支持，并且影响面大，很多中小学团体沙盘应用者希望有一本指导用书，为他们今后的工作提供帮助。

第三，我从事大学教育教学工作近四十年，接触最多的是大学生。近年来，90后、00后的学生心理问题逐步增多，这也促使我开始研究心理动力学，真心希望从家庭、幼儿园、小学、中学就逐步建立起心理教育的体系，使孩子们在成长阶段逐步养成良好的心理素质，到了大学能开心、快乐地享受每一天的青春时光。因此，我们急迫地想总结中小学教师的团体沙盘心理技术的应用经验，以便后来进行应用的教师少走弯路。我们也更希望在中小学团体沙盘应用者增加到一定量之后，可以就某一项应用进行研讨，以便就某一项团体沙盘教学出台更加细致的应用标准。

特别感谢邹萍、李鑫蕾、郭丽芳、宋剑锋、鲁靖等老师勇挑大梁，从2019年开始收集案例与撰写书稿。本书尽可能涵盖中小学心理健康工作的方方面面，如学校心理工作的全面规划管理、心理健康教育课程、学科（语文、道德与法治、学生职业生涯规划）教学、校本课程、班级管理、教师心理成长、家长学校以及考前减压心理辅导、特殊儿童的应用辅导、个别学生心理问题的辅导等。感谢他们夜以继日的统稿及修改，2021年的春节假期也成了"统稿节"。同时，也特别感谢本书的作者，在繁重的教学工作之余，一遍又一遍按要求修改稿件，还要感谢邹萍老师的学生参与了校对与修改工作。

本书仅是团体沙盘心理技术在中小学实践应用的抛砖引玉，还有许多不足之处，期待更多的专业人士提出宝贵的意见，也期望有更多的中小学教师把自己好的应用经验跟大家分享与交流。我们共同边学习边成长，相信不久的将来会有更多的教师参与中小学团体沙盘心理技术的应用，到那时就有了坐下来认真研讨的基础，那时我们可以总结出中国本土化的团体沙盘心理技术在中小学应用的模式与标准。

我们始终心怀提高全民素质的愿望，共同努力，未来可期！

中国心理学会沙盘学组组长

中国心理卫生协会认证督导师

中国心理学会认证督导师

团体沙盘心理技术创发人之一

健心海团队主要负责人

于 晶

2021年7月于大连

前言

沙盘心理技术即沙盘游戏疗法，或称箱庭疗法。对心理应用技术的热爱伴随着我的求学生涯以及心理事业的发展，也见证了这一技术在我国二十多年的发展。

从于晶教授和我们谈起这本书的创作动议始，我们先后多次与于晶教授、李鑫蕾博士和郭丽芳老师一起讨论策划。共同孕育书稿架构一年有余，但真正付诸笔下是在最近几个月。我和我的写作团队取人之长，补己之短；博采众长，抒己所见。其间，感慨我国应用心理学的飞速发展，惋惜这个领域理论指导下的研究与书籍较少。在写作的过程中，我们创作团队将自己的亲身实践和学习的理论相结合，整个牛年的春节，我们都在修改书稿中度过，每个人的认真、努力都令人感动。

《中小学团体沙盘心理技术应用实践》以沙盘心理技术在中小学实践的应用为主线，包括三篇十二章。针对中小学生心理发展和沙盘心理技术的应用实际，我们邀请了很多有实践操作经验的心理工作者参与写作。本书紧扣中小学沙盘心理技术应用的实际，也体现了基础教育课程改革精神，力求反映应用心理学的最新成果与理论的应用。内容包括基础理论篇、实践教学篇和应用发展篇，具有鲜明的实践性、科学性、前沿性和应用性。

在编写过程中，我们努力使本书体现出以下四个特点：①应用性。本书从实践中的案例入手，在内容的组织和资料的选择上密切联系实际，坚持具有可读性，坚持与解决中小学的实际问题相联系。②科学性。本书在准确表达儿童心理发展与沙盘心理技术概念的基础上，阐明了儿童心理发展的规律以及沙盘心理技术的理论与实践。③基础性。在内容的处理上注重基础知识，了解中小学生心理发展与沙盘心理技术的主要理论和实操应用。④前沿性。本书注意吸收发展心理学、应用心理学与沙盘心理技术研究中的最新成果，追踪发展的动态。

本书由邹萍、李鑫蕾、郭丽芳担任主编，宋剑锋、鲁靖、吕永茂担任副主编，于晶教授审。

全书的撰写人员及各章的具体分工如下（按章顺序排名）：

第一章　团体沙盘在中小学应用的指导思想（郭丽芳）

第二章　心理健康教育与中小学生心理发展（邹萍、郭丽芳、孙俪、孙平、安文娟、吕永茂）

第三章　团体沙盘在"心理健康教育"课程中的应用（许侄、胡紫蚕）

第四章　团体沙盘与积极心理品质培养（李鑫蕾、邹萍）

第五章　团体沙盘在"语文"课程中的应用（于爽婷、杨莉）

第六章　团体沙盘在"道德与法治"课程中的应用（张晓红、徐凤花）

第七章　团体沙盘在"学生职业生涯规划"课程中的应用（杨辉英、李琳、王海英、石继平、刘蕊）

第八章　团体沙盘在校本课程建设中的应用（邓绍强、樊嘉、孔玉华）

第九章　团体沙盘在特殊儿童教育中的应用（张丽坤、万里）

第十章　团体沙盘在教育管理中的应用（鲁靖、任伟、宋剑锋、崔畅）

第十一章　团体沙盘心理技术与教师心理健康维护（郭丽芳、王海英、石继平、刘蕊）

第十二章　团体沙盘与中小学教育科研（邹萍、钦志清、刘畅、金秋月、潘丽新、王美、崔畅、王亚维）

本书紧扣中小学学生心理发展的实际，力求反映沙盘心理技术的最新成果与理论应用，是一本理论与实践相结合的著作，既可用作高等学校本科教学，也可供中小学教师、心理咨询师及有志于从事儿童心理咨询和研究的人士自学使用。希望广大读者能喜欢！

在本书完稿的日子，衷心地感谢中国心理学会普及工作委员会沙盘学组的负责人于晶教授对本书写作给予的策划、协调、督促与引导，感谢健心海团队的大力支持，感谢我的创编团队中各位学者的努力，如李鑫蕾博士的组织策划与校对，郭丽芳老师参与的策划、收稿、前期准备，吕永茂老师的统稿、校对、组织，感谢参与写作的各位同人的大力支持，这是集体创作的结晶。感谢我的恩师辽宁师范大学心理学博士生导师杨丽珠教授对我多年的培养与教诲，她一直鼓励我用教育科研数据来证明沙盘心理技术的适用性，带给我很多启示！最后，感谢一直以来支持我写作出版的单位领导、同事及家人。相信本书的诞生能对应用心理学尤其是沙盘心理技术的应用与研究起到推动作用，进一步促进中小学生心理健康发展。

本书编写过程中参阅了许多专家及同行的研究报告和著作，并引用了其中的一些观点和内容，在此表示诚挚的谢意。限于编写时间和水平，书中难免出现疏漏和不足，欢迎专家、读者给予指正。

邹　萍

2021 年 6 月于大连

Page

应用发展篇　　　　　　　　　　　　162

目录 CONTENTS

基础理论篇

第一章
团体沙盘在中小学应用的指导思想

第一节　团体沙盘心理技术核心理念

团体沙盘心理技术不仅仅是一种工作形式，更是一种具有核心理念的心理技术。团体沙盘心理技术的应用之所以能够如此深入而广泛，是因为团体沙盘心理技术坚持走中国化、本土化的道路，并在这个过程中提炼出了自己的核心理念。

一、我是自己心灵问题的专家

许多心理咨询师被问到，你学习心理咨询干什么？大部分人的回答是：帮助别人。这样的回答不能说不对，只是当我们成长不足时，"助人"的过程变成了教育或是指导别人的过程。当咨询师有了足够的自我成长时，咨询师"助人"的过程才会在自我不断完善的过程中更好地帮助来访者。

罗杰斯是美国人本主义心理学家，他于二十世纪四五十年代创立的一个心理治疗取向，被称为"非指导式治疗""来访者中心治疗法"。其提出的"个人中心治疗"（Person-Centered Therapy）强调"事主自我治愈"（self-healing）的能力，成为现当代心理治疗中非常重要的基础理论。人本主义和其他学派最大的不同是，其特别强调人的正面本质和价值，并非集中研究人的问题行为，同时强调人的成长和发展，称为自我实现。

罗杰斯的基本假设是人在本质上是可以信任的，也就是人有自我了解及解决自己问题的潜能，无须治疗师指导性的介入，并且只要他们能融入特定的治疗关系中，就能够引导自我走向成长。

由芭芭拉·A.特纳与克里斯汀·尤斯坦斯杜蒂尔合著的《沙盘游戏与讲故事——想象思维对儿童学习与发展的影响》一书中认为，沙盘中的象征性画面可能会透露出阻碍来访者来访的心理冲突，以及解决冲突的方法，同时也表明了来访者有促使心灵进一步发展的潜在能力。可见，沙盘为来访者提供了一个让他们看到自己内心的真实想法的平台。

因此，在团体沙盘心理技术工作中（无论是以团体的形式还是以个体的形式），我们都要求沙盘师带着关爱与陪伴，放下评判的姿态，相信来访者的自愈力量，成为一名观察者与见证者，抱持住来访者借用沙、沙具等在沙盘进行的任何表达，仅用一些开放式的问题来引导来访者探索自己的心灵花园，如在团体中我们常常用以下句子："你拿的是什么沙具？摆放的理由是什么？摆放过程中的感受如何？整体画面的感受是？"在个体沙盘工作中，我们常用以下句子："你摆放的想法是什么？这个画面的感受是？""你的感受最重要。""能给这幅画面命一个名，并且讲一讲命名背后的故事吗？"沙盘师不带任何评判地陪伴着来访者，无论他有怎样的表达，都能接受，这种通透性的抱持能使来访者感受到支持与安全，从而放下自己的焦虑与紧张，深入内心来探索问题的解决方案，成长力量被激发。因此，只要我们在沙盘工作中坚信"我是自己心灵问题的专家"，我们就能采取尊重、支持的态度与做法，抱持住发生在沙盘室里的一切，等待来访者的转化与成长。

二、良好咨访关系的建立需要自由、安全与受保护的空间

各个心理流派都强调咨访关系的重要性，特别是人本主义学派的罗杰斯认为，咨访关系的建立相对于技术应用更重要。沙盘心理技术的工作重心在于无意识。无意识是那些不被意识所觉察的、由许多被遗忘了的欲望所组成的内容。无意识并非一潭死水，有的时候如洪水般暴发，对人的性格和行为施加压力和影响。如果能够认识无意识，它可以转化为一种创造力。有研究认为，具有能动作用的无意识总是力求得到满足而上升到意识领域，并作为人的动力基础，是人的行为的决定因素。如果我们能认识这些无意识（洪水）暴发的规律，并且水库有足够的容量容纳暴发的洪水，不仅会降低无意识（洪水）对我们的影响，还会再利用水库的水资源造福人类。然而，想认识这些埋藏在内心深处的、未知的无意识的内容，更需要有一个能让人敢于自由表达的、安静的、安全的环境，以及一个能够承接一切的温暖容器，慢慢让来访者感受和认识无意识，使无意识转化为意识，扩大意识的容器，促进其心理的转化与成长。

芭芭拉·A.特纳等认为，"在适当的条件下，这种先天的自我疗愈能力以及向自我整合的自我成长趋势就会被激活"。其所说的"适当的条件"是什么呢？就是要求沙盘师营造一个安全的、受保护的空间，让来访者可以尽情表达自己的无意识心灵内容。因此，我们在团体沙盘心理技术工作中提出了"不分析、不解释、不评价、不判断，重感受、重陪伴"（"四不二重"）的原则，使卡尔夫的"安全与保护"的理念更具可操作性。"四不二重"原则不仅要体现

在有声语言上，也要体现在无声的非语言及心灵上。沙盘师在沙盘工作中遵循"四不二重"原则，就会对来访者带着关爱与陪伴，对他们呈现（表达）的无意识的心灵内容小心翼翼地"聆听"；在表达的过程中，也许来访者不使用语言，也许会使用少量的语言，切记要将沙盘工作室里的所有一切都视为表达。同时，也要默默地欣赏来访者有勇气表达他曾经的经历与感受，跟着他的脚步或急或缓地前行。"单次沙画只是代表了心灵转化的长期过程中的某个阶段，而这一转化的过程绝不能被解释干扰或阻碍"，"在最初的非言语和非解释性的阶段，分析师持有一种保护的、支持的、非言语的和理解的态度。他把所有注意力都完全集中在接受分析者的转化过程之上，把自己对于心灵的自我治愈过程的信心传达给接受分析者，是通过他作为一个分析师的存在，而不是通过他所说的话"。我们在工作中所做的任何分析、解释、评价、判断都可能带有主观臆断成分，因此沙盘师应用心陪伴，虚心向来访者求教，真诚关注来访者的个人问题，不带有批判性的态度，不反对或赞成，仅仅去接纳和认同。这种无条件的尊重与支持，能与来访者建立起基本的信任关系，陪伴着他来感受自己的无意识，促进他的成长与发展。

三、探索无意识，由内向外的打破才是成长

卡尔·荣格（Carl Gustav Jung, 1875—1961）在西格蒙德·弗洛伊德（Sigmund Freud, 1856—1939）的冰山理论的基础上进一步发展出了无意识理论。他认为无意识可分为个体无意识和集体无意识，无意识才是影响我们心灵的主要内容。它是我们过往曾经意识到或没有意识到的、不曾进入意识或被意识压抑的带有情绪色彩的心灵内容，它可能曾经是有形，或有声，或有色，或有味的内容，多以图像的形式存储于右脑。它时而影响我们的情绪，来势凶猛时，我们往往无法控制它，使自己偶尔不像个"样子"（社会认同的角色），但有时为了实现它，也会激发灵感，给我们无限的创造力。要想认识这些一页一页的"历史篇章"（以童年经历构建出自己的价值体系），我们需要感受和体验，感受它们形形色色的存在。对它们的了解越多，我们就越能把它们扩充到意识之中，就能使其更好地发挥作用。这就好比我们对于河道的管理与检修，当洪水来时，我们可以让水规范地流进水库，以备我们所需，而一切的堵塞与疏忽都会使洪水泛滥成灾（犹如我们未做管理的情绪）。所以，在做团体沙盘心理技术工作时，要求沙盘师不仅要守护工作环境的安全，同时也要有足够的意识守护住自己的心灵空间——全然接纳来访者表达的一切，这种全然接纳不仅体现在语言上的"四不"，内心也应坚守"四不"，内外统一的"四不"所传递的无意识力量会让来访者消除顾虑，敢于探索自己内心深处的无意识。同时，在结构化的操作设置中，既有个人在组内的分享，也有组与组之间的分享，使无意识与意识进行了多层次的沟通与对话，这就意味着把更多的无意识内容扩充到了意识中，是一种创造与革新。

探索自己无意识的过程，是看到不谙世事的自己在童年时的所思所想及形成的"不合理"观念、现实中认知与行为的改变过程。这种由内而外的工作模式是从根本上改变心灵的重要方式，也是心理动力被激发的重要基础。

沙盘心理技术为我们探索无意识提供了非常好的平台与机会，一个三维立体的沙盘面画（象征性内容）表达了来访者当下的心灵内容，也有矛盾和冲突及解决冲突的方案，也能体现出促进自我整合、进一步发展的新的心理能力。在沙盘工作过程中，沙盘师不仅是无意识探索的陪伴者、见证者，也是伙伴及成长者。对于沙盘师来说，来访者的一次沙画（或整体沙画，或某一处画面，或是一个沙具）也会引起沙盘师不同的感受（或许是与来访者类似的，或许是根本不同的感受）。因此，在沙盘工作中，要求沙盘师在"守护"安全、促进来访者向内探索的同时，更要观照来访者和自己的体验。"观照"是面对自己的感受时，向内看自己。通过情绪看到（或体会）身体，再通过身体看到（或体会）引起无意识的那个曾经被自己标注了意义的事件。"观照"的意义在于及时抓住可能是瞬间即逝的一些感受，而这些感受恰恰是无意识的提示。当有足够安全的"空间"（包括咨询师心灵空间）被守护时，无意识会被揭示，受阻的能量会被疏通。

荣格认为，每一个人都会向着"自性"整合自己，都有成长和发展的内驱力。因此，团体沙盘心理技术不仅要求沙盘师提供自由与受保护的空间，而且在教学与应用设置上，应更进一步促进来访者借助沙、沙具、沙盘把自己曾经经历的事件呈现与表达出来，在释放情绪的同时，通过非语言的方式激发来访者成长和发展的内驱力，促使其内在的、杂乱无序的心灵内容向有序的方向发展，从而改变其过去的无意识的认知和行为，促进其人格的进一步发展。

四、调动内在的积极资源"致良知"

探索无意识、找到问题的根源是团体沙盘心理技术一项重要的工作内容，同时我们也应秉承中国文化中"心学"的思想，把"致良知"纳入团体沙盘心理技术的基本理论中。中国明代思想家王守仁（1472—1529），别号阳明，"致良知"是他的心学主旨。王守仁认为，"心外无理，心外无物"，你心里有什么，看到的世界就是什么。因此，"致良知"就是致吾心内在的良知。他认为，良知人人具有，个个自足，是一种不假外力的内在力量。"致良知"就是将良知推广和扩充到万事万物。为此，一次沙盘面画不仅呈现了来访者的内心所想，同时也蕴含着其内心的冲突及解决方案，以及对未来的信心。敢表达、有解决的想法，并且有发展的信心，这些都是一个人内在的"良知"，是人本身就具有的。

西方的积极心理学的研究可以追溯到20世纪30年代Terman关于天才和婚姻幸福感的探讨，以及荣格关于生活意义的研究。20世纪末，美国心理学家马丁·塞利格曼创立了积极心理学。积极心理学主张充分发掘人固有的潜在的具有建设性的力量，促进个人和社会的发展，使人类走向幸福。积极心理学认为，通过发掘并专注于处于困境中的人自身的力量，就可以做到有效预防。人类自身存在着可以抵御精神疾病的力量，它们是勇气、关注未来、乐观主义、人际交往技巧、信仰、职业道德、希望、诚实、毅力和洞察力等。为此，我们在进行结构化沙盘团体的主题设置时，一般都采用积极正向的主题，这样可以更好地激发每一个人内在的积极力量，致良知，给自己与他人带来美好的幸福生活。

五、深刻体会过自己才能共情于别人

心理学工作者的工作对象是人，人的心理问题绝大多数是在关系中产生的。我们常常说在人际关系中要换位思考，要学会使用同理心。但往往我们都把自己无意识的需要投射到别人身上，以为是别人需要（比如，一个母亲要求孩子报各种兴趣班，多数都是母亲想学，而美其名曰"为你好"），想把自己的思想变成他人的行动，这里的"换位"只是自己的"以为"而已。因此，每一个人最重要的工作就是了解自己，深入了解自己的无意识，真正做到界限分明，即"我的是我的，你的是你的"。

共情是心理咨询师最重要的工作能力。在咨询工作过程中，要求咨询师无条件地陪伴与支持，理解与接纳来访者的感受，这种安全与保护、被接纳、被支持、被欣赏的工作状态会引发来访者的思考，会激发其心理能量，找到问题的解决方法。每一个人的过往千差万别，咨询师也不例外，因而每一个人的心灵内容（无意识）也相差巨大。这就要求心理学工作者对自己有更多的了解，调动自己曾经的感受，对自己的"病"进行感受与医治。感受越多，体会越多，就越会对来访者有更多的理解与感同身受。因而，采用团体沙盘心理技术在对沙盘师的培养和训练过程中，特别强调沙盘师在工作过程中对自己的观照与觉察及工作之后的个人体验与督导。例如，在团体沙盘工作时设置"轮值组长"（扮演本主题操作下的、有充分自由做决定的来访者），由他来设置摆入规则、组内分享、组间分享等规则，这不仅体现在连续的沙盘工作中，也体现在单次的沙盘工作中，每一个人在小组内都进行了来访者与沙盘师的角色互换（让每一个人都有机会体会来访者与沙盘师的感受与状态），进行意识与无意识的多层次的沟通与对话，加强了无意识意识化的过程，使每一个参与者都能通过此过程得到成长。在为自己"治病"的过程中，共情能力提升成为可能。

对自己了解的越多，越能理解别人；对别人的理解越多，越能原谅别人；越能原谅别人，也就越能原谅自己。为此，当体验到了"我也有病"之后，我们才能与他人有同理心，才能与他人共情。

六、团体力量大于个体力量

对于一般的心理问题，可以在类似人际社会的团体中进行心理辅导。团体辅导与咨询的实施方式可以分为结构式、半结构式、非结构式。团体沙盘心理技术选择的是结构式的，有预定的目标和明确的主题，有适合的工作对象，注重针对团体所要达到的目标设计活动，以引导成员参与团体学习。我们借助结构式团体小组的形式，通过团体有规则的沙盘工作，逐渐建立个体在团体里的安全感，即团体安全模式。通过小组成员间的真诚分享，不仅能深刻体验自己在沙盘心理技术情境中的感受，从而觉察自己、认识自己、接纳自己和表达自己，更能觉察、认识、理解别人和尊重、接纳、包容别人，从而使小组内的每一个成员相互促进、相互成长。

团体中的镜照、个人价值体现、现实人际模拟、团体凝聚等因素都可能为团体沙盘增效。很多参与者表示，在团体中对一个事件有了不同看法，使自己改变了认知，同时也在团体内得到支持与温暖，找到了力量。这种结构式沙盘团体的心理健康教育、心灵成长及心理辅导的功能清晰，团体领导者的身份易辨认，聚焦于团体沙盘辅导的主题采用较多的引导技巧，选择有针对性的结构式练习，预先有设计好的团体方案和操作流程，可促进团体成员的互动，以达到团体的目标。

七、心理学工作者的自我成长是首要前提

在心理咨询师培养与训练中，不仅要强调咨询师的基本能力训练，也要强调咨询师的人格发展。荣格认为，影响人格完整及和谐的是个体无意识及其情结，它们就像完整人格中的一个个彼此分离的小人格（次人格）一样，是自主的，有自己的内驱力，而且可以强有力地控制我们的思想和行为。荣格进一步认为，不是人支配着情结，而是情结支配着人，自我在其中起到了非常关键的作用。我们每天实际上有数不清的体验，但其中绝大多数都不可能被意识到，自我在它们达到意识之前就把它们淘汰了。自我保证了人格的统一性和连续性，通过对心理材料的选择和淘汰，自我就能够在个体人格中维持一种持续的聚合性质。正是由于自我的存在，我们才能够感觉到今天的自己和昨天的自己是同一个人。

在沙盘师的培养、成长及其工作中，人格稳定更为重要。因为沙盘心理技术针对无意识进行工作，在沙盘操作过程中，不仅来访者在此时此地表达他曾经的不被意识接纳的无意识内容，同时在这个过程中，或许是来访者的画面，或是某一个沙具，或是来访者的某一句话，或是来访者的某一个行为，都可能会引起沙盘师的情结。这个"点"就点燃了沙盘师的无意识情结，考验着沙盘师的人格稳定。

所以，在沙盘师的培养与训练中，我们特别强调沙盘师的自我成长与发展，课堂训练70%为操作体验，强调并在操作设置中让每一个学习者自我觉察、自我认识、自我沟通、自我成长、自我实现等。另外，在课后要求通过参与大量的沙盘团体小组来不断感受个人无意识情结，个人无意识情结被"发现"和"处理"得越多，上升到意识领域的内容就越多，意识的容器就会被扩

容。当我们越来越有意识地生活时，受无意识情结的干扰就会越少，所扮演的社会角色的主人格就会越来越稳定。这是团体沙盘心理技术的核心之核心。

为了促进人格成长与发展，确保工作时的主人格稳定，我们特别制定了沙盘师的工作流程：激发参与热情；带着关爱与陪伴，营造物理与心灵安全空间；开放式提问并耐心倾听；默默欣赏并静待花开；观照内心感受，与来访者共同成长。这既是对沙盘师的工作要求，也是沙盘师在工作之后反思的要点。主人格稳定了，完成这些工作就变得易如反掌。

八、简单事情重复做，注重知行合一

我们希望自己在做任何事情时都能保持内心平静，但事实并非如此。我们经常会被一些琐事扰得内心慌乱。的确，许多人都有这样的体会，在学习中可以保持内心平静，一旦遇到问题就会内心慌乱。王阳明认为，历事才能炼心，在事上磨炼，内心才会有强大的力量，个人才能成长。他还认为，"知是行之始，行是知之成"，知必然要表现为行，不行不能算真知。道德认识和道德意识必然表现为道德行为，如果不去行动，不能算是真知。所以，我们注重课后的练习，通过课后作业的完成和在生活中的克己省察，进行大量的操作性体验，并接受督导，更多地探索无意识，不断扩大意识容器，实现心灵的个性化。

第二节　团体沙盘心理技术在中小学的发展现状

沙盘心理技术，称为沙盘游戏（sandplay therapy），也称为箱庭疗法。从20世纪50年代诞生至今已有70多年的历史了，是目前国际上影响广泛的心理治疗的方法和技术之一。20世纪80年代以后，沙盘心理技术在美国、日本等国家的学校心理咨询中得到广泛应用，受到学生的欢迎。20世纪90年代开始，沙盘心理技术在我国学校的应用也得到进一步的发展。

一、团体沙盘心理技术在中小学的应用研究概况

沙盘心理技术最初主要用于个体心理咨询与治疗，20世纪80年代，迪·多美尼克开始将沙盘心理技术运用于团体，扩大了沙盘心理技术应用的范围。2004年，我国荣格学者高岚、申荷永、张敏在《沙盘游戏与儿童心理教育》一文中提到："在传统的个体沙盘游戏活动的基础上，设计了团体与互动式沙盘游戏方案，为儿童心理教育工作提供了新的方法和途径。" 2005年，申荷永教授的学生陈静首次采用团体沙盘游戏的方式对儿童行为问题进行干预研究，得出结论：团体沙盘游戏能够促进问题儿童的积极转变；个体取向的团体沙盘游戏技术能够有效地应用于学校心理辅导及教育工作之中；团体沙盘游戏技术具有心理辅导和心理教育的双重功用。

2006年，北京师范大学的张日昇教授等结合临床经验和国内沙盘游戏疗法的发展状况，开发了限制性团体箱庭疗法，指导他的学生陈顺森将团体沙盘应用于缓解初中生考试焦虑的研究，得出结论：团体箱庭疗法与放松训练一样能够有效地干预初中生的考试焦虑情绪，团体箱庭疗法干预效果的保持性优于放松训练。在以后的十几年里，张日昇教授及其团队将限制性团体箱庭疗法运用于学生的适应不良、厌学、社交焦虑和人际交往、学生自尊与自我接纳等问题的干预研究中，均取得了良好的效果。2014年，侯玮、张日昇将研究应用于学校初任班主任生涯发展的探究中，发现运用限制性团体箱庭疗法，可以促进初任班主任的自我成长，提升自我治愈力，增强生涯发展的主动性，使其更好地接纳自身的独特性，进而对初任班主任的生涯发展产生积极影响。

2008年，汶川大地震之后，毕业于美国佐治亚州立大学的沙盘游戏治疗师陈越红博士将"越红团体沙盘游戏"带到四川，先后在成都的一些小学开展团体沙盘游戏治疗，取得了较好的治疗效果，得到灾区教师和家长的认可与好评。四川教育学院的教授团队与陈越红博士还指导了研究生在成都的一些学校做了一系列"越红团体沙盘游戏"应用的研究，对小学低年龄段儿童的行为问题、小学高年级学生心理健康、小学生孤独感等课题进行了干预研究，结果再次证明团体沙盘心理技术对中小学生的心理成长有突出的作用。

2010年以来，于晶教授带领的健心海团队在国内外沙盘理论和技术的基础上，整合了体验式教学、团体心理辅导、螺旋心理剧、积极心理学等心理学专业理念和技术，探索出了具有我国特色的团体沙盘心理技术。其对团体沙盘心理技术在中小学的应用进行了更广泛的推广和更深入的探索，改变了以往团体沙盘心理技术主要用于解决学生的个人心理问题的局面，培训了一大批掌握此项技术的中小学教师，并指导全国十几个省份的中小学教师立足于中小学心理健康教育教学实际，进行广泛的实证研究。十几年来，团体沙盘心理技术在中小学很多领域得到广泛应用，不仅能够用于对学生的心理健康指导，还能够结合中小学的实际教学任务、教师团队建设等方面，使得团体沙盘心理技术成为学校心理健康教育的新载体。

二、团体沙盘心理技术在中小学得到广泛应用的原因

团体沙盘心理技术的应用提高了中小学沙盘室的利用率，也使学校的心理健康教育工作有了方向与实效。这也体现出了团体沙盘心理技术的优势。

（一）采用团体沙盘心理技术能更好地完成中小学心理健康教育的任务

《中小学心理健康教育指导纲要（2012年修订）》指出，心理健康教育的总目标是：提高全体学生的心理素质，培养他们积极乐观、健康向上的心理品质，充分开发他们的心理潜能，促进学生身心和谐可持续发展，为他们健康成长和幸福生活奠定基础。

团体沙盘心理技术的理论基础符合发展总目标的要求。荣格的分析心理学认为，每一个个体都有成长和发展的内驱力，团体沙盘心理技术不仅要求沙盘师提供自由与受保护的空间，而且在教学与应用设置上，应进一步促进学生借助沙、沙具、沙盘把自己曾经的事件呈现与表达出来，在释放情绪的同时，通过非语言的方式，激发学生、教师成长发展的内驱力。沙盘心理技术另一重要的理论基础——中国传统文化中的"心学"则强调"良知内生，不假外求"，也就是每个人的内心都存在积极的心理品质。可以通过沙盘心理技术来调动学生、教师的内在资源（即每一个人都需要的心理能量或积极的心理品质），启发学生的潜能，进而促进学生、教师的健康成长。

团体沙盘心理技术符合《中小学心理健康教育指导纲要（2012年修订）》中的"基本原则"，开展中小学心理健康教育，要以学生发展为根本，遵循学生身心发展规律，必须坚持一系列的基本原则。结构式团体"游戏"深入到心理健康课、学科教学、思想品德课等，坚持了"科学性与实效性相结合"的基本原则；以激发积极心理品质为主导的主题团体沙盘"游戏"活动坚持了"发展、预防和危机干预相结合"的基本原则；团体"游戏"与个体游戏的方式坚持了"面向全体学生和关注个别差异相结合"的基本原则；教师引领下的团体规则"游戏"坚持了"教师的主导性与学生的主体性相结合"的基本原则。

团体沙盘心理技术能够完成《中小学心理健康教育指导纲要（2012年修订）》中的"要求途径和方法"。团体沙盘心理技术在学校各领域中已经全面应用，体现了"要求"中的"学校应将心理健康教育始终贯穿于教育教学全过程"。团体沙盘心理技术"游戏"的应用形式，保证了"要求"中的"心理健康多种形式专题教育"。

（二）团体沙盘心理技术核心理念符合学校学生、教师健康发展的需要

团体沙盘心理技术核心理念强调：团体力量大于个体力量。在团体中，小组成员的真诚分享，使得参与活动的学生与教师能够自我认识、自我觉察、自我表达，并且能理解、尊重、接纳和包容他人的表达；强调不分析、不解释、不评价、不判断，重感受、重陪伴的工作原则，为学生提供一个自由、安全、受保护的空间；强调沙盘"游戏"情境中学生人格的发展与成长；强调在沙盘情境中的意识与无意识多层次的沟通与对话，以扩大意识容器。玩游戏是孩子的天性，沙盘"游戏"是学校进行心理健康教育的重要途径，也是较受学生欢迎的途径之一。

基础教育时期是个人成长的重要时期，在此期间儿童在生理、心理等方面都得到了长足发展。随着时代的发展与进步，学校越来越注重对学生的学习兴趣、学习动机、自我效能感、心理潜能、健全人格、团队合作等方面能力的培养和发展；中小学教师是高压人群，教师的心理健康水平需要进一步提升；随着家长学校的建立，家长教育的重任也落在学校肩上，讲座等传授式的教学已不能满足家长的需要。正是在这样的情况下，团体沙盘心理技术的核心理念与

学生、教师和家长的成长需要高度契合，因此将团体沙盘心理技术引入中小学的教学与发展中势在必行。

三、团体沙盘心理技术在中小学应用的基本条件

自创立以来，团体沙盘心理技术已经历了十几年的学校实践，成为中小学心理健康教育的有效载体之一。2015年，此技术在全国推广的速度迅猛，特别是自2017年开始，由中国少年发展服务中心、中国心理学会心理学普及工作委员会和"心教育"平台共同倡导的"'心希望'心理健康科普进校园公益计划之体验式团体沙盘进校园活动"启动之后，全国已有11个省市的中小学开展了此项活动，并取得了良好的效果。在中小学开展团体沙盘心理技术的应用需具备以下几个基本条件。

1.硬件条件

学校具备进行团体沙盘心理技术应用的环境。学校要正常开展团体沙盘心理技术的应用实践，需要有一间比较固定的专用沙盘室，需配备至少3000件左右的沙具，6～15个沙盘，足够一个班级的学生应用，每个沙盘配备10千克左右的细沙。如果没有足够的空间固定沙盘室，可以和其他实验室兼用，可以购买便携式沙盘，解决了专用教室不足的问题。对于便携式沙盘和沙具，使用时摆上，不用时可以在收纳箱里存放，占据的空间不大。

2.软件条件

首先，学校要正常开展团体沙盘心理技术应用活动，需要有掌握团体沙盘心理技术的教师团队。团体沙盘心理技术设施进入学校绝大多数是因为创建工作推进而配置的，根据学生、教师的心理辅导实际需要而配置的比例并不高。沙盘作为学校心理健康教室配备的专用设备，是教育部要求学校心理健康教育达标检查的标准配置，基本配置只有一两个沙盘、一两个沙具柜、500～1000件沙具。但大部分学校沙盘室闲置率比较高，探究造成这种局面的主要原因，是没有掌握沙盘心理技术的教师资源。教育部关于心理健康教育示范区与示范校的评选对沙盘心理技术进入学校心理辅导室起到了极大的推动作用。2010年以来，健心海培训团队在全国11个省市培训了至少2000多名掌握了团体沙盘心理技术的教师，特别是以辽宁省大连市、吉林省长春市、黑龙江省哈尔滨市为示范点，对心理教师进行了团体沙盘心理技术的初、中、高三级的专业培训，从而使中小学的大部分心理教师能比较熟练地使用团体沙盘心理技术，这为后续团体沙盘心理技术在中小学领域的广泛应用和科学研究奠定了良好基础。

其次，要有专家团队、核心研究团队的技术支持和资源支撑。专家团队分为两类：一类是团体沙盘心理技术的专家，在实践应用和研究过程中，阶段性地给予指导，同时专家为掌握沙盘心理技术的教师团队定期进行个人成长体验与案例督导；另一类是区域的技术应用与学科专家团队，在实际应用中带领大

家成长，解决应用过程中遇到的实际问题，带领沙盘心理教师团队到学校进行研究课程的实践与落实，并不断地总结实践研究的成果，进而推广。

四、团体沙盘心理技术在中小学的应用领域

团体沙盘心理技术在学校得到广泛应用，一方面，可以解决个别学生成长发展中的问题，以及因情绪困扰和学习方法不当而导致的学习困难；另一方面，可以解决因家庭教养方式不当造成的亲子关系紧张问题，进行家长学校教育。另外，可以对学生进行团体成长心理健康教育，也可以对教师团体进行心理减压与心灵成长教育，同时也可以培训学校心理教师系统掌握团体沙盘心理技术，成为专业的沙盘师，更好地服务于学校心理健康教育工作。学科教师还可以创造性地把团体沙盘心理技术应用到学科辅助工作、学科教学等方面。

1.心理健康教育课中的应用

学校的心理健康及相关的教育课程一直是各级学校很重视的内容。在接触团体沙盘心理技术前，教师会根据学生的年龄等特点，以心理剧团体辅导、主题班会等形式，主要以内容讲授或主题表演等形式完成心理健康教学任务。学习了团体沙盘心理技术后，有条件的学校会在一个教室内放置多个沙盘，教师按照教学计划以团体沙盘活动的形式完成班级的心理健康教育课程。在团体沙盘"游戏"中，学生能释放不良情绪，掌握正确的认知，学会从不同的角度看问题，加强同伴关系，增强彼此的信任，从而提高学习兴趣，提高人际交往能力、抗压能力、创造能力等，与学习成绩密切相关的注意力、记忆力、想象力和创造性解决问题的能力也有很大提高。

2.选修校本课程中的应用

依据中小学生的心理发展特点与心理健康教育的要求，学校可以设计并实施以团体沙盘心理技术为载体的校本课程，将其加入学校校本课程列表中，由感兴趣的学生选择，利用校本课程的时间促进这部分学生成长。另外，也可以将学校筛选出的有各种心理问题的学生组成同质小组，设计针对这类学生的校本课程，并制订计划进行针对性的干预。

3.幼小衔接阶段在儿童合作性积极心理品质培养中的应用

在团体沙盘"游戏"中，通过选择、摆放沙具，与同伴间合作互动，调整沙具等一系列行为活动，丰富了幼儿在团体沙盘"游戏"中合作的体验，幼儿在团体沙盘"游戏"中体验到了合作的乐趣，在合作意识、合作习惯、合作情感等合作素养的多维度获得发展，为上小学顺利融入集体生活打下了良好基础。

4.教师队伍成长中的应用

（1）在班主任队伍培训中的应用。通过团体沙盘心理技术，班主任可以在

团体沙盘活动中宣泄情绪，在团体沙盘的分享中交流班级管理的成功经验，调整和改变应对学生问题的策略和方式，提升班级管理水平。

（2）在沙盘心理教师成长小组中的应用。通过成长小组活动与个案督导，可以使心理教师更熟练地掌握团体沙盘心理技术，解决他们在实践中遇到的问题，培养一支稳定的、专业的学校沙盘心理咨询师队伍。

（3）在教师群体活动中的应用。通过每周的教研活动或节日活动（三八妇女节、教师节、元旦），开展各类教师团体沙盘活动，在活动中改善教师的情绪状态，促进教师的自我认识，减轻心理压力，促进教学反思与总结，增强学校教师团队的凝聚力等。

5.学科辅助教学中的应用

很多中小学教师把团体沙盘心理技术作为学科教学的辅助手段，用于自己的日常教学中，如小学低年级的看图说话、看图作文的写作教学以及语文的单元教学，根据每一个单元的课程内容，都有不同的团体沙盘设置，通过沙盘辅助教学，孩子们对字词理解更快，课文背诵更流畅，作文写作内容更加丰富多彩。有的教师以团体沙盘活动的形式进行道德与法治课的教学，教师通常以一些积极正向的主题带领学生进行小组主题沙盘，使道德与法治课生动有趣，也容易把道德规则主动内化为学生的个人心理品质即品德。英语老师也将之应用于英语学科教学，如英语对话教学、复述英语课文等。尽管很多学科领域内的这一探索还处于初级阶段，但这也是促进学科教学有效的发展趋势。

团体沙盘活动应用于学科的体验式教学，不仅调动了学生主动参与课堂学习的积极性，而且还提高了学生的学习兴趣；同时也让学生学会从不同角度看问题，培养学生学会倾听、沟通交流合作意识。

6.家长学校中的应用

家长教育是学校教育的重点工作之一。以往许多学校尝试请专家进行讲座或是学校教师组成讲师团来开展家长学校的工作，很多家长的参与热情并不高，因为信息社会环境下的家长并不缺乏家庭教育知识，他们更期望的是能在家长学校活动中把这些知识真正用于自己的亲子教育实践。

为此，许多学校一改过去的讲座式教育，把团体沙盘活动参与体验、感悟式教育引入了家长课堂，亲子沙盘活动为其提供了一个亲子直接交流与对话的平台，借助沙具开展亲子间的非言语沟通，家长对待孩子的态度发生了改变。例如，以前家长认为亲子关系不和谐都是孩子的问题，但通过数次和孩子共同体验团体沙盘活动，家长开始从自身寻找问题的根源，开始发现自己的问题，从而激发了家长改变自己的愿望。家长渴望成为好家长，为孩子创造更优良的家庭教育软环境，家长也能更好地配合教师共同教育孩子，让孩子快乐、健康地成长。

第二章
心理健康教育与中小学生心理发展

第一节　中小学心理健康教育

一、心理健康与心理健康教育

（一）心理健康

国内外学者曾从不同角度对心理健康的含义进行了积极的探索。尽管目前国内外关于心理健康的定义说法不一，但通过分析和总结，我们仍能够得出它们的若干共同点：第一，心理健康应该包含完整的人格，能够进行自我调控，并使人格的发展逐渐完善；第二，心理健康指的是一种持续的心理状态，在这种状态下，个体具有生命的活力、积极的内心体验、良好的社会适应能力，能够有效地发挥个人的身心潜力与积极的社会功能。

（二）心理健康教育

心理健康教育是在心理健康理论的基础上提出的一种教育。从广义上讲，心理健康教育是指全民族的心理健康教育，是运用心理学及相关学科的理论和技术，通过开展一系列的教育活动，让人们了解心理健康的知识，帮助人们树立起心理健康的观念，使人们产生增进心理健康的愿望，从而采取有益于心理健康的行为，并学会在必要的时候寻求适当的帮助，从而达到提高全民族心理素质的目的。

从狭义上讲，心理健康教育专指学校的心理健康教育。1999年8月，教育部在《关于加强中小学心理健康教育的若干意见》中对此做出了明确的界定："中小学心理健康教育是根据中小学生的生理、心理发展特点，运用有关心理教育的方法和手段，培养学生良好的心理素质，促进学生身心全面和谐发展和素质全面提高的教育活动。"

心理健康教育是指教育者根据教育对象的生理、心理发展特点，运用心理学等多种学科的理论与技术，对教育对象进行心理健康知识与技能的教育与训练辅导，培养教育对象良好的心理素质，促进教育对象身心全面和谐发展和整体素质提高的教育活动。

二、中小学心理健康教育发展状况

（一）中小学心理健康教育的内容

《中小学心理健康教育指导纲要（2012年修订）》明确规定了心理健康教育的主要内容："普及心理健康基本知识，树立心理健康意识，了解简单的心理调节方法，认识心理异常现象，以及初步掌握心理保健常识，其重点是学会学习、人际交往、升学择业以及生活和社会适应等方面的常识。城镇中小学和农村中小学的心理健康教育，必须从不同地区的实际和学生的身心发展特点出发，做到循序渐进，设置分阶段的具体教育内容。"同时，其还对中小学不同年级的心理健康教育内容做了具体规定。

1.小学心理健康教育的内容

小学阶段分为低年级和中高年级两个阶段，较低年级小学生的心理健康教育的内容主要包括：帮助刚入学的小学生适应新的环境、新的班集体、新的学习生活与感受学习知识的乐趣；乐于与老师、同学交往，在谦让、友善的交往中体验友情。小学中高年级心理健康教育的内容主要包括：帮助学生在学习生活中品尝解决困难的快乐，正确对待自己的学习成绩，调整自己的学习心态，提高学习的兴趣与自信心，克服厌学心理，体验学习成功的乐趣。培养面临毕业升学的进取态度；培养集体意识，在班级活动中，善于与更多的同学交往，培养健全、开朗、合群、乐学、自立的健康人格，培养自主自动参与活动的能力。

2.初中心理健康教育的内容

初中年级心理健康教育的内容主要包括：帮助学生适应中学的学习环境、学习节奏与学习要求，培养正确的学习观念，发展学习能力，改善学习方法；把握升学选择的方向；学会克服青春期的烦恼，要能够调节和控制自己的情绪，抑制自己的冲动行为；加强自我认识，客观地评价自己，积极与同学、老师和家长进行有效的沟通；逐步适应生活和社会的各种变化，培养面对挫折的耐受力。

中小学心理健康教育的内容并不是固定不变的，不同背景下的中小学生有着不同的心理需求。因此，心理健康教育的内容应该根据学生的心理健康需求和社会要求的不同而不同。

（二）中小学心理健康教育的原则

教育部在《中小学心理健康教育指导纲要（2012年修订）》中指出，开展中小学心理健康教育，要立足教育，重在指导，遵循学生身心发展规律，保证心理健康教育的实践性与实效性。中小学心理健康教育是一项科学性、实践性很强的教育工作。为使心理健康教育顺利开展，并取得预期的效果，必须遵循以下原则。

1.面向全体学生的原则

以全体中小学生为服务对象，全面普及有关心理健康的基本知识，以降低心理和行为问题发生的概率，提高中小学生心理健康的整体水平。

2.学生主体性原则

学生主体性原则的基本含义包括两个方面：一是学校心理健康教育是以全体学生为出发点，根据学生的不同年龄阶段来设计、组织教育的内容和形式；二是学校心理健康教育的任何内容和形式，都要以学生为主体，调动其参加活动的积极性，使其形成智慧和潜力，从而形成健康的心理。

3.参与性原则

学校心理健康教育是以学生和教师双方的充分参与为条件的。唯有通过参与，才能使教师在心理健康教育中的科学辅导与学生对心理健康教育的实际需要相结合，才能收到理想的效果。

4.民主性原则

教师要以真诚、友爱和平等的态度对待每一个中小学生，成为中小学生的知心朋友或良师益友。只有这样，才能了解和掌握学生真实的心理，心理健康教育才有针对性，才能在轻松愉快和乐观向上的气氛中进行，才能收到理想的效果。

5.差异性原则

差异性原则，也叫个性化原则。教育的内容和形式都必须有针对性，必须符合不同年龄段或不同年级中小学生心理发展的特点。

6.多样性原则

多样性原则是由中小学生群体和个体心理的差异性、心理需求的多样性，以及心理与行为问题的复杂性决定的。为此，中小学生心理健康教育必须符合中小学生心理发展的特点，以求最大限度地照顾到其心理发展的差异性，满足不同阶段、不同层次和不同个体的心理需要，以提高其心理健康水平。

7.预防、发展和调治相结合的原则

只有坚持预防和促进发展，才能大面积、有效地帮助中小学生在其自身条件允许的范围内，使心理功能达到最佳状态，心理潜能得到最大限度的发挥，以及人格得到健全和谐的发展，从而形成对学习、生活和社会环境的良好适应能力。

（三）中小学心理健康教育的目标

中小学心理健康教育的目标，说到底就是要促进中小学生个性心理的全面发展，具体来说主要包括以下三点。

① 要促使中小学生形成健康的心理素质。

② 要维护中小学生的心理健康，即减少和消除各种不良因素对其心理健康的影响。

③ 要增进中小学生的心理健康，即根据中小学生成长发育的规律、特点和需要，采取各种形式和方法，提高中小学生的心理健康水平，促使其人格即个性和心理得到全面和谐的发展。

（四）中小学心理健康教育的任务

为达到心理健康教育的目标，2002年，教育部在《中小学心理健康教育指导纲要》中对心理健康教育的主要任务做了明确规定：全面推进素质教育，增强学校德育工作的针对性、实效性和主动性，帮助学生树立在出现心理行为问题时的求助意识，促进学生形成健康的心理素质，维护学生的心理健康，减少和避免对他们心理健康的各种不利影响；培养身心健康，具有创新精神和实践能力，有理想、有道德、有文化、有纪律的一代新人。为此，在具体执行中应特别注意以下三点。

1. 满足中小学生的合理需要

中小学生的合理需要主要包括生存需要，安全需要，归属、交往和爱的需要，尊重信任的需要等，这些需要的合理满足是中小学生形成和保持身心健康的基本条件，如果得不到适当的满足，就会影响其正常的发育和成长，就不可能有健康的心理。

2. 适时提供有效的辅导

一方面，针对普遍性的问题，采取适当的方式加以辅导，使学生对自己成长发育中必定或可能会面临的问题有所认识、有所准备，能以积极自觉的心态有效地面对；另一方面，根据个体心理的差异性，有针对性地给予其帮助和指导。

3. 及时调节与治疗

教师要善于识别，及时发现问题，并能随时与家长取得联系，提供建议，及时向有问题的学生提供医疗性心理咨询、心理治疗机构的信息，以便由专业人员及时、有效地给予调节和治疗。

（五）中小学生心理健康现状

社会快速发展，不但成年人在承受着越来越沉重的压力，就连本该天真烂漫的中小学生也要承受来自学习、生活的种种压力。多重压力使得中小学生心理健康问题日益突出。

我们以贵阳市2018年的心理健康评定为例。研究者采用分层整群抽样法抽取贵阳市中小学生1295名，进行中小学生心理健康评定。结果中小学生心理卫生问题总检出率为1.5%。从分量表看，中小学生的心理卫生问题主要集中在行为障碍、性格缺陷和学习障碍三个方面，阳性检出率分别为5.1%（66人）、5.0%（65人）和4.9%（63人）。因此，需要重点关注留守学生和农村中小学生的心理卫生问题，心理健康教育要结合学生发展的心理特点区别对待。

可见，学校想要对学生进行心理健康教育，就必须借助一些手段，通过一定的途径和方法，按照一定的原则加以实施。下面将从学校心理健康教育的途径和方法阐述进行中小学心理健康教育的实施细则。

三、中小学心理健康教育的途径和方法

开展心理健康教育的途径和方法是多种多样的，不同学校应根据自身的实际情况灵活选择和使用，注意发挥各种途径和方法的综合作用，增强心理健康教育的效果。这些途径和方法大体可以分为五个方面：创设符合学生心理健康要求的环境、提供面向全体学生的心理健康教育、开展面向个别学生的心理健康教育、面向全体教师的培训和面向家长的培训。

（一）创设符合学生心理健康要求的环境

创设符合学生心理健康要求的环境，主要是指学校、家庭、社会和媒体等各个方面要为学生创设一个良好的促进其心理健康发展的环境。

学校环境包括物理环境和心理环境。物理环境包括学校的空间布局，比如，校址的选择、校园面积规划、教室布局、校园景色以及校园文化等；心理环境主要是指校园的校规校纪、精神文化、教风学风、传统风格以及人际关系等。从物质环境来说，心理健康教育就是要绿化、净化、美化校园环境，良好的环境能够培养人、愉悦人、影响人、教育人。所以，学校要有计划、有组织、有系统地对学生进行教育，校园环境的"三化"对于学生健康心理素质的形成尤为重要。"近朱者赤，近墨者黑"以及"孟母三迁"的故事，讲的都是环境对人的影响。良好的校园环境，能使人赏心悦目、心旷神怡，对陶冶学生的情操，培养健康、高尚的审美情趣，提高学生的集体荣誉感、责任感、义务感等道德情感，将会起到潜移默化的作用。

家庭环境对孩子心理健康的重要影响已得到心理界和教育界的共同重视，家庭环境是家长和孩子共同创造的，父母与孩子配合起来共同创设符合孩子心理健康要求的环境，是学校进行心理健康教育的基础，是学生心理发展的基石。

在成长道路上，除了受到学校环境和家庭环境的影响之外，学生的心理健康还会受到社会环境的影响，社会环境的良好创设是家庭和学校心理健康教

育不能代替的。从心理健康的角度来说，社会风气对中小学生的影响主要体现为：第一，给中小学生传播当前社会流行的价值观等观念和态度，使他们在思想上适应主流文化。第二，让中小学生模仿当前社会流行的生活方式，使他们在行为上适应主流文化。一方面，社会风气对学生有积极的作用，它有利于学生尽快、顺利地接受社会的各种观念，从而适应现代社会生活；另一方面，社会风气对学生有消极的作用，不良风气会使中小学生正常的心理发展受到威胁。社会上一些不良风气，如"走后门""一切向钱看"都会对学生的心理产生不良影响，对他们形成正确的价值观、人生观、世界观产生影响。因此，学校、家庭和社会要共同抵制不良社会风气，为中小学生的心理健康发展提供一种健康向上的社会气氛。

每个学生的心理都是不同的、复杂多样的，这就决定了健康心理形成的复杂性，而心理健康教育要面对这么多学生进行，决定了学校心理健康教育是一种多层次、多角度的综合教育。学校、家庭、社会等任何一种教育的单独使用都不会使心理健康教育达到最佳效果。所以，学校要将家庭、社会、媒体等方面的教育资源结合起来，采用不同的心理健康教育模式，形成一个全方位的教育体系，全面地服务于学生。

（二）提供面向全体学生的心理健康教育

全体性是中小学心理健康教育应遵循的重要原则，此处的面向全体学生是指每个学生都有必要接受心理健康教育。这种面向全体的心理健康教育大致可分为如下几种。

1.开设心理健康教育活动课

课堂教学是开展心理健康教育的主渠道。根据不同年龄、不同学段学生的特点和需求，并结合学校现实的环境特点，开展不同主题、不同形式的心理健康教育活动课，面向全体学生普及心理健康方面的知识，提高学生心理健康水平，同时预防心理问题产生。

2.在学科教学中渗透心理健康教育

在学科教学中渗透心理健康教育，是学校进行心理健康教育的基本途径。所有任课教师都要承担起对学生进行心理健康教育的责任，要根据自身学科和教学内容的特点，挖掘其中的心理健康教育资源，把握教学的最佳时机，将心理健康教育渗透于学科教学中。

3.在学校的各项活动中渗透心理健康教育

教师只要有意识地把这些活动和中小学心理健康教育的内容联系起来，就可以在这些活动中陶冶学生的情操，磨炼其意志，提高其生活和社会适应能力。

4.在班主任工作及班级管理中渗透心理健康教育

班主任要通过丰富多彩的班集体活动，促进学生心理健康发展，例如，定期组织学生开展多种形式的团队活动，通过角色扮演、讨论、游戏等多种形式开展心理健康教育活动，如开展"天生我材必有用"（自信心训练）、"笑傲挫折"（抗压、抗挫折训练）、"运筹帷幄"（高考前心理调适）等主题班会。

5.学校的团体心理训练

团体心理训练是目前中小学心理健康教育中使用较多的一种教育途径。团体心理训练是指以学生团体为对象，运用适当的辅导策略和方法，通过团体成员的互动，促使个体在人际交往中认识自我、探讨自我、接纳自我，调整和改善与他人的关系，学习新的态度与行为方式，提升调适能力，以预防或解决心理问题并激发个体潜能的心理辅导过程。团体心理训练的主要特点包括影响广泛、效率高、效果易巩固、适用于人际交往训练。通过这种途径可以解决中小学生中普遍存在的一些具有年龄特征的问题，可以避免一对一单独辅导可能带给学生的紧张感，可以针对学校生活中的各个方面进行，是进行发展性心理教育的有效途径，具有实际意义。

（三）开展面向个别学生的心理健康教育

面向全体学生的心理健康教育不可能解决每个学生的特殊问题，所以为了兼顾心理健康教育的全体性和差异性，必须要以面向个别学生的心理健康教育作为补充。心理咨询与辅导工作在学校的心理健康教育活动中扮演着重要的角色，是达到学校心理健康教育整体目标的重要途径。

学校通过建立学生心理咨询与辅导中心，配备一定数量的专业教师或者兼职教师，可以对少数存在心理问题或出现心理障碍的学生进行认真、耐心、科学的心理辅导，帮助学生消除心理问题和心理障碍，恢复心理健康，增强心理素质。面向个别学生进行心理健康教育的方法主要有以下几种。

1.谈话法

谈话法是指以学生为特定对象直接交谈的方式。它要求教师通过谈话，运用心理健康有关知识和原理，解决学生的心理与行为问题，排除其心理障碍。谈话的形式有个别面谈、小组讨论等。

2.咨询面谈

咨询面谈的前提是要与来访者建立安全、可靠、受尊重的关系，向来访者承诺此次咨询的内容是绝对保密的，以此来获取来访者的信任。教师的任务是在良好的咨访关系中，澄清学生的真正问题，进而找到适当的改变现状的途径和方法。

3.建立心理档案

建立学生心理档案应本着以下几个原则：第一，保密性原则，这是建档过程中应该遵循的首要原则，只有获得学生的信任，学生才会愿意说出自己心中真实的想法。第二，系统性原则，表现为要在较长的时间内对学生的心理发展进行系统、定期的追踪研究，这样才能尽量保证不会因为各种因素的影响而使得记录的结果不准确。第三，发展性原则，表现为用发展的眼光去看待学生，用积极的态度来引导学生。第四，客观性原则，表现为在建档过程中，一定要实事求是，尊重学生的客观心理事实。第五，教育性原则，表现为要在建档或者使用心理档案的过程中注意学生的情绪，不能给学生造成任何的负面影响，做到以实现学生健康发展为最终目的。

（四）面向全体教师的培训

教师的心理状态会直接影响学校的教学工作，也会通过教学过程对学生的心理产生影响。面向全体教师开展心理培训也是心理健康教育工作的重要组成部分。可以利用教师工作坊、沙龙、讲座等形式对全体教师开展培训。

首先，在培训内容上，要遵循"按需培训"的原则，即以实际需要为主导，按照中小学生的实际情况安排培训内容。培训内容主要包括教师自身心态调节、教学工作中的心理学、班级管理中的心理技巧、师生心理沟通技巧等。通过对教师的心理培训，可以促进教学工作的开展更符合学生的心理特点，使教师更注重与学生的沟通，形成融洽的师生关系，也使教师自身能更好地面对职业压力。

其次，在培训方法上，要坚持"理论与实践相结合"的原则。在培训者将理论知识讲解清楚后，再出示相应的教学案例，由参训教师进行分析、讨论，只有将理论运用到实践中，参训教师才能更好地消化理论知识，从而在以后的实际课堂中更加轻松地运用。

（五）面向家长的培训

家庭是学生的第一所学校，家庭氛围和家长的教养方式会对孩子的心理健康产生一定的影响，如果家庭氛围不好、家长的教育方式不当，会潜移默化地导致孩子出现多种心理问题。家长对学生心理健康的影响除了通过"言传"，即口头教育外，更重要的是通过"身教"，即通过儿童模仿的心理机制发生作用的。家庭是影响人的第一个场所，家长的品格、行为等都会直接影响子女的成长。如果一个孩子生活在鼓励、忍耐、表扬、接受、认可、诚实、安全和友爱的家庭之中，他就学会了自信、耐心、感激、自爱、相信自己和周围的人，他就会以良好的心理品质从事学习与生活。因此，父母应该从自身做起，树立"身教重于言传""快乐比成功更重要"的观念，信任孩子自身成长的力量，为孩子提供民主、和谐的家庭氛围。

在家庭和学校的互动系统中，儿童不是孤立的个体，而是处于家校互动中的一个要素，儿童问题的解决也不是他们与其中某一个因素简单的相互作用，而是取决于整个系统的优化和各个要素的密切合作。对家长进行心理教育知识和技能的培训，可以使家长重视孩子的心理健康状况，使家长在此后的家庭生活中有意识地关注孩子心理的发展，采用正确的家庭教育方式，再和学校教师的教育配合起来，这种连贯性的教育会对孩子的人格和心理的健康发展产生积极影响。目前，对家长进行培训的方式主要有网络培训、讲座、告家长书、家长学校等，内容主要包括亲子关系、青少年心理特点、科学教育方法等。

四、贯彻落实国家及教育部关于中小学心理健康教育的指导政策

开展好中小学心理健康教育，促进学生身心和谐全面健康发展，对于全面贯彻党的教育方针，落实教育为社会主义现代化服务的根本任务，培养德智体美劳全面发展的社会主义事业的建设者和接班人，办好人民满意的教育，推动教育事业科学发展，具有重要的现实意义和深远的历史影响。

（一）教育部单独颁发的指导中小学心理健康教育的文件

1999年8月，颁布了《教育部关于加强中小学心理健康教育的若干意见》。文件指出，要充分认识加强中小学心理健康教育的重要性，对中小学生及时有效地进行心理健康教育是现代教育的必然要求，也是广大教育工作者所面临的一项紧迫任务。各级教育部门的领导和学校校长、教师、家长要充分认识加强中小学心理健康教育的重要性，要以积极认真的态度对待这项教育工作。同时，还提出了开展心理健康教育的基本原则、心理健康教育的主要任务和实施途径、心理健康教育的师资队伍和条件保障、心理健康教育的组织领导等。

（二）《中小学心理健康教育指导纲要》及修订

2002年9月，教育部颁布《中小学心理健康教育指导纲要》，2012年12月，对其进行了修订。2013年，教育部中小学心理健康教育专家指导委员会组织编写了《中小学心理健康教育指导纲要解读》。目前，中小学心理健康教育就以此作为指导政策和依据。

（三）国家颁发及教育部与其他部门联合发布的文件

2010年，国务院颁布《国家中长期教育改革和发展规划纲要（2010—2020年）》，指出"加强心理健康教育，促进学生身心健康、体魄强健、意志坚强"。

2016年12月，教育部等22部门联合印发《关于加强心理健康服务的指导意见》，指出中小学校要重视学生的心理健康教育，培养积极乐观、健康向上的心理品质，促进学生身心可持续发展。教育系统要进一步完善学生心理健康服务体系，提高心理健康教育与咨询服务的专业化水平。中小学校设立心理辅导室，并配备专职或兼职教师。

2019年12月18日，为贯彻落实《国务院关于实施健康中国行动的意见》，推进《健康中国行动（2019—2030年）》心理健康促进行动、中小学健康促进行动实施，进一步加强儿童青少年心理健康工作，促进儿童青少年心理健康和

全面素质发展，国家卫生健康委等12部门联合印发了《健康中国行动——儿童青少年心理健康行动方案（2019—2022年）》。

第二节　中小学生心理发展特点

一、心理发展的概念

心理是指人内在符号活动梳理的过程和结果，具体是指生物对客观物质世界的主观反映，心理的表现形式叫作心理现象，包括心理过程和心理特性。人的心理活动都有一个发生、发展、消失的过程。人们在活动的时候，会通过各种感官认识外部事物，通过头脑的活动思考着事物的因果关系，并伴随着喜、怒、哀、惧等情感体验。这折射出一系列心理现象的整个过程就是心理过程。按其性质可分为三个方面，即认识过程、情感过程和意志过程，简称知、情、意。

心理发展是指个体在整个生命历程中所发生的一系列积极的心理变化。因此，并不是所有的心理变化都可以叫作心理发展。例如，由于疲劳和疾病等因素而产生的心理上的变化，就不能称为心理发展。心理发展包含两种过程：一种是"渐进论"的观点，即认为从婴儿到成人的心理发展是一个逐渐积累的连续量变的过程；另一种是"阶段论"的观点，即认为个体的心理发展不是一个连续量变的过程，而是经历一系列有着质的不同的发展阶段的非连续过程。

二、学生心理发展的基本特征

（一）连续性与阶段性

个体的心理发展是一个由低级逐渐向高级前进的过程，高级的心理是在低级心理发展的基础上进行的，表现出心理发展的连续性。另外，心理发展又是一个逐渐地由量变到质变的过程，随着更高一级心理的出现，心理发展也达到了一个新的阶段，表现出心理发展的阶段性。

（二）定向性与顺序性

在正常条件下，心理的发展总是具有一定的方向性和先后顺序。尽管其发展的速度可能有个别差异，如会加速或延缓，但发展的方向和顺序是不可逆的，阶段与阶段之间不可逾越。

（三）不平衡性

不平衡性是指个体的心理发展并不是随着年龄的增长而匀速前进的，而是以不均衡的速度向前发展的。即使对同一个体而言，不同心理的各组成成分的发展速度也有所不同，达到成熟水平的时期不尽相同。这一特征表现为：个体不同心理机能发展的速度、起讫时间和达到成熟的时期不同；个体同一心理机能在发展的不同时期有不同的发展速率。

（四）差异性

不同个体的心理发展虽然具有一定的规律性与顺序性，但各种心理机能所能达到的最佳水平、形成的速度、达到成熟水平的时期等因人而异。

三、小学生心理发展的特点

（一）小学生的认知发展的特点

认知能力是在实践活动中发生发展的，人类共同的基本实践活动形成了人的一般认知能力（即智力），包括观察力、记忆力、想象力和思维能力等。认知发展的主要表现是：认知结构的复杂化、合理化，认知结构各要素之间的关系相互协调，认知结构与情意个性等心理因素的相互促进及协调发展。发展过程中存在关键期，小学阶段就是认知发展的一个关键期。

依据皮亚杰的认知发展理论，小学生处于具体运算阶段，思维具有可逆性，能够完成守恒任务；能够掌握一类物体与其子类的关系；能够解决简单的序列化问题；具有思维的去自我中心性；掌握了群集的概念。

1.小学生感知的发展特点

小学生感知事物的能力经历了从表象到认识事物本质的转变。低年级小学生在认识事物时，往往只关注事物的表面特征或个别特征。随着年龄的增长和知识经验的不断积累，小学生认识事物的目的性和方向性更加明确，能够抓住事物的本质，能够由浅入深地分析问题，看待问题更加具有针对性，对于时间单位和空间关系的辨别能力也逐渐增强。

2.小学生记忆的发展特点

随着不断地学习与训练，小学生的记忆不断从无意记忆向有意记忆发展，并且有意记忆成为主要的记忆方式，意义记忆所占的比例逐渐超过机械记忆，记忆方式开始多样化。研究表明，7～9岁是儿童短时记忆容量迅速发展的时期，儿童记忆保持的时间随着年龄的增长而延长，记忆保持时间在8岁、10岁、12岁有较大幅度的增长。

3.小学生注意的发展特点

注意分为无意注意和有意注意。一年级的学生由于刚进入小学阶段，还未能适应小学的环境和生活，因此仍带有幼儿注意的特点，以无意注意为主，有意注意正在发展。随着年龄的增长，小学生注意的广度不断增大，但注意的范围总体来说较小，注意的稳定性和集中性较差，注意的分配和转移能力较差。一般来说，6～10岁儿童可集中注意力的时长为20分钟左右，10～12岁儿童为25分钟左右，12岁以上儿童约为30分钟。

4.小学生思维的发展特点

小学生的思维逐渐从以具体形象思维为主要形式向以抽象逻辑思维为主要形式过渡，思维的过程逐渐完善，判断推理和理解能力逐步发展。其中，一、二年级学生以具体形象思维为主，思维具有直观性、具体性、形象性；三、四年级学生处于过渡阶段，但具体形象思维依然占主导地位；到五、六年级时，抽象逻辑思维占主导地位，思维的灵活性、创造性、批判性也有了进一步的提高。

5.小学生言语的发展特点

小学生逐渐掌握口头语言之间的差别，并进一步向书面语言发展。其中，一年级学生以简单的对话为主，能够用简单的句子进行交流，如"你吃饭了吗""你完成作业了吗"；二、三年级学生的独白言语开始发展，并能够用一些复杂的句式表达想法，如"她对我很好，所以我喜欢和她交朋友"；随着学习能力的发展，四、五、六年级学生的口头表达能力有了明显的提升，能够通过看图讲故事，并结合动作等将故事生动地呈现出来，如表演寓言故事《农夫与蛇》。

6.小学生想象的发展特点

小学生想象的有意性随着年级的升高而不断增强，对于刚入学的低年级学生而言，他们在想象时容易脱离想象的目的和主题，以自身的经验做自由联想，具有模仿性、再现性；对于四年级以上的学生而言，他们更容易围绕一定的主题展开联想，且想象更加接近现实，想象的内容逐渐丰富，具有现实性和创造性，有些高年级学生开始对自己未来的生活进行初步的想象。

（二）小学生的个性发展的特点

个性是一个人比较稳定的、具有一定倾向性的各种心理特点或品质的独特组合。个性体现了一个人的特性，表明了人与人之间的差异。个性贯穿于一个人生命的全过程，在小学阶段，小学生个性中具有代表性的心理特征迅速发展起来。

1.小学生情感的发展特点

小学生情感的内容不断丰富，情感体验日益深刻，7～9岁表现得尤其明显，情感体验变得更加复杂化和多样化。学校更加注重对学生社会道德感的培养，因此小学生的道德感迅速发展，爱国主义情感、集体荣誉感、责任感、义务感、团队合作感等逐步形成；情感的稳定性增强，自控能力提升，求知欲、好奇心等越来越稳定，情感的自我调控能力不断提升；情感的理解能力逐渐提高，小学生对喜、怒、哀、惧四种情感的移情能力显著下降；高级情感进一步发展，喜欢观赏艺术作品，并能表达自己的见解。

2.小学生意志的发展特点

小学生意志的发展表现为目的性、果断性、坚持性、自制性。从小学生意志的目的性来看，他们已经逐渐确立了长远的行动目标，不容易受外界刺激的干扰；从果断性来看，大多数小学生能够懂得行动的重要性，能在掌握相关知识、技能的基础上预见和了解行动的可能结果；从坚持性来看，小学生意志的坚持性品质迅速发展；从自制性来看，小学生抵制外界不良刺激的能力逐渐增强。

3.小学生性格的发展特点

小学生的性格发展水平会随着年龄的增长、经验的增加不断提高，小学二至四年级发展较慢，四至六年级发展较快。不同学生的性格存在一定的差异，研究表明，学习成绩好的学生具有较强的好奇心、独立性、创造性。此外，不同性别学生的性格也存在着差异，女生的进取心胜于男生。

4.小学生自我意识的发展特点

小学三年级以上学生开始逐渐形成比较清晰的自我意识，在自我评价方面，他们能够对自己有清晰的认识，对自己也有较准确的定位，面对问题时有自己的见解与想法，不太容易受他人的影响；在自我体验的发展中，随着小学生理性认识的增加，他们的情感体验也逐步加深，其中，愉快与愤怒的情绪发展较早，自尊感、委屈感发生较晚；在自我控制上，小学生在完成简单任务时，悔步和停顿的次数变少，随着年龄的增长，解决复杂问题的能力不断增强。

（三）小学生的社会性发展

近年来，儿童的社会性发展及教育问题越来越受到重视。《中国大百科全书（社会学）》（1991年）对儿童社会性的定义是：个体在其生物特性的基础上，与社会生活环境相互作用，掌握社会规范，形成社会技能，学习社会角色，获得社会性需要、态度、价值，发展社会行为，并以独特的个性与人相互交往、相互影响，适应周围社会环境，由自然人发展为社会人的社会化过程中所形成的心理特征称为社会性。

1.小学生的社会认知

哈密顿认为，社会认知是研究包括所有影响个体对信息的获得、表征和提取的因素，以及对这些过程与知觉者的判断之间的关系的思考。小学生在入学之前与社会的直接接触较少，以家庭和幼儿园为主要活动场所，而在小学阶段开展的实践活动越来越多，小学生与社会的接触越来越多，小学生对周围的生活环境有了进一步的认知与理解，但小学生在认知各方面的发展是非同步的、不等速的，这是一个逐步区分认识社会性客体的过程。

2.小学生的社会行为

小学生的社会行为包括亲社会行为和反社会行为。亲社会行为是指对行为者本身无明显好处，而能给行为受体（他人和社会）带来利益的行为，如助人、分享、合作等。反社会行为是指侵害他人，为社会所拒绝和控制的行为。在小学阶段，反社会行为主要表现为攻击行为和欺负行为。研究表明，在小学阶段，小学生的社会行为主要表现为亲社会行为，在与同伴相处的过程中，小学生通常更愿意去帮助他人。

3.小学生的人际关系

小学生的人际关系主要包括亲子关系、同伴关系和师生关系。随着年龄的增长和环境的变化，小学生的人际关系由原先的亲子关系逐渐向同伴关系与师生关系转变，且同伴关系所占的比例逐渐增大。进入小学后，小学生与同伴交往的时间更多，交往形式也更复杂，同伴之间传递信息的能力增强，开始形成一定的团体。随着年龄的增长，小学生由一开始对老师的无比崇敬转变为对不同老师能有自己的评价，变得不再无条件地服从和信任老师。

四、中学生心理发展的特点

中学生的年龄为 12～18 岁，这个时期是个体从儿童期向成年期过渡的时期，也叫青春期，即第二性征开始出现到生殖功能基本发育成熟，身高停止增长的时期，是个体身心发展的第二高峰期。在这个时期，其不仅会在生理上发生显著变化，心理发展也有其发展的一般特点，主要体现在以下几个方面。

（一）中学生认知发展的特点

认知发展是中学生心理发展的重要组成部分，涉及感知觉、记忆、注意、思维等几个方面。

1.在感知觉方面

首先，是感觉的发展。中学生的视觉、听觉和运动觉发展得很快。其视觉感受性不断提高，区别颜色的精确性明显提高，视觉敏感发展到一生中的最高水平，即达到或超过成人水平；听觉感受性不断提高，区别高音的能力明显提升；运动觉和平衡觉不断提高。其次，是知觉的发展。中学生的有意性和目的性进一步提高，能够比较稳定、长时间地进行知觉；精确性和概括性不断提高，在空间知觉上有更强的抽象性，在时间知觉上能更精确地理解较短的单位，而对较大的单位开始理解，但不太精确。

2.在记忆方面

首先，中学生记忆的容量日益增大，短时记忆的广度接近成人；对直观形象的材料记忆要优于抽象材料，对图像的记忆要优于词语。其次，中学生能主动选择记忆方法，有意记忆逐渐占主导地位；随着年龄的增长，理解记忆逐渐成为主要的记忆手段；抽象记忆的发展速度较快，逐渐占据主导地位。

3.在注意方面

首先，中学生的注意从无意注意向有意注意转化。随着年龄的增长，中学生的大脑不断发育成熟，神经系统活动的兴奋和抑制能更好地协调起来，注意开始具有自我组织、自我调节、自我控制的性质。其次，中学生注意的品质不断改善、注意的稳定性得到迅速增强。年龄的增长带动了个人知识经验的增长，因此其注意的广度日益扩大，注意的分配能力出现了缓慢的发展。随着个体大脑神经内抑制力和第二信号系统的发展，其注意的转移能力得以迅速发展。

4.在思维方面

首先，中学生思维的独创性在逐步增加。这突出表现在他们能不断提出新的假设、理论，思维的敏捷性、灵活性、深刻性和批判性明显增强。其次，抽象逻辑思维逐步占优势，中学生一般能摆脱具体事物的限制，运用概念提出假设，检验假设来进行抽象逻辑思维。最后，中学生的创造性思维逐步发展。

（二）中学生情绪发展的特点

1.情绪体验丰富多彩

中学生处在心理未成熟向成熟发展的过渡期，他们的情绪表现既有儿童时期留下的天真幼稚，又有成年期的深思熟虑。一般认为，随着年龄的增长、年级的升高，中学生的社会性情感趋于丰富，积极地思索人生倾向。另外，不同个体在情感发展、情绪表现上呈现出一定的差异性，男女的情绪各有特点。

2.情绪的波动较大

随着认知水平的提高、知识经验的累积，有的中学生已经有了一定的控制能力，情绪趋于稳定。但同成年人相比，中学生的情绪仍带有明显的波动性，时而激动，时而平静，时而消极，时而积极。学习成绩的优劣、同学关系的好坏等都会引起其情绪的波动。

3.情绪的不稳定性

中学生对于情绪虽有一定的控制能力，但仍带有明显的波动性，外显性与内隐性并存，即他们的喜怒哀乐常形于色，但又有意识地控制自己的情绪，学会了一些曲折的表达方式。同时，冲动性与理智性并存。

4.情绪体验强烈并易冲动

中学生在外界刺激下表现出强烈的情绪体验很容易产生冲动性行为，表现为感情用事，也表现为情绪易心境化。中学生发生打架斗殴事件大多源于此。

（三）中学生意志品质发展的特点

1.自觉性品质有所提高

自觉性是指一个人对行动的目的、意义有明确而深刻的认识，并以此支配自己的行动，使自己的行动服从于社会要求的品质。它反映了一个人的世界观、人生观和信念，并贯穿于意志行动的始终。它使人自觉、独立地调节自己的行为，使自身服从于一定的目的任务，而不是靠外力来监督。由于认识的局限性，中学生的自觉性和幼稚性仍处在错综矛盾的状态中。但是他们已能把个人目的和社会价值联系起来，使个人目的自觉地服从于社会利益。中学生的自觉性品质是随着年龄的增长而发展的，在不同年级表现出不同的特点。

2.果断性品质有所发展

果断性品质是在社会实践中锻炼出来的，往往又在复杂的现实中表现出来。初中生的果断性水平还比较低，轻率往往是他们的主要特点。由于他们反应快、行动快，容易把不假思索的冒失看成是果断行为。高中学生的认识能力迅速发展并趋于成熟，较之初中生有以下进步：知识更加丰富，社会和生活经验不断积累，因而在处事的果断性方面有了很大发展；对新事物、新情况反应快，行动也快；懂得珍惜时间，反对因犹豫不决而浪费时间；发现学习过程中的问题能及时解决，对于现实生活中的各种矛盾并不回避，而是以积极的态度果断处理。

3.自制性品质有所增强

中学生自制性的发展有一个循序渐进的过程。初中生的自制力比较差，因为其正处于青春发育期，身体的急剧变化引起身心发展上的各种不平衡，所以情绪波动大，对自己的行为举止难以控制，表现为好动、上课时手足不得安宁。所以，品德不良的学生往往多出现在初中阶段。高中生情绪比较稳定，道德认识也逐渐成熟，能控制和调节个人的行为举止。

4.坚韧性品质逐渐形成

坚韧性同一个人的精力与毅力密切相连。精力指一个人从事各种活动的紧张度。毅力指一个人从事各种活动的持续度。意志的坚韧性，意味着既能适应紧张的工作和生活，又能锲而不舍，有始有终，直至实现目的。坚韧性和学生的兴趣、动机及对任务意义的认识有关。初中生只有对自己感兴趣的课程，才能够保持较长久的注意力，当学习顺利时，劲头儿十足，但碰到困难就会败下阵来。高中生就不同了，他们的责任感比较强，即使智力水平一般的学生，在学习遇到困难时也不会立刻退缩，而是努力解决问题。

（四）中学生自我意识发展的特点

1.成人感和独立意向显著

中学生进入青春发育期后，身体迅速成熟，但心理还未成熟。这种生理和心理成熟的不平衡，使中学生自我评价有很强的主观性，他们渴望独立，摆脱依赖的要求非常强烈，他们听不进别人的批评和意见，渴望得到成人的尊重，享受成人的权利。如果父母忽略这种要求，易使孩子形成强烈的逆反心理。

2.自我开始分化

中学生的自我意识日趋复杂和丰富，表现在自我开始分化。

（1）中学生将自我分化为主我和客我。自我分化使青少年不仅站在自己的立场上对自我的行为进行评价，并且能站在另一立场将自我作为客观对象加以分析、评定。自我分化是自我意识成熟的一个表现，它体现为对自己的客观审视、评价及接受自己。

（2）中学生将自我分化为现实我和理想我。现实我即当前的自我，理想我即自己努力想成为的自我。理想我与现实我存在一定的差距和矛盾，是青少年自我意识发展过程中普遍存在的，这种矛盾形成动力，能推动青少年的自我意识得到更完善的发展。

（3）自尊心高度发展。从自我体验的角度来看，随着成人感的产生，自尊心在这个阶段高度发展，并且表现得非常显著。中学生十分渴望得到他人的肯定，对外界的评价特别敏感。当他们受到肯定和赞赏时，就会产生强烈的满足感；当他们受到否定和批评时，易产生强烈的挫折感。

（4）自我评价趋于成熟。自我评价是指自我对自己的能力和行为的评价，它是个体自我调节的重要机制。青少年自我评价的发展表现在三个方面。

第一，自我评价的独立性日益增强。中学生崇尚个性、追求独立，他们越来越少地受到他人评价的影响，而是独立地评价自己，心理发展也在这个过程中日趋成熟。

第二，自我评价逐渐从片面性向全面性发展。中学生的自我评价比较片面，常常过高地评价自己。随着经验的增长和认识能力的提高，高中生的自我评价逐渐趋向稳定、客观和全面。

第三，自我评价已从表面特点向内心品质方面的评价转化。青少年后期，中学生已经能把对自我的描述从表面化深入内心，对自我的评价日益抽象化、概括化。

（五）中学生性心理发展的特点

1.性意识出现

性意识是指人对性的认识和态度，是人类关于性问题的思维活动，它左右着人的性行为。进入青春期以后，由于性机能的逐渐成熟，中学生表现出对性的特别关注、兴趣和向往，这些微妙变化和特殊的心理体验即为性意识出现。中学生性意识的特点为：渴望了解性知识。由于第二性征的出现，中学生渴望认识自己与异性的不同，渴望理解新奇的生理变化，希望探究生理要求产生的原因和满足的方式。因此，他们会通过各种途径去探索和获取性知识，这就是性冲动和性欲望的出现。进入青春期以后，青少年出现性欲望和性冲动，这是发育中的正常生理现象与心理现象。

2.性情感的发展变化

在与异性朋友的接触和交往中，双方都会感到有一种相互吸引的力量。性情感是指在两性活动中有关的爱慕、吸引或憎恨等感情的发展变化。到了青春期以后，中学生就自然地对异性产生兴趣，而异性对自己也有一种吸引力。中学生性情感的发展要经历以下几个阶段：疏远异性阶段、接近异性阶段、异性眷恋阶段、择偶尝试阶段。

（六）对中学生正确处理异性交往的指导

1.加强教育，理解性生理和性心理的变化

由于缺乏必要的性知识，中学生常常为性意识活动所困扰，如出现性梦、性幻想，或者出现男性遗精、女性阴道分泌物增多等兴奋现象，产生关注异性或者接触异性的念头。这是青春期生理和心理发展的正常现象，具有发展的积极意义。教师可以采取恰当的方式，让学生了解青春期的生理发育和心理发展的相关知识，从思想、认识观念、态度上使其对这些问题有正确的认识，并对可能出现的性心理问题予以指导，使他们从科学认识的角度认识这些问题，消除盲目性和神秘感。

2.更新理念，认识异性交往的意义

处于青春期的中学生，对异性产生兴趣，认为异性对自己有吸引力，自己对异性有好感，因而渴望了解异性，希望引起异性的注意，更向往与异性的交往。异性交往是青少年身心发展的必然结果。青少年期是个体社会化的关键期，在这一阶段，个体与异性同伴的正常交往对他们的成长和发展具有重要的适应意义。家长、教师和学校绝不应该忽视这方面的教育，更不应该因噎废食，将其作为不正当行为而一味驳斥。教育者应当提高自身的鉴别能力，坚决摒弃对异性友谊和爱情"一刀切"的干预方式。

3.指导行为，让学生能够正确地处理性冲动、恰当地与异性交往

青春期学生的两个特点是冲动和盲目，因此教师需要指导中学生按照社会文化规范的要求，约束和调整自己的性欲望和性行为，恰当地处理与异性的关系。对于青少年的某些性欲望，如与异性正常交往的欲望应该予以满足，而如性尝试的欲望，则应该加以约束。总之，一味压抑或放任自流都是错误的做法。

实践教学篇

第三章
团体沙盘在"心理健康教育"课程中的应用

第一节　团体沙盘与"心理健康教育"课程的结合要点

一、中小学心理健康教育课程设置的依据

中小学心理健康教育课程的设置，应以学生的发展规律、人格塑造不同阶段的任务及要求为方向，可以参考《中小学心理健康教育指导纲要（2012年修订）》《中国学生发展核心素养》、积极心理学、发展心理学、人格心理学等相关理论，目的在于提高学生的心理素质和健康水平，以人本主义人性观为思想，通过自助、互助和他助等活动模式，最终促使学生心理健康的可持续发展。

1.中小学心理健康教育指导纲领文件

《中小学心理健康教育指导纲要（2012年修订）》中指出：心理健康教育应从不同地区的实际和不同年龄阶段学生的身心发展特点出发，做到循序渐进，设置分阶段的具体教育内容。

小学低年级主要包括：帮助学生认识班级、学校、日常学习生活环境和基本规则；初步感受学习知识的乐趣，重点是学习习惯的培养与训练；培养学生礼貌友好的交往品质，乐于与老师、同学交往，在谦让、友善的交往中感受友情；使学生有安全感和归属感，初步学会自我控制；帮助学生适应新环境、新集体和新的学习生活，树立纪律意识、时间意识和规则意识。

小学中年级主要包括：帮助学生了解自我，认识自我；初步培养学生的学习能力，激发学习兴趣和探究精神，树立自信，乐于学习；树立集体意识，善

于与同学、老师交往，培养自主参与各种活动的能力，以及开朗、合群、自立的健康人格；引导学生在学习生活中感受解决困难的快乐，学会体验情绪并表达自己的情绪；帮助学生建立正确的角色意识，培养学生对不同社会角色的适应；增强时间管理意识，帮助学生正确处理学习与兴趣、娱乐之间的矛盾。

小学高年级主要包括：帮助学生正确认识自己的优缺点和兴趣爱好，在各种活动中悦纳自己；着力培养学生的学习兴趣和学习能力，端正学习动机，调整学习心态，正确对待成绩，体验学习成功的乐趣；开展初步的青春期教育，引导学生进行恰当的异性交往，建立和维持良好的异性同伴关系，扩大人际交往的范围；帮助学生克服学习困难，正确面对厌学等负面情绪，学会恰当地、正确地体验情绪和表达情绪；积极促进学生的亲社会行为，逐步认识自己与社会、国家和世界的关系；培养学生分析问题和解决问题的能力，为初中阶段学习生活做好准备。

初中年级主要包括：帮助学生加强自我认识，客观地评价自己，认识青春期的生理特征和心理特征；适应中学阶段的学习环境和学习要求，培养正确的学习观念，发展学习能力，改善学习方法，提高学习效率；积极与老师及父母进行沟通，把握与异性交往的尺度，建立良好的人际关系；鼓励学生进行积极的情绪体验与表达，并对自己的情绪进行有效管理，正确处理厌学心理，抑制冲动行为；把握升学选择的方向，培养职业规划意识，树立早期职业发展目标；逐步适应生活和社会的各种变化，着重培养应对失败和挫折的能力。

高中年级主要包括：帮助学生确立正确的自我意识，树立人生理想和信念，形成正确的世界观、人生观和价值观；培养创新精神和创新能力，掌握学习策略，开发学习潜能，提高学习效率，积极应对考试压力，克服考试焦虑；正确认识自己的人际关系状况，培养人际沟通能力，促进人际间的积极情感反应和体验，正确对待和异性同伴的交往，知道友谊和爱情的界限；帮助学生进一步提高承受失败和应对挫折的能力，形成良好的意志品质；在充分了解自己的兴趣、能力、性格、特长和社会需要的基础上，确立自己的职业志向，培养职业道德意识，进行升学就业的选择和准备，培养担当意识和社会责任感。

小学阶段可以从自我认识、学习情况、人际交往、情绪认识、环境适应、解决问题六大板块开展学科健康教育，其中每个板块分不同阶段，例如，自我认识部分分为三个阶段：第一阶段为集体中的我，第二阶段为个体中的我，第三阶段为客观评价、接纳自我；在学习情况方面，第一阶段为学习习惯养成，第二阶段为内化学习能力与成就，第三阶段为培养学习兴趣与动力；在人际交往方面，第一阶段为认识美好的交往品质，感受友情，第二阶段为培养集体意识和社交能力，第三阶段为学会正确地与异性交往、扩大交往范围；在情绪认识方面，第一阶段为自我控制，第二阶段为学会体验情绪，第三阶段为学会表达情绪……每个阶段又可以再继续深化。

我们从《中小学心理健康教育指导纲要（2012年修订）》中能够看出，小学的心理健康教育与中学的心理健康教育是一个层层递进的过程，初中阶段是对小学阶段各项指标的总结和深化，同时也是为高中的心理健康教育做铺垫。因此，中小学阶段的心理健康教育是一个伴随着学生身心发展的、连续的教育过程。

2.核心素养下的中小学心理健康教育

2014年，《教育部关于全面深化课程改革落实立德树人根本任务的意见》印发，提出"教育部将组织研究提出各学段学生发展核心素养体系，明确学生应具备的适应终身发展和社会发展需要的必备品格和关键能力"。《中国学生发展核心素养》总体框架正式发布，从文化基础、自主发展、社会参与三个维度定义学生应具备的，能够适应终身发展和社会发展需要的必备品格和关键能力，并将其归纳为人文底蕴、科学精神、学会学习、健康生活、责任担当、实践创新六大素养。六大素养包含了18个要素，即人文底蕴包括人文积淀、人文情怀、审美情趣；科学精神包括理性思维、批判质疑、勇于探究；学会学习包括乐学善学、勤于反思、信息意识；健康生活包括珍爱生命、健全人格、自我管理；责任担当包括社会责任、国家认同、国际理解；实践创新包括劳动意识、问题解决、技术运用。具体如图3-1所示。

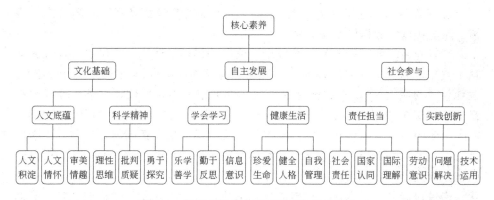

图3-1 《中国学生发展核心素养》总体框架

学生发展核心素养的培养目标就是使学生具备能够适应终身发展和社会发展需要的必备品格和关键能力。长期以来，传统的教学更注重智力的培养，学生多方面的自我探索动力处于被压制的状态，而核心素养的培养模式能够激活学生的内在成长动力。这与《中小学心理健康教育指导纲要（2012年修订）》中指出的心理健康教育的总目标是一致的，即提高全体学生的心理素质，培养他们积极乐观、健康向上的心理品质，充分开发他们的心理潜能，促进学生身心和谐可持续发展，为他们的健康成长和幸福生活奠定基础。

核心素养的培养不仅贯穿于学生发展全程的各个阶段，而且也渗透在各门学科的教学中。教师在进行心理健康教育教学设计的过程中，要紧扣核心素养大框架，体现核心素养的18个要素，教学形式灵活多样，并要符合学生的年龄特点。以"学会学习"这一核心素养为例，这一素养包括乐学善学、勤于反思、信息意识3个要素，从一年级到六年级，依次设计"上课真快乐""分享我的学习好习惯""会玩也会学""专注等于学习效率""告别懒惰，积极进取""兴趣是动力之源""我的兴趣爱好"的心理健康教育课主题内容，在潜移默化中培养学生的"学会学习"这一核心素养。

3.积极心理学视角下的中小学心理健康教育

积极心理的概念最早由人本主义心理学家马斯洛提出，由美国宾夕法尼亚州立大学马丁·塞利格曼（Martin E. P. Seligman）教授推动和发展起来。积极心理学把以问题解决为焦点的消极治疗模式转变成以促进人的积极发展、淡化消极、培养良好心态为目标。随着时代的发展，具有良好的心理素质是立足于社会的软实力，具有良好心态才能使人生获得幸福感，这也是中小学校心理健康教育的目标。积极心理品质包括6种品德和24种力量，对于中小学心理健康教育课程的设置具有重要的指导意义。例如，低年级的学生以形象思维为中心，更多停留在直观的感受上，结合这一特点，可以选择友善、勇敢、宽容、感恩等力量进行心理健康教育；中年级的学生在人际交往、自我意识、抽象思维等方面都有较大的发展，创造力、坚持、爱、团队精神、自律、希望可以作为心理健康教育的主要内容；在高年级，可以培养学生有视野、领导力、谨慎、希望和信仰等积极心理品质。

在当前我国的基础教育阶段会出现这样的偏差，即认为小学生心理健康问题不突出，对小学生的心理问题研究更多停留在学习问题或个别行为问题上，统称为"习惯不好"。有研究者在具体的专业研究中也发现，关于心理健康教育的研究更多停留在初三、高三、大学。但其实不然，对于积极品质的培养，在小学阶段，学生从低年级的形象思维方式逐渐向抽象逻辑思维发展，小学生是可以完成对抽象概念从感知到理解的过程的；在道德认知方面，整个小学阶段也呈现连续发展趋势，从一、二年级的以权威为中心到三、四年级出现的分化，慢慢过渡到五、六年级形成内化的道德认知，小学阶段是道德认知形成的关键时期，因此在小学阶段以积极心理品质为载体加强学生心理健康教育和品质发展具有重大意义。最后，在具体的工作中不难发现，对初中学生心理健康问题的干预的效果比起小学萌芽阶段干预的效果要差一些，处理起来难一些。小学阶段学生全面发展具有较强的可塑性，并且这一阶段教师对学生的影响也是比较直接并有力的。一个人心理健康与否，与其童年阶段对各种问题的解决息息相关，而积极心理品质的培养可以使学生弱化消极评价，强化正向积极的鼓励，促使其提高解决问题的能力，对自我有较高的探索动力。因此，小学阶段是培养学生心理健康、积极品质、塑造完整人格的最佳时期。

以积极心理学为导向的心理健康教育课程（以下简称"积极心理健康课程"）对中学生心理健康水平的影响可能有这样几点：第一，积极心理健康课程可以减少初中生的心理问题，同时激活其积极心理品质；第二，通过积极心理健康课程，可以提高学生积极的人际力量以及唤醒学生积极的情绪力量；第三，课堂只是积极心理健康教育的一部分，要从增加学生的积极体验、培养学生积极的个人特质以及创造积极的社会环境等多方面开展。

二、团体沙盘心理技术对小学心理健康教育的影响

（一）游戏在小学心理健康教育中的作用和运用

苏联著名教育家苏霍姆林斯基说过这样一句话：在人的心灵深处，都有一种根深蒂固的需要，这就是希望自己是一个发现者、研究者、探索者。在儿童的心理发展过程中，游戏具有不可替代的作用。每一个儿童都是天生的玩家，玩游戏是儿童的天性，也是其探索世界的渠道。当前关于游戏对儿童的影响，更多停留在游戏对幼儿的影响、体育游戏对小学生的影响、网络游戏对小学生的危害等方面。由此可见，小学阶段对于学生行为习惯的要求、学习的要求在一定程度上抑制了儿童心理的全面发展。

在开展学校心理健康教育实践过程中，游戏特别是沙盘心理技术对儿童心理的健康发展有较大的促进作用。首先，在认知方面，通过一定的主题可以提高学生对事物的认知能力，能较快地使学生认知水平从感性认识向理性认识发展。其次，在情绪情感方面，沙盘心理技术规则的设置、过程中的探索与互动，对学生的人际交往能力、团队协作和集体意识都有促进作用。最后，在情绪的感受方面，学生从对情绪情感的直观认识开始转变成情绪的整合体验，提高内在成长动力；在意志品质的培养中，学生对相关意志品质的抽象概念有了更直观的认识和体验，更能理解意志品质的本质含义以及对于个体"我"的意义，使意志品质培养由外向内转化。

（二）团体辅导在小学心理健康教育中的作用

团体心理辅导是在团体的情境下进行的一种心理辅导形式，它是通过团体内人际交互作用，促使个体在交往中观察、学习、体验，认识自我、探索自我，调整和改善与他人的关系，学习新的态度与行为方式，以促进良好的适应与发展的助人过程。积极心理学理念下的团体辅导是提升儿童情绪智力的有效途径。积极团体辅导中的活动设计、教授的有效策略、团体成员间的关系、成员对有效策略的运用，都是提升情绪智力的积极促进因素，团体的作用在学生的成长过程中就如同"催化剂"。在团体中，孩子能发现自己的特长，发现别人的特长，学会赞美，感受别人的肯定，帮助别人，也接受别人的帮助，享受共同完成任务的成就感。这些积极的感受都能为孩子提供自我发展的途径，提升孩子的自我认知能力，从而促进其情绪智力的发展。当前，在我国的心理健康教育领域，团体辅导更多针对的是人际交往，对自我探索的部分运用较少，加之运用的载体有限，学生对于主题的体验感、感受性不够，很多团体辅导仅停留在活动层面，在内化感受方面有明显的不足。同时，心理健康教育中的团体辅导工作对象更多集中在大学生、中学生或者一些培训机构组织的夏令营成

员，小学阶段开展得少之又少，小学心理健康教育的团体辅导对教师提出了很多挑战，如课堂氛围的把控、活动设计的程度、学生内化水平等方面，因此很多心理健康教育的团体辅导课堂会从现实的成本、人力出发，以小活动抛砖引玉，以讲授的方式开展。

林盈盈（2010）在对团体心理辅导效果评价的研究中认为，团体辅导能提高儿童自我认识、接纳水平。总体来讲，团体辅导是适合小学生进行心理健康和自我评价等方面的教育形式。姜涛、安海燕（2011）强调对小学生进行团体辅导是很有必要的。

（三）团体沙盘心理技术在小学心理健康教育课堂使用的优势

《中小学心理健康教育指导纲要（2012年修订）》中强调：心理健康教育课应以活动为主，可以采取多种形式，包括团体辅导、心理训练、问题辨析、情境设计、角色扮演、游戏辅导、心理情景剧、专题讲座等。心理健康教育要防止学科化的倾向，避免将其作为心理学知识的普及和心理学理论的教育，要注重引导学生心理、人格积极健康发展，最大限度地预防学生发展过程中可能出现的心理行为问题。

首先，当前学校的心理健康教育课主要是以专题讲座的形式进行的，部分地区会引入一些心理方面的设备，设备的主要作用是进行测评、认知行为治疗、心理漫画等，一般适用于问题学生，能面向全体学生的功能较为有限，同时学生处于被动植入心理健康教育的概念的状态，缺少主动探索自我和体验的过程。其次，心理健康教育专业专职的教师数量明显不足，大部分学校配备的心理健康教育教师更多是兼职的，教师对于心理健康教育课程的开展比较茫然，心理健康教育的效果不理想，教师更多是把问题学生转介给专科医院，不能做到有效预防。最后，对于教师而言，心理健康教育课程开发比较困难，把无形的人类感受、情绪情感这种抽象概念转化成学生能够直观理解、体验的内容比较困难。

团体沙盘心理技术以沙盘为载体，以团体动力为推手，在使用的过程中可以面向更多的学生开展，教学过程强调以学生为活动主体，借助团体的力量促使不同学段的学生进行自我探索，使心理健康教育从被动转变为主动。同时，团体沙盘心理技术具有结构化的优势，更有利于系统开展，教师在操作过程中以学生为中心，使得课程变得更丰富、更有体验感，促使抽象概念与直观感受进行连接。学生在这样的模式下进行训练，会改变学生自我探究的形式，从自外而内转变为自内而外，心理健康教育在这个过程中真正起到了预防和促进的作用。

团体沙盘心理技术在其理念下极具灵活的操作性，对其他心理技术的兼容能力较强。借用沙盘各个要素把相应的内容具象化，在心理健康教育的目标达成上便可更直观、更深化。绘本故事、叙事疗法、格式塔疗法等都能借用沙盘心理技术的灵活操作性进行兼容，使心理健康教育在科普、宣传、预防的基础上达到一定的心理辅导效果，也使得心理健康教育的课堂在活动的基础上更具特色和形式更丰富。

当前，我国中小学心理健康教育停留在测评、专项讲座、个别辅导的阶段，对课程的开展没有硬性要求，同时课程设置只有指导性文件，没有落实到具体的学段目标，没有统一的教材，在心理健康教育课程开发方面存在不足，但是普及心理健康教育又是大势所趋，因此借由团体沙盘心理技术结构化、流程化的操作特点，在相关文件的指导下，教师完全可以对心理健康教育课程进行开发并进行系统性教学，相较于以活动为载体的心理团体辅导的方式，这种方式更具操作性、更规范、更有特色，也更符合课程开发的流程和方式。

三、团体沙盘心理技术在小学心理健康教育中的应用

幕晶等（2012）提出，在小学阶段开展团体辅导是能提高小学生心理健康水平的。小学团体辅导的特点包括以下几个方面。

（1）团体辅导的主题活动要适合小学生的心理年龄特点，否则会影响活动效果。一般可以分年级进行团体辅导。

（2）小学生团体辅导的活动要多样，即一个主题下要安排多种系列活动，通过不同的活动来实现同一目标，让小学生在不同的情境下获取丰富的情绪体验，从而加深对自己的认识与感受，有利于学生行为的改善。

（3）小学阶段的团体辅导有效周期可以定为一学期（即半年）。有研究表明：在为期半年的团体辅导训练中，能够提高小学生的心理健康水平。

鉴于此，对于团体沙盘心理技术在小学心理健康教育中的应用，可以从以下几点考虑。

（一）总体目标和课程结构形成（参照体系）

课程的实施必须有总体目标和教学目标，总体目标可以分为横向和纵向两个方向。如果要针对某一群体进行短程教育目标设计，那要提取该群体的共性问题，以这一问题为中心，考虑问题产生的原因、未来走向进行课程设计。例如，针对三年级学生开展关于"爱"的主题的心理健康教育，三年级的学生会有父母之爱、同学之爱的直观感受，并开始内化形成爱的标准，能够体会爱带来的好处，没有爱的后果，因此可以通过"同学的爱""父母的爱""我的爱""得爱""失爱"等团体沙盘主题活动，引导学生从外在的直观感受到内在的深刻体验，从统一到冲突的过程体会，这样的设计目标称为横向目标。还有一种纵向目标，是指针对同一群体的不同阶段的特点和成长需求，根据《中小学心理健康教育指导纲要（2012年修订）》的要求，以培养学生核心素养为方向，借助积极心理品质，设定某一群体、某一主题的纵向目标。例如，集体意识的培养，由学生的集体意识、社会责任感慢慢升华到家国情怀、世界意识，因此可以这样设计：一年级——"我的好朋友"，二年级——"温暖的班级"，

三年级——"我为班级做贡献"，四年级——"学校以我为荣"，五年级——"我爱我的祖国"，六年级——"未来的我"。通过这样的目标设定，可以使得整个课程连点成线、由浅入深，慢慢形成网格化、系统化的整体。

（二）团体沙盘心理技术下小学心理健康教育的课堂设计

一个好的课堂设计会使课堂的效率得到较快的提升。团体沙盘心理技术在其核心理念的指引下被用于心理健康教育课堂，需要与学科教学设计相结合。在总目标的指导下，与其他学科一样，每节课都要确定主题内容、人数，设定教学目标以及教学准备、教学过程、教学反思。心理健康教育的课堂设计与其他学科的区别在于学科目标，其他学科一节课的目标一般是使学生获得更多知识性方面的收获，情感价值观的培养穿插在教学的某个点或者个别部分。团体心理沙盘技术下的心理健康教育课以学生主观体会和感受作为教学目标，使学生在课堂学习中获得积极体验，在安全的环境下解决冲突，最终获得内在的和谐。在教学过程的设计方面，心理健康教育课以团体沙盘心理技术为主要载体，以学生活动为重点，教师的作用不在于讲授知识，而在于组织课堂。

团体沙盘心理技术下的心理健康教育教学过程可以分为几大环节。

（1）热身环节。热身环节可以找与课堂有关的小故事、小活动进行，也可以借鉴一些团体拓展的热身活动。热身环节的活动内容选择要避免茫然，避免为了活动而活动，活动的选择需要紧扣本节课的主题目标。教师也可以借用一些活动进行改编。在热身活动的过程中，不仅要达到打破人际壁垒、热场的作用，同时也达到导入主题的作用。

（2）摸沙环节。摸沙是意识与无意识进行连接的过程，也是促使团体沙盘活动进行深化的手段。其中要注意以下几点：①摸沙指导不能只有放松训练，需要在放松训练的过程中植入相应的画面指导，引导学生进入无意识的状态。② 在摸沙指导语的引导中，要避免进行连环追问，减少让学生进行思考的内容，也要避免使用主观判断型的句子，避免破坏学生在无意识状态中的探索，也要尽量避免引起学生产生阻抗的情绪。③摸沙环节音乐的选择也非常重要，音乐的节奏要结合主题。例如，快乐的主题可以使用节奏感强一些的音乐，情绪低落时可以使用低沉一些的音乐，同时也要考虑学生的年龄特点、社会因素等，并且最主要的是要让音乐与摸沙指导能达到一定程度的契合，使学生可以更好地停留在无意识的状态，进行较为充分的体验。④最后要注意的是在摸沙的过程中，教师还要密切关注学生的表情、动作等非语言性表达，通过这样的观察可以达到更好的效果。在心理健康教育课上，一、二年级学生可以不用进行摸沙的环节，从四年级开始摸沙的效果才能显现。

（3）自我探索环节。这个环节是整节课的核心，通常分为两个部分：①让学生根据主题联想的画面选择沙具、摆放沙具，分享个人故事，以小组的形式进行。小组的形式先由教师规定示范，慢慢过渡到成员培养再到小组商定。结束第一轮组内故事分享后，进行第一次组内感受分享。② 让学生选择与主题的相反方面制造心理冲突，一般是依据负性、消极的部分选择沙具，进行组内第二次故事分享，进行第二次感受分享。第二次分享可以设置如何对正负两面进行整合的问题。

（4）合作探究，组间分享环节。这一环节的目的在于培养学生之间的合作关系，同时也把第二部分整合的问题在这一环节完成。

第二节　案例分享

案例一　莫听穿林打叶声，何妨吟啸且徐行
——九年级中考前减压团体沙盘案例

一、教育目标

通过团体沙盘活动，缓解九年级（即初三）学生中考前的焦虑情绪，减轻应考压力，为学生成长赋能。

二、团体特点

随着中考的临近，九年级学生心理负荷不断加大，从而引起明显的反应，这就是焦虑、浮躁。由于升学愿望强烈，学生急于提高成绩，常常是急于求成，一味地求多、求快，当现实和愿望产生矛盾的时候，便产生焦虑、浮躁的心理情绪。一旦产生了这种情绪，常常会失眠、厌食，学习不能深入，安不下心来。考试前一个月时间，考生普遍表现出较高的焦虑水平，部分学生存在学业倦怠现象，学习效率降低，身体上出现了不同程度的症状，如失眠、头痛、疲惫等。

三、教学工具及要求

时间：中考离校前一周。

人员设置：将九年级组200名学生分为6批次，每批次30～35人，分为7个组，每组4～5人。

教学地点：学校团体沙盘室。

教学准备：沙盘7个，沙具2000余件，爱心便利贴若干。

四、宏观设计

主题：理想的我、向往的生活、我的未来不是梦。

流程：热身活动、分组、摸沙体验、分享活动、结束仪式。

次数：1次。

五、微观操作

（一）热身活动——"小小动物园"

想象团体现在就是一个动物园，每个人都是一种动物，你是什么动物呢？然后，互相交流一下为什么觉得自己是这种动物。

（二）分组

报数分组，本次活动30人，分为6个组，每组5人。

（三）摸沙体验

摸沙指导语：请大家安静下来，静心一分钟……把你的坐姿调整到最舒适的位置，调整你的呼吸……慢慢闭上眼睛……把你的双手放到沙盘的沙子中，然后用摸、抓、握等任何自己喜欢的方式来接触沙子，把注意力放在手和沙接触的感觉上……让自己静下来，默默地感受就好。体会一下你自己的情绪以及伴随情绪的身体的感觉，以及伴随这种情绪和身体感觉时大脑当中出现的画面、意象、想法及回忆……请把注意力放在手和沙子的接触上，以及情绪和身体的感觉上……让大脑当中的这些画面、意象、想法、回忆等在脑海里生动起来……把这些画面、意象、回忆等定格……（留白5～7分钟，总体摸沙时间控制在10分钟左右）

抛开所有的紧张、烦恼和不安，我们的心变得平静、祥和。你的呼吸变得均匀、顺畅、自然，心无杂念。我们仿佛进入了绿色的大草原，阳光透过云层，散落在你的身上。蔚蓝的天空，微风轻轻地吹过，在微风的爱抚中，静听鸟儿愉悦的欢唱，一群悠闲的马儿、羊儿在吃草，远处潺潺的流水声，让你进入了一个崭新的空间。图景渐渐清晰，你来到了未来的世界，看到了未来的自己，你是什么样子的？你在做什么？你周围是些什么样的人？

吸气—呼气—吸气的时候，想象着大地、自然界、宇宙的精华和正能量，随着气流进入我们的身体各处，呼气的时候想象着把身体的代谢废物、负能量都随着二氧化碳排出体外……吸气……呼气……让情绪慢慢平静下来……当我数到1时，请大家慢慢睁开眼睛：10、9、8……1。

（四）分享摸沙感受

请各组选出一位组长，由组长决定分享顺序，说说自己刚才触摸沙子时的感受。

（五）选取沙具

选取沙具指导语：现在请每个人走到沙具架前，带着"向往的生活"这一主题，寻找三个自己喜欢的沙具，也许它们在那里耐心地等候了你多年，或者你寻找了它们很久，又或者你就是无缘无故地喜欢它们。每一个人所看到的沙具都与个人有紧密的联系，都有背后的故事。选取好沙具后，请回到自己的小组里，把沙具握在手里，端详它们，感受它们。

（六）沙盘创作——"向往的生活"

沙盘创作是采用每个成员按照顺序摆放自己所有沙具的方式。在沙盘创作过程中，学生须遵守以下规则。

① 在整个操作过程中，不要触碰他人的沙具，不干扰他人摆放沙具。

② 小组成员全程用非语言方式沟通，无须语言交流。

③ 自己的沙具在下一个组员摆放上之后就不能再移动，选择不语，摆放不动。

④ 动沙不算在摆放沙具的次数中。

（七）组内分享

组内分享指导语：现在从小组组长开始，按照顺时针顺序进行分享。分享的内容包括你与沙具的故事，摆放时的想法，摆放过程中的感觉，你觉得沙盘上哪个部分最喜欢，总体画面感觉如何。然后，再对你们创作的沙画给出一个主题命名。最后小组用集体的智慧给出一个共同的命名。组员在分享时，请认真倾听，适时给予掌声。

案例分享一：我选择了一棵树、一座桥、一位老奶奶、一位老爷爷，还有一只可爱的小狗。我向往的生活就是未来能够找到一个知心的伴侣，带着我们最心爱的宠物远离尘世，远离喧嚣，来到一处宁静的地方，过着小桥流水人家的生活。当我把这几件沙具放入沙盘的时候，这个角落就成了我最喜欢的角落，这个画面让我觉得非常温馨幸福，见图3-2。

案例分享二：我向往的生活是物质层面和精神层面双丰收，都要非常的富足，吊车和大楼也是我向往的生活，我想建设我所在的这座城市，我爱这座城市，同时我也想改变这个国家，让这个国家变得更健康、更美好，见图3-3。

图3-2　案例分享一

图3-3 案例分享二

图3-4 结束仪式

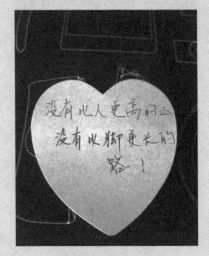

图3-5 爱心便利贴

（八）组间分享

组间分享的规则是每个小组留下一名讲解员，小组其他成员去聆听其他小组的故事。这一环节能让每个孩子了解彼此向往的生活，能够感受到彼此尊重，却又和而不同，教师应寻找积极正向的契机及时给学生根植希望，注入力量。

案例分享：椅子代表很居家、很平淡的生活，树和房子是我希望未来自己能够生活在舒适、温馨、干净的环境中，养着自己喜欢的宠物，给它吃它最爱的食物。生活也可以从简陋变得逐渐富足起来，我们最初可能一贫如洗，但是经过艰苦奋斗，我们可以获得很多成绩、成果，获得更好的生活。到那个时候，我们就可以到世界各地去看看，放飞自己的梦想。

（九）保密宣誓

全体成员以组为单位手拉手围成圈，带领者领誓：用你手的力度告诉同伴，你的宣誓是认真的；用你坚定的眼神告诉同伴，你的宣誓是真诚的！我宣誓：我只带走自己的感受，留下别人的故事！宣誓人：×××。

（十）结束仪式

如图3-4所示，学生面对面站立，拉起彼此的左手，伸出右手大拇指，向对方说："你最好，我更棒！""加油，加油，加油！"声声鼓励，敲入人心……

同时，工作室为每个孩子送出小礼物——爱心便利贴，见图3-5。

六、效果评估

（1）自评：由于时间有限，没有进行问卷的前测、后测对比，但学生做沙盘后反馈自己得到了极大放松，心情舒畅、愉悦，觉得更有归属感，做事情充满力量。

（2）他评：个别学生家长反映孩子当日回家后向父母讲述了白天沙盘活动的经历，话语比平时多了，进入学习状态也比平日快。学生班主任反馈孩子们回到教室后叽叽喳喳地讨论了许久，表情轻松、愉悦，课上对问题的反应也敏锐了许多。

七、活动总结

（1）热身环节要根据沙盘的主题做出相应的调整，本次活动旨在帮助学生认识自我，厘清前进的方向。选择"小小动物园"这一活动，可以让孩子们在繁重的课业之余，有时间关注自己，了解自己的真正需求，如雄鹰、孤狼、猪、猫、蚂蚁、龙等，不一而足，而背后的原因才是真正应该认真倾听的。

（2）摸沙环节指导语中加入一段与主题相关的冥想训练，有助于学生更快地进入情境，深入体会。

（3）在摆放沙具和组内分享的环节，个别学生并没有按照规则操作，有的触碰了别人的沙具，分享时还不断地拿起自己的沙具来回移动，应该用非语言的方式沟通时偏偏聊了起来。这些问题引人思考：是应该严格地纠正学生的犯规行为还是应该开放包容地对待？这些行为会不会影响其他学生的感受和收获？怎样的设计才能使学生最大限度地遵守规则？经过思考和对团体沙盘心理技术专业书籍的反复研读，再次明确：沙盘师在整个沙盘活动过程中的角色定位应该是一个心理容器，能够容纳来访者在沙盘室中所做的一切，也是一个共同的心灵探索者，一个生命成长的见证人，一个能量复苏的协助者，一个在来访者的意识和无意识、外在世界和心灵世界之间进行连接的媒介。要成为这样的容器和媒介，教师就要始终坚持不断学习，不断实践，理论联系实际，不断接受督导；在实践中相信沙盘的力量，坚持"四不二重"原则，一直带着关怀与陪伴耐心倾听与等待，静待花开。

案例二 一至三年级小学生心理健康教育课团体沙盘操作之家庭动物园

一、教育目标

（1）学习方面，培养学生的学习兴趣和思维，为内化心理动机做好准备。

（2）情绪方面，让学生在沙盘情境中体验积极情绪与消极情绪，对情绪能够开展自我觉察。

（3）人际交往方面，培养学生热爱班级、热爱学校的情感，对自我能进行客观的评价，了解人际交往的技巧。

（4）学生积极品质方面，培养学生自信、尊重、爱的积极品质。

二、团体特点

（1）班级人数在42人左右，大部分学生属于一年级原班生，中间转走3名学生，从三年级又转进了3名，男生、女生比例接近1：1。

（2）在校学生成绩排名为年级前三，学生整体认知水平较高。

（3）结构方面，班级离异家庭或重组家庭的学生有8名；二孩家庭有13名；父母学历水平为大学及以上的约占50%。

三、教学工具及要求

（一）物品准备

沙盘6个，沙具2000件，小组桌牌6个。

（二）活动时间及地点

活动时间为每月最后一个星期四，地点为教室。

（三）规则要求

（1）在团体活动中，一定要积极参与，遵守规则。

（2）在团体活动中，做到互相尊重、认真倾听。

（3）爱护沙具，轻拿轻放，用完后物归原位。

四、宏观设计

（一）一年级8次主题

认知主题：我喜欢上学、上课真好玩。

情绪主题：我很高兴、我挨批评了。

人际交往主题：我爱班级、让我来帮助你。

积极品质主题：我能坚持、我会尊重。

（二）二年级8次主题

认知主题：学习的乐趣、学会问为什么。

情绪主题：我最快乐的事情、说说委屈的事。

人际交往主题：发现别人的优点、说说我自己。

积极品质主题：学会谦让、我是最棒的。

（三）三年级8次主题

认知主题：思维的魔力、我的兴趣。

情绪主题：心情的冰与火、欣赏与嫉妒。

人际交往主题：我为班级做贡献、当朋友发脾气时……

积极品质主题：我最勇敢的事、真诚赞美的好处。

五、微观操作——家庭动物园

（一）热身活动——五连拍（10分钟）

每个小组扮演五种动物并进行拍照，之后各组进行展示。

（二）自我探索（35分钟）

借助语文作文"家庭动物园"，让学生把文字转成形象画——沙盘画面，感受家庭关系。在沙盘中调整与家人的关系，深入感受家庭成员的情感。

（1）小组成员依次阅读自己对于家庭成员动物比喻的作文。

（2）在沙具架上挑选合适的沙具，并进行摆放。

（3）分享选取该沙具的理由和故事。

（4）组内第一次分享：讲故事的感受和听故事的感受；现有沙盘画面中让自己舒服与不舒服的地方，并分享原因。

（5）分别站在不同位置感受自己摆放的画面。

（6）组内第二次分享：讲讲现在对沙盘画面的感受。

（7）挑选一个沙具送给自己的家人。

（8）总结。

（三）合作探究，组间分享（15分钟）

设计意图：培养学生的表达能力、协助能力和规则意识。

（1）以"我的动物园"为主题，组内合作编故事。

（2）组间分享。

（四）活动小结（20分钟）

设计意图：培养学生自由表达的能力，再次体验与父母之间的关系和感受。

（1）组内分享：本次活动的收获是什么？

（2）学生写下活动感受。

六、效果评估

（1）自评：由于时间有限，无法进行前测、后测，但学生做完沙盘后，觉得很有趣，心情愉悦，很喜欢这样的沙盘课。

（2）他评：班主任反馈，孩子们回到教室后仍兴致勃勃地说个不停，还有的学生修改了自己的作文。

七、活动总结

（1）本次沙盘课与语文作文进行结合，使学生原本对于家庭成员的直白描述变为对家庭关系的深入探索，是心理健康教育与语文教育的结合，最后学生再次写下与父母之间的关系，就不是简单的大老虎和小白兔，而是包含着更加丰富的体验。

（2）从设计环节上看，简化流程和操作方法，细化了操作步骤，在自我探索的环节多了一次组内分享和调整，也正是因为这样的调整，使学生获得了较好的感受和深刻的体验。

（3）在人际交往方面选择进行与家庭相关的团体沙盘操作，是因为家庭关系是学生人际交往中非常重要的部分。学生的社会支持系统的核心部分源于家庭，而现在学生住校的较多，与父母相处的时间较少，不少学生对父母有一定的不满与怨言。学生初次作文呈现出来的都是类似于"虎妈猫爸"的形象，母亲很强势，父亲的存在感较低，这是当今社会中家庭结构的普遍状况。同时，学生对自己与父母之间的关系缺少发展性的探索，这会增加学生在适应学校环境中人际交往的不适感，因此通过这一主题的操作，能够增强学生之间的倾听与配合，增强团队的凝聚力。

（4）适当增加沙盘操作时间。因为内容较多，因此在时间的安排方面可以更宽裕一些，不仅仅将其当成一节心理健康主题课，还可以将其变成3~4课时的训练。在小组分享中，如果触碰了学生在原生家庭中比较强烈的负面情绪，在课后心理老师需要进行一对一的"心理修复"。当然，学生对于父母的感受都是积极与消极共存的，这为家庭教育提供了一个新的视角，父母应多思考亲子关系之间存在的问题，多去理解和包容这种消极的感受。

第四章
团体沙盘与积极心理品质培养

第一节　积极心理品质理论与实践发展

一、积极心理品质基本理论及发展

（一）国外关于积极心理品质的结构研究

　　积极心理学的人格理论也被称为性格优势理论，属于人格特质理论范畴，是由积极心理学的创始人马丁·塞利格曼和克里斯托弗·彼得森（2004）共同创建。该理论以"性格优势的价值实践分类体系"为载体，将人类的积极心理品质分为24种，并且根据积极心理品质之间的共性和联系，划分为六大美德结构，即智慧、仁慈、勇气、节制、公正、卓越。积极心理品质的具体结构如下。

　　（1）智慧的力量：好奇心、创造性、洞察力、思想开放、热爱学习。

　　（2）仁慈的力量：爱、善良、社会智慧。

　　（3）勇气的力量：勇敢、实性、热情、坚持。

　　（4）节制的力量：自我调节、谦卑、原谅、审慎。

　　（5）公正的力量：团队合作精神、领导力、正直。

　　（6）卓越的力量：幽默、感激、虔诚、希望、对美和优点的欣赏。

　　该理论是积极心理品质研究中重要的理论基础，与量表编制息息相关，基于此理论进行跨文化和本土化的积极心理品质研究，或发展，或继承，或受其启发，只有如此才能使积极心理品质的研究成果不断壮大。

　　除了性格优势理论中六大美德和24种积极人格力量的分类以外，还有许多积极心理学的研究者针对积极心理品质提出了不同的结构观。

Hillson和Marie（1999）在问卷研究的基础上，区分了积极的人格特征中存在两个独立的维度："一个是与他人的积极关系，指的是当自己需要帮助的时候，能够获得他人的支持，在别人需要的时候愿意并且有能力为他人提供帮助，看重与他人的关系并对于已达到的人际关系感到满意；另一个是指正向的利己特征，可以理解为积极的自我，是指接受自我、具有个人生活目标或感受到生活的意义、感到独立、感到成功或者是能把握环境、应对环境的挑战。前者针对个体与外界的关系，后者则指向个体内部。"Hillson和Marie的这一观点与马丁·布伯在《我和你》一书中提出的观点有不谋而合之处，都强调了作为主体的"我"的内在特征，以及作为外界客体的"你"的外在关系，而积极心理学家更强调的是在这两个部分中所呈现的更加正向积极的力量，因而积极心理品质的评估也会涉及生活的意义、成就感、独立性、自我接纳、助人行为、人际关系等多个方面。

美德模型在不同文化中有不同的体现，Shryack等（2010）通过对332名被试的性格优势问卷结果进行分析后发现了一个三维模型——自信、社交与责任感。克罗地亚的两位教授Brdar和Kashdan调查了近千名大学生后，编制出新版本的优势价值行动问卷（Values in Action Inventory of Strengths，简称VIA-IS），通过探索性因素分析获得了活力（vitality）、坚毅（fortitude）、谨慎（cautiousness）和人际优势（interpersonal strengths）四个维度。其他学者还探究出了不同维度的模型。这些不一致的结果来自不同的文化背景，如美国、德国、印度、克罗地亚、澳大利亚及非洲。

（二）国外关于积极心理品质的测评工具研究

关于积极心理品质的测评工具，比较具有权威性的是以下两个类别，但实际上有诸多学者对这个部分进行了探索。

（1）VIA优势量表。2001年，克里斯托弗·彼得森等根据美德结构开发出了人格优势的测评工具，即VIA-IS。该问卷适用于成年人，是目前积极心理品质的评估工具中运用得最为广泛的一个。另外，南苏克·帕克编制了适用于青少年（10～17岁）的VIA-YOUTH版。克罗地亚的两位教授Brdar和Kashdan采用了同样方法，以大学生为被试编制出一个包含四个维度的VIA-IS量表。

（2）盖洛普的"克利夫顿优势识别器"。唐纳德·克利夫顿将成功与个人才干、优势和分析智力紧密相连。克利夫顿优势识别器包括34个主题和180对条目，主要用于测评职业优势。克利夫顿优势识别器儿童版本包括10个主题，适用于10～14岁的儿童。

国外积极心理品质结构和测评工具发展已经比较完善，很多不同文化背景的被试也参与到研究当中，这对于在国内开展积极心理品质研究有着极大的推动作用，同时可以借鉴国外的研究方式方法探讨我国积极心理品质的本土化发展。

（三）国内关于积极心理品质的结构及测评工具研究

综合国内诸多学者的研究可以发现，我国学者对于24种积极心理品质结构的认可程度很高，但对于六大美德的二级结构分类存在很大分歧。例如，段文杰等在研究中就曾表达了在我国被试的数据中没有取得应有的证据证明六大美德结构的合理性，因而这一结构观不符合我国的实际情况。我国诸多学者通过自编问卷探讨国人的积极心理品质结构，提出了自己对积极心理品质结构的新思路，比较有代表性的成果如表4-1所示。

表4-1 积极心理品质结构本土化探究成果汇总表

参考体系	研究团队	测评工具	积极心理品质结构	测评对象
VIA-YOUTH	孟万金、官群等	"中国中小学生积极心理品质量表"，并建立中小学积极心理品质数据库	一级结构：15种积极心理品质 二级结构：6个维度	小学生、初中生、高中生
VIA-IS		"中国大学生积极心理品质量表"	一级结构：20种积极心理品质 二级结构：6个维度	大学生
		"中国教师积极心理品质量表"	一级结构：21种积极心理品质 二级结构：6个维度	教师
VIA-IS（香港大学中文译本）	段文杰、何敏贤等	"中华美德问卷"	一级结构：24种性格优势 二级结构：3个维度	12岁以上
VIA-IS	周嵌	"大学生积极特质行为评定问卷"	一级结构：23种积极特质 二级结构：4个维度	大学生
	罗艳红	"大学生积极人格量表"	一级结构：11种积极人格 二级结构：2个维度	大学生
	杜夏华	"大学生积极人格量表"	一级结构：24种积极人格	大学生
	丁娅	"军人积极人格特质问卷"	二级结构：4个维度	军人
	吴九君	"大学生积极心理品质量表"	二级结构：6个维度	大学生
印度PPTQ	孙妍	PPTQ	二级结构：3个维度（积极自我意象、外向性和文化认同）	大学生

参考体系	研究团队	测评工具	积极心理品质结构	测评对象
大七人格体系	郑娟	"中国大学生人格量表"	一级结构：7种积极特质（活跃、爽直、坚韧、严谨、利他、重情、随和）	大学生
VIA-YOUTH	高永金	"初中生积极心理品质量表"	二级结构：6个维度（仁爱、正义、卓越、节制、勇气和智慧）	初中生
Rutter儿童行为问卷（教师版）	张倩	"小学生积极心理品质他评问卷"	二级结构：3个维度（自我品质、人际品质、超越品质）	小学生
母亲积极心理品质结构	李鑫蕾	"母亲积极心理品质问卷"	一级结构：10种品质二级结构：2个维度	母亲

通过表4-1可较为清楚地了解到部分国内学者对积极心理品质结构的研究成果，对比几位我国学者和美国学者（如彼得森等）的研究成果可以发现，大多数积极心理品质双方都比较认可。在彼得森的24种积极心理品质中，有21种品质在我国学者编制的问卷结构中被采纳，但二级维度即美德结构的差别较大，这也是现今存在较大分歧的地方。导致分歧的原因可能有两个：一是文化差异；二是研究方法不同。

一方面，是不同的文化差异导致产生了不同的价值观，不同的文化主流价值取向会影响人们对于积极、美好事物的评价，例如，在我国文化中"谦逊"是美德，但在较为自由、进取的文化氛围中，这一品质就不被肯定。再如，"思想开放"和"虔诚"这两种特质是美国社会比较推崇的品质，但没有出现在我国学者的积极心理品质结构中。

另一方面，也可能是由于数据驱动的研究方法所导致的，实证研究在编制问卷时被广泛采用的因素分析法是完全根据数据驱动进行的，也就是深受样本本身的影响，同样的问卷在不同的样本被试群体中施测都可能会获得完全不同的维度。因而在进行数据驱动性质的实证分析时，要更加注重结合质性研究结果，不能一味地偏重数据而不考虑理论结构，所以应该结合质性研究和实证研究，争取呈现一个更加完美的结果。

在测评工具的发展中，测评成年人积极心理品质，一般是使用大学生群体，量表编制的参考体系基本是来自美国VIA项目；测评青少年积极心理品质的问卷的参考体系多为VIA-YOUTH。我国学者孟万金主持修订了《中国中小学生积极心理品质量表》，共有15项积极心理品质，适用于小学生、初中生和高中生。高永金（2012）、樊飞飞（2014）又在孟万金研究的基础上，各自编制了适用于初中生的自评量表。另外，张倩编制了适用于小学生积极心理品质的他评问卷。

西南大学黄希庭教授团队以"幸福的进取者"为主题，研究了自尊、自信、自我控制、责任心、诚信、幽默等积极心理品质，发表了多篇有影响力的论文，有力地推动了我国积极心理品质研究的发展。

李鑫蕾博士课题研究的是母亲的积极心理品质并编制了"母亲积极心理品质问卷"。母亲积极心理品质结构包含10个一阶维度、2个二阶维度。二阶"照顾者"维度包含家庭关爱、严谨审慎、友善助人、尽职尽责、团队合作5个品质，二阶"教育者"维度包含洞察引导、自控自律、民主尊重、社交智慧、开放公平5个品质。

二、国内积极心理品质培养的应用实践

国内大多数学者对积极心理品质的培养都很重视，形成了通过对积极心理品质的发展现状进行分析，进而找到其相关因素，从而确定培养方案的研究思路。尤其是在学生群体中，取得了较多成果。

张晓茜探讨了积极心理品质对流动儿童社会适应的影响，发现流动儿童积极心理品质中的开放性、主动性、独立性、交际性越好，其社会适应性也越好。谢丽仪探讨了高职生的积极心理品质、自我意识和人际适应之间的关系，发现提升积极心理品质有助于提升人际适应能力。张新招认为可以通过积极的认知品质、积极的情感体验来培养大学生的积极心理品质。任俊主张培养积极的教育者。孟万金教授团队则强调对儿童进行积极心理健康教育，针对不同年级制定相应的积极心理品质测评工具，通过测评发现不同年级儿童的积极心理品质呈现出差异性，进而有针对性地提出了心理健康教育方案。也有很多研究主张通过积极心理品质的培养引导学生价值观或积极向上的社会心态的形成，即关注积极心理品质与德育、美育等的关系。

国内研究的对象多按照社会角色划分，如不同的职业群体——学生、军人、教师等，尚未涉及家庭角色，如父亲或母亲的积极心理品质结构如何？如何通过探讨父母的积极心理品质，从而指导人们认识到应该如何塑造"好妈妈""好爸爸"形象？作为孩子的榜样性力量该如何通过自身影响孩子的心理发展？这些问题是每一个为人父母者都会遇到的问题，它关系人的原生家庭的和谐稳定，从而会对人的一生产生深远影响。笔者的博士课题研究是通过亲子团体沙盘的方法培养母亲的积极心理品质。准确来讲，与其说是培养，不如说是激活，这些积极品质原本就存在于每位女性的心灵深处，需要在沙盘所提供的自由、安全受保护的亲子空间中被不断激活，同时也能让亲子双方更好地理解彼此、交流情感，进而提升亲子关系质量。从理论层面讲，笔者期望能够借助分析心理学的力量，在深度心理层面为积极心理品质的研究提供更加有力的内在支撑，能够探讨一项优势、一种积极心理品质可能存在的内在力量是什

么。未来，笔者仍将继续致力于女性的积极心理研究，期望能获得更多有利于女性个人成长的成果。

第二节　案例分享

案例　母亲积极心理品质与亲子团体沙盘实践

一、教育目标

母亲积极心理品质与亲子团体沙盘实践旨在探究如何通过团体沙盘促进母亲积极心理品质的表达，传达积极心理学视角下"好妈妈"的理念，使母亲获得"好妈妈"的体验，使孩子能够感受到母亲的正向心理能量，进而改善亲子关系。

二、团体特点

研究对象包括1个实验组和1个对照组。

实验组：从哈尔滨和大连的2所学校中选取参与评估并有意愿进行团体沙盘干预的小学生及其母亲，共39对母子（女），孩子的平均年龄为11.80岁。

对照组：从哈尔滨和大连的2所学校选取39对母子（女）作为对照组被试，孩子的平均年龄为11.85岁。

三、教学工具及活动要求

（一）教学工具

实验室为标准的学校团体沙盘室，实验工具包括若干沙盘、沙具、沙子、"团体沙盘感受反馈表"等。

沙盘：一个长方形的木质沙箱，其内侧尺寸为57cm×72cm×7cm，内壁是蓝色，装有半箱沙子。

沙具：玩具模型，包括人物、动物、植物、建筑、神话类等十几个类别。

记录工具：为了更好地分析团体沙盘作品的创作过程，研究者会要求被试填写"团体沙盘感受反馈表"，并进行主试感受反馈记录，还会用录音设备对每次的游戏过程进行录音，用相机在团体沙盘结束后对小组的作品进行拍照。

（二）活动要求

（1）不允许触碰他人的沙具。

（2）不要随意评论他人选择的沙具和分享内容。

（3）团队的问题交给团队共同商议来解决。

四、宏观设计

本活动的对象为亲子团体，从团体成员社会身份层面看，其属于同质性团体（均为小学生及其母亲），其性质属于心理健康教育团体，故而采用结构式团体心理辅导的方法。每次团体活动共60～70分钟。

团体沙盘的主题是根据母亲积极心理品质维度结构而设置的，即母亲积极心理品质的10个维度，分别为家庭关爱、严谨审慎、洞察引导、自控自律、友善助人、尽职尽责、团队合作、民主尊重、社交智慧、开放公平。根据10个维度的操作性定义，结合团体沙盘的特性，共设计了10次团体沙盘的主题操作，如表4-2所示。

表4-2　团体沙盘游戏用于提升母亲积极心理品质的设计方案

次数	研究目标	沙盘主题	操作	所需要收集的材料
1	①构建团队；②激发母亲和孩子的"团队合作"意识	我们是一家人	①团队建设：队长、队员、队名、队歌、口号、队徽、队形；②团队展示；③总结；④感受记录表	①沙盘课开始之前，前测问卷：《母亲积极心理品质量表》、亲子关系品质问卷；②母亲和孩子分别填写感受反馈表；③收集每个小组的沙盘照片（正上方、四个方向及细节图）
2	①提升亲子关系品质；②提升母亲"开放公平"品质	表达自我	①讨论议题；②选取沙具；③组内分享；④组间分享；⑤总结；⑥感受记录表	①母亲和孩子分别填写感受反馈表，如是庄家请在反馈表中注明；②每个小组沙盘照片（正上方、四个方向及细节图，请注明庄家方向）
3	①提升亲子关系品质；②提升母亲"洞察引导"品质	发散思维之过河	①思考并讨论过河的办法；②选取沙具；③组内分享；④组间分享；⑤总结；⑥感受记录表	①母亲和孩子分别填写感受反馈表，如是庄家请在反馈表中注明；②收集每个小组的沙盘照片（正上方、四个方向及细节图，请注明庄家方向）
4	①提升亲子关系品质；②提升母亲"自控自律"品质	我是孩子的好榜样	①触沙并思考；②选取沙具；③组内分享；④组间分享；⑤总结；⑥感受记录表	①母亲和孩子分别填写感受反馈表，如是庄家请在反馈表中注明；②收集每个小组的沙盘照片（正上方、四个方向及细节图，请注明庄家方向）

次数	研究目标	沙盘主题	操作	所需要收集的材料
5	① 提升亲子关系品质；② 促进母亲"友善助人"品质的发展	助人为乐	① 触沙并思考；②选取沙具；③组内分享；④组间分享；⑤总结；⑥感受记录表	① 母亲和孩子分别填写感受反馈表，如是庄家请在反馈表中注明；②收集每个小组的沙盘照片（正上方、四个方向及细节图，请注明庄家方向）
6	① 提升亲子关系品质；② 促进母亲"尽职尽责"品质的表达	我是一个好妈妈	① 触沙并思考；②选取沙具；③组内分享；④组间分享；⑤总结；⑥感受记录表	① 母亲和孩子分别填写感受反馈表，如是庄家请在反馈表中注明；②收集每个小组的沙盘照片（正上方、四个方向及细节图，请注明庄家方向）
7	① 提升亲子关系品质；② 促进母亲"严谨审慎"品质的表达	生病的"孩子"	① 角色互换；②选取沙具；③组内分享；④组间分享；⑤总结；⑥感受记录表	① 母亲和孩子分别填写感受反馈表，如是庄家请在反馈表中注明；②收集每个小组的沙盘照片（正上方、四个方向及细节图，请注明庄家方向）
8	① 提升亲子关系品质；② 促进母亲"民主尊重"品质的表达	家庭辩论赛	① 讨论议题；②选取沙具；③组内分享；④组间分享；⑤总结；⑥感受记录表	① 母亲和孩子分别填写感受反馈表，如是庄家请在反馈表中注明；②收集每个小组的沙盘照片（正上方、四个方向及细节图，请注明庄家方向）
9	① 提升亲子关系品质；② 提升母亲"社交智慧"品质	我懂你	① 给定孩子故事情境并选取沙具；②妈妈观察并选取沙具给予回应；③组内分享；④组间分享；⑤总结；⑥感受记录表	① 母亲和孩子分别填写感受反馈表，如是庄家请在反馈表中注明；②收集每个小组的沙盘照片（正上方、四个方向及细节图，请注明庄家方向）
10	① 提升亲子关系品质；② 促进母亲"家庭关爱"品质的表达	爱的滋养	① 触沙并思考；②选取沙具；③组内分享；④组间分享；⑤总结；⑥感受记录表；⑦后测	① 沙盘课后请母亲完成后测量表：一是《母亲积极心理品质量表》，二是亲子关系品质问卷；②母亲和孩子分别填写感受反馈表，如是庄家请在反馈表中注明；③收集每个小组的沙盘照片

五、微观操作

以第6次沙盘主题操作"我是一个好妈妈"为例，该主题旨在提升亲子关系品质，促进母亲"尽职尽责"品质的表达，操作步骤如下。

（一）妈妈们的沙盘操作

1.触沙并思考

关灯，关门，保持环境安静，播放轻音乐，提示所有参与者选择舒服的坐姿。指导语："如果你感到安全，请将双手放进沙盘，以你喜欢的方式和沙子接触，或揉，或搓，或摸，感受沙子带给你的感觉……现在我邀请各位妈妈回想一下，在抚养孩子成长的过程中，作为母亲你可能曾经遇到过很多困难，也可能有很多困惑，每个女人生下孩子的时候都是第一次当妈妈，在陪伴孩子成长的一路上，你也获得了很多成长，那么有哪件事情或者哪个瞬间让你觉得当个妈妈真是太不容易了呢？当时发生了什么，都有哪些人参与，你有什么样的感受？……"

2.选取沙具

指导语："如果你已经想到，请将脑海中的画面定格，并到沙具架前选取适当的沙具，将你脑海中的画面表达出来；孩子们请静静地等待妈妈回来，保持安静。妈妈们选好沙具可以自由摆放。"

妈妈们选取沙具并自由摆放。

3.组内分享

摆放好沙具后，妈妈们按照组内顺序分享自己的故事给小组成员。大致内容如下。

NN妈妈：孩子年幼的时候，孩子爸爸经常出差，只有我一人照顾孩子，经常没有时间吃饭，很辛苦。沙盘给了我一个直接的平台，可以好好地与孩子交流。父母与孩子的交往是一场渐行渐远的旅行，我们孕育了她，陪伴她长大，最后学会放手看着她去追逐自己的梦想，离我们越来越远，而我们尽自己所能让她掌握更多的技能，去尽力追逐自己的梦想，成为自己最想成为的那个人。

ST妈妈：我拿了"燃气灶和蔬菜"，我要给孩子做美食；"抱在一起的小人"代表着妈妈在孩子生病的时候亲力亲为，甚是辛苦；好几种关于教育的小摆件，形容了妈妈在教育孩子过程中的不容易。小的时候，孩子是奶奶带的，孩子大了以后，发现学习习惯不好，我为此付出了很多。我最喜欢"母亲抱着孩子"的沙具，感觉很温馨。母爱是伟大的，在孩子需要陪伴的时间用心陪伴，这样孩子长大后也会用心陪伴父母。

YC妈妈：我很担心孩子的学习，每天都花费很长的时间陪孩子学习，做美食给孩子吃。最喜欢这件表达"陪孩子学习"的沙具，因为孩子的成长离不开家长的陪伴和付出。每一位妈妈都希望孩子能健康茁壮成长，再苦再累也是值得的，无论孩子是否优秀，都会坚持不懈地努力，哪怕孩子进步一点点都是很大的欣慰。

XX妈妈：我选择的第一个沙具是"大力士"，希望孩子以后遇到困难时能像大力士一样勇敢坚强；第二个沙具是"妈妈抱孩子"，孩子5个月时我独自一个人带孩子打吊瓶；第三个沙具是"妈妈背着孩子"，孩子3岁时，由于我得了眩晕症，只能口头指导孩子自己做一些简单的食物，孩子自己用微波炉热饭。

（二）孩子们的沙盘操作

1.选取并摆放沙具

指导语："孩子们，听过妈妈的故事后，你有什么样的感受？你想对她说什么呢？请用沙具来表达，并跟妈妈分享你要对她说的话。所有人选好沙具后，在小组内有序进行。"

2.组内分享

孩子们摆放好沙具之后，分享沙具所表达的含义以及其想要对母亲说的话，如图4-1所示。

图4-1　第1小组第6次团体沙盘画面航拍图

NN：我拿了三个沙具，第一个是"拿着礼物的小人"，因为我觉得妈妈很辛苦，想送妈妈礼物。第二个是"抱着妈妈的小人"，因为我觉得妈妈实在是太伟大了，想送她一个拥抱。第三个是"手比'X'的熊猫"，因为我觉得妈妈太辛苦了，我以后不要孩子。妈妈教我们学习，抱着我们打疫苗，为了照顾我们连饭都不吃，给我们买好东西。我们想给妈妈做美食，让妈妈长生不老，送妈妈礼物，让妈妈过上好生活。我最喜欢一个小娃娃，因为这个小娃娃让我体会到了当妈妈的辛苦，妈妈太伟大了！以前我认为当妈妈很好，可以随便管教孩子。今天，我才知道当妈妈的辛苦，妈妈真伟大！妈妈是世界上最伟大的人，她为孩子献出了一切，我真爱我的妈妈！

ST：我觉得妈妈很辛苦，我长大后想变瘦，赚很多钱给妈妈买别墅、买豪车，要经常做美食给妈妈吃，把妈妈养胖。想为妈妈做一些好事，以后要报答妈妈的养育之恩。

YC：我要给妈妈做美食。每一个妈妈在孩子的成长过程中都付出了很多，很辛苦。长大后，我一定要照顾好妈妈，努力学习，认真工作，报答妈妈的养育之恩。

XX：长大后，我要成为科学家，研制出长生不老药，让妈妈永远陪在我身边，还要成为服装设计师，给妈妈设计漂亮的衣服。我最喜欢的沙具是"一家人"，因为这是我的愿望。在体会到妈妈的不易之后，我更善解人意了。

（三）组间分享

选择一人留下作为讲解员，要求讲解员以第一人称单数（"我……""我的……""我是……"）向其他小组的成员讲解自己小组的所有故事，该小组的其他成员按照顺序依次到其他小组倾听故事。

（四）总结并宣誓

主题沙盘操作结束，主试需要对本次主题进行总结和升华，以便所有成员都能将本次主题所获得的感受内化。总结内容大致如下："本主题操作强调的是母亲的尽职尽责品质。这种品质是指母亲能善始善终扮演好一个母亲的角色，不放弃、不抛弃自己的孩子，始终坚持'在场'，尽力完成自己作为母亲的使命，并能够因为完成作为母亲的任务而感到愉快。我相信能够来到这里参与亲子沙盘课堂的每一个母亲都是尽职尽责的好母亲，但更重要的是要让孩子感受到你的尽力和用心。往往生活的劳累会让我们忽略很多细节和身边人的付出，母亲这个角色很不容易，每一个尽职尽责的好妈妈都应该得到孩子的鼓励和奖赏，请孩子们拥抱自己的妈妈，感谢她的坚持和付出吧。"

小组内成员手拉手，跟随主试进行宣誓："我只带走自己的感受，留下他人的故事，宣誓人：×××。"宣誓是为了保证沙盘操作中涉及的个人隐私部分可以被保护，让大家能在安全的环境中自由分享。

（五）填写感受记录表

沙盘操作结束后，母亲和孩子分别填写感受记录表，以便及时记录下当时的感受。填写结束后，就可以离开。

六、效果评估

（一）测评工具自评结果

测评工具包含2个问卷，问卷一是自编的"母亲积极心理品质问卷"，由34个项目组成，信效度良好，内部一致性系数为0.954，重测信度为0.781。问卷二为"亲子亲合量表"，该问卷来源于Olson、Sprenkle和Russel（1979）的"家庭适应与亲合评价量表"（Family Adaptation and Cohesion Evaluation Scales，简称FACES），在国内由王美萍和张文新于

2007年修订，信效度良好。

1.实验组与对照组母亲自评积极心理品质后测结果的组间差异比较

由于实验组与对照组的前测结果在总分和所有维度上的基线水平一致，现对实验组和对照组的后测结果进行独立样本 t 检验的组间差异比较，结果如表4-3所示。

表4-3　母亲自评积极心理品质实验组、对照组后测结果的组间差异比较

	实验组（$M \pm SD$）（n=51）	对照组（$M \pm SD$）（n=39）	t	p
总分	154.98±11.37	148.05±18.67	2.05*	0.045
总均分	4.56±0.33	4.35±0.55	2.05*	0.045
家庭关爱	4.80±0.32	4.55±0.57	2.45*	0.018
严谨审慎	4.63±0.42	4.50±0.58	1.20	0.235
洞察引导	4.12±0.70	3.90±0.72	1.51	0.135
自控自律	4.25±0.55	4.08±0.74	1.31	0.194
友善助人	4.79±0.33	4.56±0.54	2.30*	0.023
尽职尽责	4.66±0.52	4.54±0.62	1.01	0.315
团队合作	4.58±0.51	4.39±0.60	1.56	0.122
民主尊重	4.50±0.44	4.25±0.66	2.08*	0.042
社交智慧	4.64±0.32	4.40±0.60	2.25*	0.029
开放公平	4.52±0.43	4.31±0.59	2.02*	0.046

注：*表示 p<0.05

由表4-3可知，在母亲自评积极心理品质的总分、总均分及10个维度的表现上，实验组均高于对照组。其中，在总分和总均分上表现出了显著性差异（p<0.05），即在母亲自评积极心理品质后测总分上，实验组显著高于对照组，这说明从整体上看，实验组干预具有显著效果。在家庭关爱、友善助人、民主尊重、社交智慧、开放公平这5个维度上，实验组显著高于对照组（p<0.05），这说明实验的干预效果具体表现在家庭关爱、友善助人、民主尊重、社交智慧、开放公平这5个维度上。

2.亲子关系干预结果分析

将实验组和对照组母亲自评亲子关系结果做组间差异比较，将实验组和对照组的亲子关系前后测结果做组内差异比较，结果如表4-4所示。

表4-4　实验组、对照组亲子关系前后测组间比较和组内比较

	实验组（$M \pm SD$）（n=51）	对照组（$M \pm SD$）（n=39）	t	p
前测	40.55±5.74	38.44±4.81	1.86	0.067
后测	41.78±5.07	38.38±6.11	2.89	0.005
t	−2.17	0.097		
p	0.035	0.923		

由表4-4可知，实验组与对照组在亲子关系前测结果中无显著性差异（$p \geq 0.05$），而在后测结果中，实验组得分显著高于对照组，且差异十分显著（$p < 0.01$）；实验组的亲子关系得分前后测对比结果显示，后测得分显著高于前测（$p < 0.05$），而对照组的前后测结果无显著性差异（$p \geq 0.05$）。综上可知，团体沙盘干预对亲子关系有良好效果。这里的测评结果仅是与本案例相关的部分。

（二）被试填写感受反馈表

每次沙盘操作结束后，参与者都要填写感受反馈表作为主观感受的自评结果。这也是沙盘过程分析的重要内容体现，已反映在组内分享部分。

（三）主试感受反馈

在进行"尽职尽责"主题活动的时候，妈妈们都会流下泪水，也许是母亲们这一路走来殊为不易，有很多艰难的时刻无人可诉，也有很多事情是孩子不曾了解到的，当孩子看到妈妈的辛苦时，也都给予妈妈很暖心的回应，亲子之间的距离更近了。有时候往往越是亲近的人，反而更需要彼此倾诉。中国人大多比较内敛，不善于表达情感，尤其是母爱这样习以为常的情感，但其实情感外放时的力量是非常强大的。原生家庭是我们毕生心理能量的来源，我们之所以有能量去积极生活，很多时候是因为知道我们被人所爱，爱我们的人为此付出了最宝贵的东西而不悔自己的付出。当听过妈妈们的故事后，我很感动。

每个女性在成长为母亲的过程中，都经历了很多"不足为外人道"的艰辛、挣扎和痛苦，但这些负性经历都随着女性自身的内化、理解、觉察而变成了积极的正性的能量，变成了对自己"母亲"角色的认同，进而转变成了母亲积极心理品质。"尽职尽责"这一品质是母亲积极心理品质中非常重要的一种，这一品质的形成并不是一蹴而就的，是经历过漫长的亲子时光才最终形成的，它在本次主题沙盘活动中被唤起、激活，进而能够为"母亲"这一人格角色提供能量。

在母亲的这场"独白"中，孩子们从不同的方面又一次认识了母亲，增进了孩子在认知和情感两个层面对母亲的了解，对于女孩子有着特殊的教育效果，逐步在开启小女孩对于女性世界的理解。同时，进一步增进了亲子之间的情感，能让孩子真实感受到情感的传递，从沙具之间的回应到言语上的反馈，都能更全面地表达孩子对母亲的情感。NN（女孩）说："老师，妈妈太辛苦了，我不想要孩子。"我回答她："以前，我和你想的一样。"她好奇地问我："那现在呢？"我回答："现在我和你妈妈想的一样。"这个课题也改变了我。我们在成为母亲的路上，总会经历这样的过程——排斥、抗拒、否认、挣扎，直至在这个过程中女性内在的母亲原型逐步觉醒和成长，会使得我们开始渴望成为母亲，获得作为母亲的成就感，并坚持将这一角色扮演到底。

七、活动总结

（一）值得肯定的地方

第一，整个课程是以科学研究思路进行设计的。设计思路是在大量实践的基础上完成的，评价指标的选择科学合理、有效可靠，能够进一步说明团体沙盘和母亲积极心理品质之间的关系。

第二，研究对象界定非常明确。同质性团体更容易进行操作，能减少不确定的额外变量的影响，也能使团体沙盘的操作取得良好效果。

第三，主试经过了团体沙盘的系统培训。经过系统培训的主试能够更清晰、更完整地呈现实验设计方案。

（二）不足之处

第一，目前，课程仅局限于小学四至六年级的学生及其父母，但是对于进入了青春期的中学生以及小学三年级以下的学生及其父母是否有效，还有待验证。中学时期，父母与孩子的矛盾会进一步加深，因而这一时期对于团体沙盘的操作可能是一种挑战，希望以后有机会能够在中学生的亲子团体中进行验证。小学三年级以下的学生语言表达能力和思维能力发展有限，对于团体沙盘工作提出了更严峻的考验，现有的课程设计不适用，需要在此基础上进行一定程度的改进，要更加偏重非言语的工作方式，以及更直接的沟通方式。

第二，本课程的实施对于心理教师的专业能力有较高要求。我们不建议新手沙盘师在没有督导的情况下实施，建议接受过团体沙盘中级以上培训和家庭治疗培训，并具有一定儿童及青少年咨询经验的心理教师实施。

第五章
团体沙盘在"语文"课程中的应用

第一节　团体沙盘与"语文"课程的结合要点

新一轮基础教育课程改革大力倡导自主、合作、探究的学习方式，让学生成为学习和发展的主体。选用什么样的教学方法与手段，能让学生在合作探究中自主学习，这是一个新的课题。经过不断学习与研究，我们尝试把团体沙盘心理技术应用在语文教学中，让学生在形象生动的沙盘情景中进行小组互动讨论。我们对课程内容进行探究，获得理智和情感体验，使学生成为课堂学习中的主人，而教师则成为隐性的陪伴者与服务者。

本土化发展的沙盘心理技术以结构式团体的形式开展工作，在结构式团体中的每一个学生都在体验、感受沙盘工作的全过程。这其中既有个人成长发展的力量，也有团体互助的能量，使参与"游戏"的每一个人都在"玩"中获得成长。在"玩"中，学生通过一个直观的画面促进了朗读，理解了词语，提高了写作水平等。因此，我们把此技术应用在语文课堂教学中，在有趣的"游戏"中，学生主动积极参与，借助团体沙盘促进学生朗读、阅读、理解词语，进行口语交际和写作。学生的观察力、感受力、想象力、记忆力、思考力等得到极大的发展，课堂教学的有效性增强，学生的心理也得到了发展。

一、借助团体沙盘促进学生朗读

在语文课上借助沙盘把课文中的场景摆放出来，让学生看着沙盘的画面来听课文讲解内容。要求学生预先了解课文内容，在上课之前认真朗读课文，从而促进学生朗读。

二、借助团体沙盘帮助学生理解、积累词语

语文课本上的词语是要求学生积累掌握的，让学生根据词语内容摆沙盘，"一词一沙一世界"。学生知道了词的属性，如"争奇斗艳"用于描写花，"成群结队"既可以用来写人又可以写动物。再提高一个高度，就是让学生围绕"一词一沙一世界"写一个故事，这样就成为一个小作文了。这样的团体沙盘不但使学生记忆了词语，懂得了词语的意思，还能在写作中更恰当地运用该词语，为写作文积累了语素。

三、借助团体沙盘进行口语交际练习

低年级的口语交际课程看似简单，实则复杂。要让低年级的学生把句子说完整，表达清楚要讲的内容并不容易，为了让低年级学生学会表达，借助沙盘来模拟情景，也能更好地把课上练习交流的内容运用到生活中。在团体沙盘中，教师不仅是活动的设计者，更是陪伴者、倾听者，学生在团体沙盘所创造的自由与保护中，满足了自己的口语表达欲望，同时帮助他们构思如何表达主题，突出重点。小学生口语向书面语转化，并非一定要从语法角度判断好坏对错，因此，教师在这个过程中，应关注的是学生在交流过程中所表现出的对别人表述的回应，对自己表述的修正，抓住其中儿童语言的闪光点，进行启发式引导。

四、借助团体沙盘进行写作练习

有的学生一提起作文就头疼，有的学生拿起笔一个字也写不出来，怎样让学生爱上写作文呢？答案是利用沙盘。比如写难忘的一件事，想事件时用沙盘呈现，会让画面更加具体。在课上有的学生说因为自己怕黑发生的难忘的事，黑让他联想到没有路灯，在摆沙具时仿佛将自己置身于情境之中，联想到很多画面。沙具摆放之后的组内交流，还可以帮助学生将学过的词用上，平时积累的词语运用到作文之中，从而更加激发学生学习。沙盘作文的训练技巧如下。

（一）引导学生观察生活

学校开展文体活动后，教师有意识地引导学生回顾活动中的精彩片段、印象最深的场景、最感动的画面……让学生把这些感受摆在沙盘里，再描述当时的情境。学生亲临活动有真实的感受，愿意表达。例如，在文艺会演结束之后，引导学生把自己印象最深刻的场景用沙盘摆出来。学生描述的也不一样，教师可以有针对性地引导学生描述演员们是如何表演的、观众的动作神态、当时的想法。这样，每次活动都有目的地进行写话的专项练习、积累，逐步提高。

（二）利用团体沙盘进行片段练习

中年级是作文的起步阶段，要指导学生进行片段训练，这是写完整作文的

基础。如描写一处景物，描写一个活动场景，按照一定顺序写游记等。只有写好这些片段，才能进行完整作文的训练。利用沙盘引导学生从不同角度观察、描述，目标明确，一沙盘一方法，进行专项片段的训练，学生能够从多方面进行描写。例如，描写龙首山的一处景物，学生根据自己的感受摆出的沙盘各具特色，有的摆山门附近的景物，有的摆星桥的景物和人物，有的摆秀峰塔周围的景物……教师指导学生写景物的方法，如抓住季节、景物特点进行描述，把自己的感受或游览后的心情写出来。学生能对照沙盘中摆放的沙具，围绕中心句进行描述。片段练习主题明确，用时较短，效果明显。

（三）有主题沙盘或无主题沙盘作文的训练

在运用团体沙盘进行片段训练的基础上，进行有主题作文，或无主题的作文训练，使得情境再现，学生有话可述，思维也随之打开，创作能力也随之提高。例如，以"最快乐的一件事"为话题写一段话。学生动手摆沙具，并讲述自己去动物园的所见所闻。当时游玩的景象再现眼前，极大地调动了学生的兴趣，思路也就开阔了，他们对照沙盘讲述得绘声绘色，并能快速成文。

团体沙盘使学生的语言表达能力有了突破性的发展，原来上课发言不流畅的学生，也敢大声地讲出来了，课下也爱和同学们交流了。孩子语言思维活跃了，自信心增强了，他们爱上了团体沙盘，爱上了语文。团体沙盘不仅能帮助孩子提升语文水平，还能促进孩子身心发展。

五、借助团体沙盘解读古诗、课文

我国文字本身就是一个世界，一篇课文、一首古诗更是蕴含着巨大的想象力，而团体沙盘为汉字提供了平台。比如解读《春晓》这首诗，先给学生讲解诗的背景，再让学生了解诗意，然后学生通过沙盘把诗中场景摆出来，一幅春景图就跃然沙中了，学生又加以想象，扩展诗的内容，这样学生不仅加深了对诗境的理解，还能深层次有所感悟。有的学生摆了一个小男孩早早起来，收拾被雨打落的花瓣的场景，还表示要趁着春天的好时光起来晨读。《别董大》这首诗有两句是千古名句，引导学生摆沙盘的同时并提出问题：高适送别董大时肯定会有一番对话的，那他们都说了些什么呢？这就是深层次地挖掘学生对场景的领悟，学生会说他俩互道珍重，高适说："你一定会有好朋友的。"董大说："我会永远记住你这个知己的。"最后学生还加上了伤感的场面，高适望着董大消失在他的视线中，恋恋不舍地离开。课文内容的展现也是如此，如《老人与海鸥》，学生预习、读熟课文，摆沙盘时提示给学生必备的沙具：人物（老人和"我"）、海鸥、老人的蓝布包、遗像。而老人和他的蓝布包是体现人物性格的，因此让学生制作沙具，学生做得非常到位，然后分小组创造沙世界，再进行讲解交流。这个过程就是让学生体会老人与海鸥至深感情的心灵碰撞，比老师言语传授要深刻得多，也有利于学生解读文本。我又设计了阅读练习，学生做了重点设计的理解阅读题，就能很好地完成教学目标。在创造沙世界的过程中，学生能够用语言表述课文内容，也加深了对课文人物心境的理解，达到了对文章通透掌握的层次。

六、团体沙盘在阅读课上的应用

阅读课一般是让学生自己读书，有了沙盘之后，可以尝试着怎样让学生把书读精。尝试先让学生听书，把课外书的内容通过声音形式呈现，让学生认真听。比如播放《小猪变形记》，学生听完后根据故事内容摆沙盘，再在小组内讲述一遍。在听的过程中，训练了学生的注意力、记忆力，如果不认真听就不知道小猪是怎么变形的，都变了哪几个动物，是怎么变的。为了配合作文教学，教师继续启发：你最喜欢的动物是什么，它可以进行哪些变形？学生的想象力被激发出来了，个个踊跃发言，说得非常精彩，这样还能培养学生的语言表达能力。有的同学说乌鸦把身上涂成彩色的，想变成鹦鹉，一叫的时候就露了馅。学生讲的时候还绘声绘色，引来了大家的笑声。这就是团体沙盘的乐趣。最后让学生把它书写下来，这就是一篇童话故事。

总之，将团体沙盘心理技术作为语文等课程辅助教学工具，优化小学语文教学，为课程改革注入了新的活力。团体沙盘为学生的语文学习和发展提供了有力的学习工具，借助意象呈现场景，团体沙盘的确发挥了强有力的优势，能够解决口语交际不愿意说、写作文难、理解词语困难的状况，极大地激发了学生语文学习的兴趣，拓宽了作文思路，释放了情绪，养成阅读的好习惯，也能为学生后续语文学习能力的提升起到助推的作用。在团体沙盘语文课堂，真正做到把"玩"的权利还给学生，把"做"的任务派给学生，把"说"的机会让给学生，把"创"的使命留给学生，从而将学生由被动接受知识的地位推向自主探索获得知识的舞台，使学生真正成为学习的主人。

第二节　案例分享

案例　小学语文《草虫的村落》的团体沙盘"游戏"教学设置

一、教育目标

团体沙盘心理技术应用在语文课堂教学中，在有趣的"游戏"中，学生主动积极参与，课堂教学有效性增强，学生的心理也得到了发展。以《草虫的村落》为例（课标版六年级语文上册，3课时），结合团体沙盘心理技术进行了设置。

1.教学目标

正确掌握"静谧、追随、小巷"等词语。思考：文章的主要内容是什么？结合沙盘画面，引导学生通过具体的语言文字，从不同角度体会作者如何观察、如何展开联想和想象表达独特感受。在沙盘情境下，感受作者热爱自然、热爱生命的情怀。

2.教学重点和难点

引导学生利用沙盘画面体会作者如何进行观察、如何展开联想和想象，表达自己独特的感受。

二、团体特点

操作团体为小学六年级学生35人（1个教学班级），有一定的语言表达能力，对课文有理解能力。

三、教学工具及要求

1.物品准备

沙盘6个，沙具2500余件，多媒体课件，小组桌牌6个。

2.规则要求

在团体活动中，不做任何与活动无关的事，一定积极参与，遵守规则，做到互相尊重、真诚分享、认真倾听、爱护沙具、轻拿轻放、物归原位。对成员在团体活动中的所言所行绝对保密。

四、宏观设计

本次活动分3课时完成，第1课时理解课文主要内容；第2课时引导学生利用沙盘画面体会作者如何进行观察，如何展开联想和想象，表达自己独特的感受；第3课时应用所学内容进行习作练习。

五、微观操作

第1课时

（1）在教室里要求学生先读两遍课文，画出生词，思考：①文章主要写什么？②《草虫的村落》给你留下了什么样的印象？

（2）到沙盘室。要求：①分组；②要求教室内保持安静，同学们不用语言交流，每人拿不等数量的沙具，能够代表你理解的课文内容，自己在沙盘里进行摆放（每人占沙盘四分之一处）。

（3）摆放结束后，进行交流，看自己的画面说说自己对课文的理解。

（4）根据分享，小组商量把小组画面做调整。再分享整个画面给你留下的印象。

（5）比较课文与画面相似与不同的地方，谈谈个人感受。

（6）再读课文，看看有没有补充的地方。

（7）每组选一人作为代表进行组间交流。代表解说要求用优美的语言讲解对课文内容的理解。

（8）有感情地朗读课文。

（9）总结提问：文章主要内容是什么？

（10）说说本节课的收获。

（11）家庭作业：①完成生字练习本；②读课文，完成课后思考题1和2，用笔把相关的语句在书上画出来，把你的感受在书上进行批注；③选一道思考题，再想一想你准备怎样用沙盘呈现出来，可以从家中带有特色的沙具；④回想今天语文课上的沙盘画面，结合自己的感受完成日记。

第2课时

（1）沙盘室里，按上节课的分组坐好。

（2）自己快速读课文，独立思考课后两道思考题。

（3）小组对以上两道思考题进行讨论，说说自己对思考题的想法，交流自己的读书感悟。

（4）在组长的带领下，进行主题沙盘《草虫的村落》摆放、交流，说说自己的感受（组长决定主题及细则）。

（5）再讨论思考题，感悟课文内容，说说摆放前后自己不一样的想法。

（6）学生总结本节课的所学内容。

（7）质疑问难环节。

（8）老师发卷课堂检测。

（9）家庭作业：试着把你在文中积累的好词语、好修辞用在日记里。

（10）学生在课堂上的分享：①看到这幅沙画，我仿佛就是其中的小圆虫，穿漂亮的外衣，自由自在地飞舞；②作者内心是安静的，所以看见眼前的景象是静谧的，我一下子就知道"静谧"的意思啦；③挺好的，小的绿色的草地就是作者游历的村落，尽管城市就在身边，可是就是一下午时间的放松多好；④作者的想象力很丰富，他把一个草丛边上有甲虫的小土堆想象成了一个"草虫的村落"，这下真实地出现在我们面前；⑤我觉得很开心，我们每个人都要好好表现，每篇课文都可以有创作，在这里时间过得很快。

第3课时

（1）总结全文，归纳写作方法。

（2）请你写一写自己观察过的小虫，插上想象的翅膀，回想沙盘的画面，完成小练笔。

（3）完成后组内互评，再次修改自己的小练笔。

（4）指名全班分享，师生共同评价。

（5）再次修改，上交评分。

不同的课文我们可以采取不同的设置，可以是有主题的，也可以是无主题的，甚至还可以以创造性地制作沙具来完成。

六、活动总结

通过几个学期的实践，学生不仅爱学习了，学习效率提高了，同时心态更阳光了，同学之间更团结了。将团体沙盘心理技术应用于语文教学中是有效的，使学生的学习水平与心灵成长获得了双丰收。

通过团体沙盘语文课堂，真正做到了把"玩"的权利还给学生，把"做"的任务派给学生，把"说"的机会让给学生，把"创"的使命留给学生，从而将学生由被动接受知识的地位推向自主探索获得知识的舞台，使学生真正成为学习的主人。

第六章
团体沙盘在"道德与法治"课程中的应用

第一节　团体沙盘与"道德与法治"课程的结合要点

一、初中"道德与法治"课程简介

（一）课程背景

道德是人自身发展的需要，也是人类文明进步的重要标志。当今世界，科技日新月异，人类面临的共同问题不断增多，国际竞争日趋激烈，对人的思想观念、道德品质和综合素质提出了新的挑战和要求。我国的经济、政治、文化、社会建设都进入了一个新的历史阶段。初中学生处于身心迅速发展和学习参与社会公共生活的重要阶段，处于思想品德和价值观念形成的关键时期，迫切需要学校在思想品德的发展上给予正确引导和有效帮助。

为适应初中学生的成长需要，"道德与法治"课程融合道德、心理健康、法律、国情等相关内容，旨在促进初中学生道德品质、健康心理、法律意识和公民意识的进一步发展，形成乐观向上的生活态度，逐步树立正确的世界观、人生观、价值观。

（二）课程性质

"道德与法治"课程是一门以初中学生生活为基础，以引导和促进初中学生思想品德发展为根本目的的综合性课程。该课程的特性主要有以下几个方面。

思想性——以社会主义核心价值观为导向，深入贯彻落实科学发展观，根据学生身心发展特点，分阶段、分层次对初中学生进行爱祖国、爱人民、爱劳动、爱科学、爱社会主义的教育，为青少年健康成长奠定基础。

人文性——尊重学生学习与发展规律，体现青少年文化特点，满足学生精神成长需要，用初中学生喜闻乐见的方式组织课程内容、实施教学，用优秀的人类文化和民族精神陶冶学生的心灵，提升学生的人文素养和社会责任感。

实践性——从学生实际出发，以初中学生逐步丰富的生活内容作为课程建设与实施的基础；注重与社会实践的联系，引导学生自主参与丰富多样的活动，在认识、体验与践行中促进其正确思想观念和良好道德品质的形成和发展。

综合性——有机整合道德、心理健康、法律和国情等多方面的学习内容；与初中学生的家庭生活、学校生活和社会生活紧密联系；将情感态度与价值观的培养、知识的学习、能力的提高与思想方法、思维方式的掌握融为一体。

（三）课程目标

"道德与法治"课程以初中学生逐步拓展的生活为基础，以学生成长过程中需要处理的自我与他人和集体，以及自我与国家和社会的关系为线索，有机整合道德、心理健康、法律、国情等方面的内容，进行科学设计。这三组重要关系依次构成了该课程的三大内容板块。每一内容板块中均涉及道德、心理健康、法律和国情等方面的具体内容。

"道德与法治"课程引导和帮助学生达到以下几个方面的目标。

1.情感态度与价值观

（1）感受生命的可贵，养成自尊自信、乐观向上、意志坚强的人生态度。

（2）体会生态环境与人类生存的关系，爱护环境，形成勤俭节约、珍惜资源的意识。

（3）养成孝敬父母、尊重他人、诚实守信、乐于助人、有责任心、追求公正的品质。

（4）形成热爱劳动、注重实践、崇尚科学、自主自立、敢于竞争、善于合作、勇于创新的个性品质。

（5）树立规则意识、法制观念，有公共精神，增强公民意识。

（6）热爱集体、热爱祖国、热爱人民、热爱社会主义，认同中华文化，继承革命传统，弘扬民族精神，有全球意识和国际视野，热爱和平。

2.能力

（1）学会调控自己的情绪，能够自我调适、自我控制。

（2）掌握爱护环境的基本方法，形成爱护环境的能力。

（3）逐步掌握交往与沟通的技能，学习参与社会公共生活的方法。

（4）学习搜集、处理、运用信息的方法，提高媒介素养，能够积极适应信息化社会。

（5）学会面对复杂的社会生活和多样的价值观念，以正确的价值观为标准，做出正确的道德判断和选择。

（6）学习运用法律维护自己、他人、国家和社会的合法权益。

3.知识

（1）了解青少年身心发展的基本常识，掌握促进身心健康发展的途径与方法，理解个体成长与社会环境的关系。

（2）了解自我与他人和集体关系的基本知识，掌握处理自我与他人和集体关系的基本社会规范与道德规范。

（3）理解人类与生态环境的相互依存关系，认识当今人类所面临的生态环境问题及其根源，掌握环境保护的基础知识。

（4）知道基本的法律知识，了解法律在个人、国家和社会生活中的基本作用和意义。

（5）知道我国的基本国情，初步了解当今世界发展的现状与趋势。

（四）课程内容

●认识自我

1.成长中的我

1.1悦纳自己的生理变化，促进生理与心理的协调发展。

1.2了解青春期心理卫生常识，体会青春期的美好，学会克服青春期的烦恼，调控好自己的心理冲动。

1.3正确对待学习压力，克服厌学情绪和过度的考试焦虑，培养正确的学习观念和成就动机。

1.4理解情绪的多样性、复杂性，学会调节和控制情绪，保持乐观、积极的心态。

1.5客观分析挫折和逆境，寻找有效的应对方法，养成勇于克服困难和开拓进取的优良品质。

1.6主动锻炼个性心理品质，磨砺意志，陶冶情操，形成良好的学习、劳动习惯和生活态度。

1.7了解自我评价的重要性，能够客观地认识自我，积极接纳自我，形成客观、完整的自我概念。

2.自尊自强

2.1认识生命形态的多样性，理解人类生命离不开大自然的哺育。

2.2认识自己生命的独特性，热爱生命，能够进行基本的自救自护。

2.3自尊、自爱，不做有损人格的事。

2.4体验行为和后果的联系，懂得每种行为都会产生一定后果，学会对自己的行为负责。

2.5 能够分辨是非善恶，学会在比较复杂的社会生活中做出正确选择。

2.6 体会生命的价值，认识到实现人生意义应该从日常生活的点滴做起。

2.7 养成自信自立的生活态度，体会自强不息的意义。

3. 心中有法

3.1 知道法律是由国家制定或认可，由国家强制力保证实施的一种特殊行为规范，理解我国公民在法律面前一律平等。

3.2 知道不履行法律规定的义务或做出法律所禁止的行为都是违法行为，理解任何违法行为都要受到一定的法律制裁，都要承担相应的法律责任。

3.3 列举预防《中华人民共和国未成年人犯罪法》规定的易沾染的不良行为和严重不良行为表现，分析这些行为对个人、家庭及社会的危害。

3.4 知道法律对未成年人的特殊保护，了解家庭保护、学校保护、社会保护和司法保护的基本内容。掌握获得法律帮助和维护合法权益的方式和途径，提高运用法律的能力。

3.5 了解违法与犯罪的区别，知道不良心理和行为可能会发展为违法犯罪行为，分析未成年人犯罪的主要原因，增强自我防范意识。

●我与他人和集体

1. 交往与沟通

1.1 知道礼貌是文明交往的前提，掌握基本的交往礼仪与技能，理解文明交往的个人意义和社会价值。

1.2 了解青春期闭锁心理现象及其危害，积极与同学、朋友和成人交往，体会交往与友谊对生命成长的意义。

1.3 体会父母为抚养自己付出的辛劳，孝敬父母和长辈。学会与父母平等沟通，调适"逆反"心理，增强与家人共创共享家庭美德的意识和能力。

1.4 了解教师的工作，积极与教师进行有效沟通，正确对待教师的表扬与批评，增进与教师的感情。

1.5 学会用恰当的方式与同龄人交往，建立同学间的真诚友谊，正确认识异性同学之间的交往与友谊，把握原则与尺度。

2. 在集体中成长

2.1 正确认识个人与集体的关系，主动参与班级和学校活动，并发挥积极作用。有团队意识和集体荣誉感，感受学校生活的幸福，体会团结的力量。

2.2 学会换位思考，学会理解与宽容，尊重、帮助他人，与人为善。

2.3领会诚实是一种可贵的品质，正确认识生活中诚实的复杂性，努力做诚实的人。

2.4理解竞争与合作的关系，能正确对待社会生活中的竞争，敢于竞争，善于合作。

2.5知道每个人在人格和法律地位上都是平等的，做到平等待人，不凌弱欺生，不以家境、身体、智能、性别等方面的差异而自傲或自卑，不歧视他人，富有正义感。

3.权利与义务

3.1了解宪法对公民基本权利和义务的规定，懂得正确行使权利，自觉履行义务。

3.2知道公民的人身权利受法律保护，任何非法侵害他人人身权利的行为，都要受到法律的制裁。

3.3知道公民有受教育的权利和义务，学会运用法律维护自己受教育的权利，自觉履行受教育的义务。

3.4知道法律保护公民的财产，未成年人的财产继承权和智力成果不受侵犯，学会运用法律保护自己的经济权利。

3.5知道法律保护消费者的合法权益，学会运用法律维护自己作为消费者的权益。

●我与国家和社会

1.积极适应社会的发展

1.1关注社会的发展和变化，增进关心社会的兴趣和情感，养成亲社会行为。正确认识好奇心和从众心理，发展独立思考和自我控制能力。

1.2合理利用互联网等传播媒介，初步养成积极的媒介批评能力，学会理性利用现代媒介参与社会公共生活。

1.3了解不同劳动和职业的特点及其独特价值，做好升学和职业选择的心理准备。

1.4知道责任的社会基础，体会承担责任的意义，懂得承担责任可能需要付出代价，知道不承担责任的后果，努力做一个负责任的公民。

1.5理解遵守社会规则和维护社会公正对于社会稳定的重要性，正确认识和理解社会矛盾，理解发展与稳定的辩证关系。

1.6积极参与公共生活、公益活动，自觉爱护公共设施，遵守公共秩序，有为他人、为社会服务的精神。

1.7感受个人成长与民族文化和国家命运之间的联系，提高文化认同感、民族自豪感，以及增强构建社会主义和谐社会的责任意识。

2.认识国情，爱我中华

2.1知道我国的人口、资源、环境等状况，了解计划生育、保护环境、合理利用资源的政策，形成可持续发展意识。

2.2 知道我国是一个统一的多民族国家，各民族人民平等互助、团结协作、艰苦创业、共同发展。

2.3 了解我国在科技、教育发展方面的现状，理解实施科教兴国战略的现实意义，认识科技创新的必要性，努力提高自身素质。

2.4 了解全面建设小康社会的奋斗目标，知道促进区域协调发展是实现全面建设小康社会奋斗目标的一项重要要求。

2.5 知道中国特色社会主义理论体系，了解我国现阶段基本经济制度和根本政治制度，知道我国各民族人民的共同理想。

2.6 学习和了解中华文化传统，增强与世界文明交流、对话的意识。

2.7 了解文化的多样性和丰富性，尊重不同的文化和习俗，以平等的态度与其他民族和国家的人民友好交往。

2.8 了解当今世界发展趋势，知道我国在世界格局中的地位、作用和面临的机遇与挑战，增强忧患意识。

2.9 认识树立全球观念的重要性，增强为世界和平与发展做贡献的意识和愿望。

3. 法律与秩序

3.1 知道《中华人民共和国宪法》是我国的根本大法，是全国各族人民、一切国家机关和武装力量、各政党和各社会团体、各企业事业组织的根本的活动准则，增强宪法意识。

3.2 知道依法治国就是依照宪法和法律的规定管理国家，体会依法治国基本方略的实施有赖于每个公民的参与，是全体公民的共同责任。

3.3 知道我国环境保护的基本法律，增强环境保护意识，自觉履行保护环境的义务。

3.4 了解建立健全的监督和制约机制是法律有效实施和司法公正的保障，增强公民意识，学会行使自己享有的知情权、参与权、表达权、监督权。

3.5 懂得维护国家统一，维护各民族的团结，维护国家安全、荣誉和利益，是每个公民的义务。

二、团体沙盘与"道德与法治"课程结合的要点

团体沙盘和"道德与法治"课程的融合教学是落实课程标准、达成课程目标的一个重要途径和环节；是全面贯彻党的教育方针、以社会主义核心价值观为导向、坚持正确政治方向的要求所在；是坚持课程改革理念和要求的一次大胆尝试；是贯彻道德与法治教学原则、进行教学改革、提高教学实效性的有力

抓手。这种融合教学完全以"道德与法治"课程标准为依据，遵循初中学生身心发展和思想品德形成与发展的规律。

（一）与团体沙盘的融合教学能够准确把握课程性质，全面落实课程目标

首先，"道德与法治"课程是一门综合性课程，是以学生健康成长需要处理的与自我、与他人和集体，以及与国家和社会的关系为线索，以道德、心理健康、法律、国情等方面的有机整合为内容。团体沙盘设计的起始阶段——主题设计具有包容性和适切性的特点，而"道德与法治"课程的这些内容恰好给团体沙盘的主题设计提供了丰富的背景资源，从而为这种融合教学准确把握课程的综合性提供了良好的开端。

其次，"道德与法治"课程还是一门德育性课程，一贯致力于使知识的学习服务于学生思想道德发展的需要，团体沙盘的制作过程正好符合这一特点。团体沙盘的制作过程是教师根据事先确定好的主题，在学生对沙、沙具和沙盘三要素的操作中，将教学课程内容引入，学生把课程内容用生动形象的画面表现出来，并通过团体分享，相互学习和成长，最后由学生自己总结出本课的知识要点。这种方式激发了孩子们的学习兴趣，并且在学习知识的同时，情感也加入其中，使知情意行得到了完美结合，教学目标容易达成。这种融合教学符合学生思想道德发展规律，避免了概念化、孤立化地传授和记诵知识，符合课程的德育性。

（二）与团体沙盘的融合教学强调与生活实际以及其他课程的联系

"道德与法治"课程标准要求教师要深入了解学生的学习需求，面向丰富多彩的社会生活，善于开发和利用初中学生已有的生活经验，选取学生关注的话题组织教学，为学生的思想道德成长服务。团体沙盘的制作过程是学生用沙盘三要素来呈现并分享自己或身边人的故事，以帮助学生自己调整认知、改变行为的模式，这些故事既有可能是学生自己真实的体验，也有可能是他们潜意识中未被满足的需要，借助沙、沙具和沙盘将其可视化，并通过自己的分享和倾听他人的分享，将潜意识意识化，取代了以往"道德与法治"课程教材中用别人的故事说服和教育学生的模式，使学生自己有所触动，更利于学生接受与认可，能够让他们不由自主地卸下面具，减少防御，敞开心扉。在一次次编故事、讲故事的过程中，学生必须将自己已储备的生活经验与各方面的知识相互融合，才能使自己的故事看起来更合理、更有逻辑性，变相地将各门学科中的相关资源与其他课程有机联系和融通，从而潜移默化地培养了学生的表达能力和思维能力。这种融合教学增强了课程的开放性，形成了教育合力。

（三）与团体沙盘的融合教学能够创造性地使用教材，优化教学过程

"道德与法治"课程教材是学生学习的基础性资源。首先，将团体沙盘与"道德与法治"课程融合教学，要求教师必须了解和研究教材的整体布局，把

握教材具体内容在单元和整套教材中的地位、任务，从而确定每个沙盘的主题。凡是被确定为做沙盘的课程的内容一定是在"道德与法治"课程中有着非常重要的地位和作用的，基本上都是教学的重点或难点。其次，根据"道德与法治"课程标准，设定鲜明而集中的教学目标，而每一个主题团体沙盘的活动目标一定是和"道德与法治"课程标准吻合的、相辅相成的，或者是起到补充的作用，这种融合教学的教学目标是在严格按照"道德与法治"课程标准的指导下确定的。最后，在合理使用教材的基础上，将团体沙盘与"道德与法治"课程融合的教学，要求教师应创造性地组织教学内容，设计合理的教学结构，一般可以将团体沙盘作为"道德与法治"课程的一个授课载体，以团体沙盘体验作为这一课教学的导入环节，也可以说是了解学生真实学情的过程，在沙盘体验中给学生充分的自由想象的空间，也是为他们充分展现自己的问题、冲突、矛盾提供了一个平台。这些问题、冲突、矛盾才是孩子们真正需要通过课程来解决的问题，这也是在培养孩子们自己提出问题、解决问题的能力，解决不了的再一起讨论。也就是说，把团体沙盘作为教学的一个环节、一种模式，利用它来最终实现教学的目标。另外，还可以把沙盘作为一节总结课，放到单元的最后。总之，目标就是要有利于孩子们学会思考、提问，搜集整理资料等，提高他们的思维能力和语言表达能力等学科素养。这种完美的教学结合灵活地采用了一种新的教学方法和手段，优化了教学过程，提高了课堂教学水平。

（四）与团体沙盘的融合教学注重学生的情感体验和道德实践，引导学生学会学习

情感体验和道德实践是重要的道德学习方式。"道德与法治"课程要求教师要善于利用并创设丰富的教育情境，引导和帮助学生通过亲身经历与感悟，在获得情感体验的同时，深化思想认识。团体沙盘所坚持的"四不二重"原则和以体验为主的特点与之有着异曲同工之妙。

团体沙盘始终强调和坚持的是不分析、不解释、不评价、不判断，重感受、重陪伴（即"四不二重"）原则，以及以非语言的体验方式为主要特点。团体沙盘要求教师必须为学生提供自由、安全与受保护的空间，只有这样，学生才能够在自己与同伴对沙、沙具和沙盘的操作过程中，通过看、听、用、悟的手段，充分刺激和调动他们的感官、情感、思考、行动、联想等，觉察自己、认识自己、接纳自己和表达自己，更能觉察、认识、理解别人和尊重、表达、接纳和包容别人，在团体合作和分享中收获属于自己的直接经验与切身感受。体验到的东西使得他们感到真实、现实，并在大脑中留下深刻印象，使他们可以随时回想起曾经亲身感受过的生命历程，也因此对未来有所期待。

这种融合教学既集中了两种教学的优势，又避免了教师的主讲式渗透、学生被动地接受，从而激发了学生学习的积极性，促使其主动探索社会现实与自我成长中的问题，在自主探究和独立思考的过程中增强道德学习能力，在潜移默化中学会学习。

第二节　案例分享

案例一　团体沙盘与"道德与法治"融合课程的主题设计
——以七年级"认识自我"主题为例

一、教学目标

通过团体沙盘活动，使学生认识自我及身边的重要他人，能接纳重要他人对自己的评价，并通过重要他人对自己的评价来加深对自我的认识。

二、宏观设计

七年级融合课程主题设计如表6-1所示。

表6-1　七年级融合课程主题设计

学段	单元	课题	框题	沙盘主题
七年级上学期	U1成长的节拍	L1中学时代	K1中学序曲	初中生活，我来了
			K2少年有梦	
		L2学习新天地	K1学习伴成长	学习之我见
			K2享受学习	
		L3发现自己	K1认识自己	认识自己
			K2做更好的自己	
	U2友谊的天空	L4友谊与成长同行	K1和朋友在一起	纯真友谊
			K2深深浅浅话友谊	
		L5交友的智慧	K1让友谊之树常青	
			K2网上交友新空间	
	U3师长情谊	L6师生之间	K1走近老师	感恩师长
			K2师生交往	
		L7亲情之爱	K1家的意味	感恩父母
			K2爱在家人间	
			K3让家更美好	
	U4生命的思考	L8探问生命	K1生命可以永恒吗	生命的思考
			K2敬畏生命	
		L9珍视生命	K1守护生命	
			K2增强生命的韧性	
		L10绽放生命之花	K1感受生命的意义	
			K2活出生命的精彩	

学段	单元	课题	框题	沙盘主题
七年级下学期	U1青春时光	L1青春的邀约	K1悄悄变化的我	青春的故事
			K2成长的不仅是身体	
		L2青春的心弦	K1男生女生	
			K2青春萌动	
		L3青春的证明	K1青春飞扬	
			K2青春有格	
	U2做情绪情感的主人	L4揭开情绪的面纱	K1青春的情绪	情绪调色板
			K2情绪的管理	
		L5品出情感的韵味	K1我们的情感世界	
			K2在品味情感中成长	
	U3在集体中成长	L6我和我们	K1集体生活邀请我	我与集体
			K2集体生活成就我	
		L7共奏和谐乐章	K1单音与和声	
			K2节奏与旋律	
		L8美好集体有我在	K1憧憬美好集体	
			K2我与集体共成长	
	U4走进法治天地	L9法律在我们身边	K1生活需要法律	生活中的法律
			K2法律保障生活	
		L10法律伴我们成长	K1法律为我们护航	
			K2我们与法律同行	

三、微观操作

本次活动的主题为"认识自我",活动方式为团体沙盘,教学时长为60分钟。

(一)沙盘体验

1.摸沙冥想

指导语:请同学们把坐姿调整到最舒服的位置,调整你的呼吸,慢慢闭上眼睛,把双手放到沙盘的沙中,用摸、抓、握等任何自己喜欢的方式来接触沙,把注意力放在手和沙接触的感觉上,让自己静下来,默默地感受就好。体会一下自己的情绪及伴随情绪的身体感觉,哪个部位、什么性质、什么程度的感觉,以及伴随感觉大脑中出现的画面、意象、想法和回忆等,让它们在脑海中生动起来,把它们定格(约5分钟后)。

请大家调整一下坐姿和呼吸,按照自己的呼吸频率做深呼吸,吸气时想象着大地、自然界、宇宙的精华和正能量随着气流进入我们的身体各处，让气息在腹部多停留一会儿，使腹部尽可能地鼓起来（停留3秒）；呼气时腹部收回，想象着把身体的代谢物、负能量都随着二氧化碳排出体外；吸气和呼气时体会一下气流从鼻孔流动的感觉，让我们的情绪慢慢平静下来（灯光调亮）。当我数到1时，请大家慢慢睁开眼睛，10、9、8……1，好的，请以你舒服的方式睁开眼睛。

2.沙盘创作

（1）组长将沙面抚平，在沙盘中画出"十"字，将沙盘均分成四份。

（2）从轮值组长开始按顺序分三轮，每轮选择并摆放一件沙具，按照自己的意愿摆在属于自己的沙盘位置。三轮分别拿的一件沙具是代表"你眼中的自己""妈妈或爸爸眼中的你""同伴眼中的你"。摆放过程中，每个人安静、认真地思考后摆放，放下后不要移动。放好后，仔细观察沙具摆放的位置。

3.组内分享

（1）请同学们说出三轮选择的沙具分别是什么，并说明理由。

（2）请同学们说出三轮沙具摆放的位置及理由。

4.集体分享

请同学们自愿分享自己在摆沙盘时的感受与体会，也可以每组派一名代表分享感受。

5.增减沙具

（1）想一想：如果再让你选择一件沙具，你会选择"谁眼中的你"？

（2）从轮值组长开始按顺序依次再选一件刚才想好的沙具，摆放到自己的沙盘上。

（3）组内分享：

①这一次选择的是"谁眼中的你"？

②这件沙具是什么？并说出理由。

③你摆放这件沙具的位置，并说出理由。

④为自己的沙盘命名。

（二）分享感悟

请几位同学说说自己从这个活动中得到的收获与感悟。

（三）保密宣誓

每个小组成员起立，手拉手，一起大声说出本次活动的约定：我只带走自己的感受，留下别人的故事。大家合作愉快！宣誓人：×××。

四、效果评估

在本次沙盘活动中，使用表6-2让学生来记录自己的沙盘活动，作为自评结果。家长可以通过学生来了解这次沙盘活动，写下自己对孩子的感受，以此作为他评结果。也许有的学生通过一次沙盘活动就会有所改变，而有的学生可能需要一段时间的累积，这都是正常的现象。

表6-2　团体沙盘活动学生记录表

班级		姓名		性别	
组别		排序		次数	
日期	年　月　日		时间	时　分——　时　分	
活动主题					
活动感悟	你所拿沙具的名称及故事（拿此沙具的理由）： 1. 2. 3. 4. 通过本次沙盘活动，你有什么启示或者收获：				
家长反馈					

五、活动总结

（一）值得肯定的地方

（1）此次沙盘活动是学生在中学以来的首秀，虽然是初次接触沙盘，但是学生在活动中忙而不乱、有条不紊，这和在沙盘活动之前观看微课视频有关系，更与班主任老师的大力配合分不开。为了节省当堂课的时间，教师制作了一个关于介绍团体沙盘活动的微课，从沙盘心理技术的概念及要素，团体沙盘的作用、规则、操作步骤，以及沙盘室的注意事项等方面，在课前让学生对团体沙盘有个初步了解，这样到了沙盘室后就不会出现学生盲目操作、不听指令的现象。同时，每个班级上沙盘课时，提前与班主任老师做好沟通，保证班主任老师到场，既为班主任老师了解班级里个别学生、顺利开展班级管理工作提供了一个渠道，也为教师上好沙盘课提供了一个保障。

（2）通过两次选取摆放沙具及分享的过程，学生从三个角度获得了对自我像的认识，也在小组内的分享中从他人处获得了别人对自我像的认识，而第二次的沙具是点睛之笔，在前面认识自我的基础上，更加强化了学生对自我像的认识，为全面认识自我奠定了基础。

（二）不足之处

这节课中分享环节的时间不够充足，第二次拿完沙具回来，学生没有充分的分享时间，感到很遗憾。下次在进行沙盘设计的时候，会考虑少拿一次沙具，或者再多一个课时的沙盘操作，延长分享时间，让学生能够尽情表达自己的感受。

案例二　遇见未来的自己

一、案例主题

案例主题："遇见未来的自己"。

二、教学目标

借助团体沙盘心理技术让学生在快乐中体验自己的未来人生，进而认识自我，学会如何用行动把梦想变成现实，激发学生为自己的梦想而不断努力的动力；及时帮助学生找到自己的生活和学习目标，并将目标具体化，将目标可操作化，激发其学习的动力。

三、团体特点

高中一年级理科实验班：42名学生，其中23名男生，19名女生。团体普遍对未来感到迷茫，没有目标和学习的动力。

四、教学工具及要求

学校团体沙盘教室，8套团体沙盘，3200件沙具，多媒体课件。

本课程将42人分为8组，每组5～6人。

要求学生于上课前填写好个性名片，如图6-1所示。

姓名：　　　　　职业：　　　　　职位：

主要成就和贡献：

图6-1　20年后我的个性名片

（1）准时参加团体沙盘活动课。

（2）在团体活动中，遵守活动要求。

（3）爱护沙具，保持室内卫生。

（4）在团体活动中，做到互相尊重、真诚分享、认真倾听。

（5）对成员在团体沙盘活动中的所言所行绝对保密。

五、微观操作

本次团体沙盘活动根据班级的实际情况设定了"遇见未来的自己"这一主题。活动时间为80分钟。

（一）团队组建

1.团队分组

全体学生围成一个大圈，按照从左向右的顺序以1～8报数。报数为数字相同的学生分为一组，42人分为8组，每组5～6人。

2.团队创建

（1）选组长、副组长（有责任感、有组织能力）。

（2）选出队秘（团队秘书，做相关记录）。

（3）每位队员做简短的自我介绍。

（4）定队名。

（5）定队歌。

（6）设计队形。

可以填写团队建设表格，在团队展示时作为辅助，如图6-2所示。

___级___班 第___组			
队名		队长	
队秘		队歌	
队员			
队标			

图6-2 团队建设表格

3. 团队展示

每小组展示时间在3分钟以内，各小组按1～8的顺序，依次进行展示：介绍组长、副组长、组员、队名、唱队歌、摆队形。

（二）承诺仪式

组员手拉手宣誓：我只带走自己的感受，留下别人的故事。宣誓人：×××。

（三）体验沙盘

1. 摸沙

摸沙（背景音乐），让每一个人在此静下心来，之后分享摸沙感受。

摸沙体验指导语：请安静下来，静心一分钟……把你的坐姿调整到最舒适的位置，调整你的呼吸……慢慢闭上眼睛……把你的双手放到沙盘的沙子中，然后用摸、抓、握等任何自己喜欢的方式来接触沙子，把注意力放在手和沙接触的感觉上……让自己静下来，默默地感受就好。体会一下自己的情绪以及伴随情绪的身体的感觉，什么部位、什么性质、什么程度的感觉，以及伴随这种情绪和身体感觉时大脑中出现的画面、意象、想法及回忆……请把注意力放在手和沙子的接触上以及情绪和身体的感觉上……让大脑中的这些画面、意象、想法、回忆等在脑海里生动起来……把这些画面、意象、回忆等定格……当我数到1时，请慢慢睁开眼睛：10、9、8……1。

2. 组内分享感受

小组成员分享自己在摸沙过程中的感受，脑海中的画面、意象、想法、回忆等都可以。

（四）制作沙盘阶段

1. 规则设置

（1）主题是"遇见未来的自己"，想象未来20年后自己在某一个典型工作日的活动，各小组学生按照猜拳的顺序到沙具架上选择沙具，最多可以选择5件沙具。

（2）每人每次只允许摆放一件沙具或动沙。完全相同的沙具算一件，但要求最多不超过3件。组长第一个摆放，当第一人摆放沙具结束后，其他人按照顺时针依次摆放。本次沙盘摆放共5轮，即所有人摆放完毕视为一轮。小组成员摆放沙具的时候，学生互相不交流，整个过程请保持安静，营造一个安静舒适的环境。

（3）请不要触碰和移动他人的沙具或地形。

（4）可以选择跳过你摆放沙具的回合，跟下一位示意即可。

（5）遵守沙盘活动的规则，并有权在中途提出退出，如果以后还想加入，需要向老师提出申请，老师与团体成员协商后决定。

2.沙盘制作

按照以上规则，用沙具、沙、水将自己的想法和感受在沙盘中呈现出来。

（五）分享讨论

1.组内分享：欣赏、体验、理解箱庭作品

（1）欣赏体验作品：成员制作完沙盘作品后，从最后一位摆放沙具的学生开始，按照逆时针的方向每位成员用一分钟左右的时间从不同角度欣赏自己的作品，并说说自己在摆放过程中的感受与想法，其他学生细细体会和感悟。

例如，每个学生用简短的语言说明自己未来20年后处于一种什么样的工作状态，为什么喜欢这件沙具，为什么放在这个位置。

（2）理解作品：请成员对自己作品的内容、主题、自我像等进行描述、解释，陪伴者对作品及成员的解释存在不明白的地方可以向成员询问。成员之间也可以相互讨论。

例如，请学生讨论，最喜欢的别人的沙具是哪个，为什么？与自己的比较，更喜欢哪个？你更向往哪位同学20年后的工作状态？

（3）最后，请学生来看整个沙盘：这是我们的集体，那么我们的集体好不好，好的地方在哪，不好的地方在哪？以后我们应该怎么办？

2.组间分享

每个小组自愿留下一位学生作为本小组作品的讲解员，向其他小组学生介绍，本小组20年后遇见未来自己的样子。

（六）个性名片与沙盘对比照

各小组成员回到本小组，拿出课前填好的20年后的个性名片与刚刚自己的沙盘作品进行比较，从组长开始按顺时针的顺序分享，每人一分钟。

（七）重新填写个性名片

通过沙盘作品以及听了同学们的分享，对自己的未来是否有了新的憧憬或者改变？给大家两分钟时间重新填写个性名片。

（八）封存个性名片

收集所有学生的个性名片，装入档案袋中进行现场封存。和学生约定：20年之后，如果你的梦想变成了现实，请来老师这里领回今天种下的梦想。

（九）拍照、拆除作品

1.拍照

为每组作品拍照，如对正面、侧面、整体、部分等进行拍照，方便以后整理和讨论。

2.拆除

由成员自己拆除，如果有成员表示不愿意自己的作品在自己面前被拆除，可以等成员离开后，由陪伴者拆除；或请该成员转过身去，由陪伴者帮其拆除，并对作品中使用沙具的情况进行记录。

六、效果评估

学生感受：通过将课前学生个性名片和沙盘活动后的学生个性名片进行对比，学生对自己的未来的认识由之前的模糊、确定到后来的生动、具体，学生对自己的未来发展有了清晰的认识，对自己的未来充满憧憬。沙盘活动打开了他们的内心世界，使其学会了追寻自己内心的声音。

教师感受：一沙一世界，一花一天堂，双手握无限，刹那是永恒。对于个体心理来说，再精彩生动的讲授都无法替代个人的亲身感悟和直接体验。沙盘作为一种体验式的教学方式，让学生获益良多，他们通过沙盘了解了自我，知道自己未来想要什么，理清了思路，树立了自信。"自己是什么样的人？未来想要什么样的生活？"在沙盘活动中的每一次选择都让他们更清楚这些答案。通过对其他学生未来人生的观察，他们发现人生还有很多其他可能性，未来等着自己去探索，而来自小组成员的鼓励与支持，让他们在犹豫不决时做出了重要的选择。当然，实现梦想的道路上有很多不确定性因素，学生现在所做的选择未必就是他们未来的职业方向，但有了今天心理沙盘的经历，相信他们就拥有了克服困难的勇气和决心，让今天的梦想照亮了未来。

七、活动总结

（一）值得肯定的地方

学生在此主题下用沙具呈现了自己20年后一个典型工作日的情况。他们所呈现的内容都是自己向往的样子，生活状态和工作内容非常具体，这和他们课前填写的个性名片形成了鲜明的对比。课前，学生填写了20年后的个性名片，关于职业以及贡献，很多学生都没有填写或者是写得很模糊，有的学生没有想过自己的未来生活状态是什么样的，可是听了别人的分享之后，激发了自己内心的愿望。通过团体沙盘活动课，每个学生都对未来充满了向往。

为每名学生准备两份20年后的个性名片，一份让学生课前填好，另一份教师在学生分享之后发放，让学生重新填写20年后的个性名片。因为此时学生心中对自己的未来有了清晰的目标，封存学生的个性名片这种仪式感不仅仅是全课的总结和升华，更是对学生寄予了无限期望与启迪，更是让教育延伸到课外和未来。

（二）不足之处

本案例是以班级为单位的团体沙盘活动，是针对班级的实际情况而设定的主题。本案例也可以通过公开招募的形式形成沙盘团体小组，效果也非常显著。无论是以班级为单位还是公开招募的形式来开展本节课，前提是他们一定要对沙盘有所了解，如果是第一次接触沙盘的学生团体，由于他们的注意力还在被沙盘本身所吸引，安全感尚未建立完全，因而不能全身心地观照自己的内在世界，教学目标较难达成。因此，本案例一定是基于学生对沙盘比较了解或者已经参与过团体沙盘课程。

第七章

团体沙盘在"学生职业生涯规划"课程中的应用

第一节　团体沙盘与"学生职业生涯规划"课程的结合要点

每个人都曾这样追问"我从哪里来？要向何处去？"我们要如何在人生的十字路口选择一条正确的道路抵达心之所向？人们在有限的生命里探索的过程，被我国古代思想家庄子形容为"吾生也有涯，而知也无涯"，这便是"生涯"一词的含义，而今天我们把它更具体地运用于在有限的生命里寻找适合自己的职业发展道路。

一、认识生涯与生涯教育

生涯，英文为"career"。在希腊语中，"生涯"这个词蕴含着"疯狂竞赛"的精神，最早常用作动词，即人生的发展道路。知名生涯学者唐纳德·舒伯（Donald E.Super）将"生涯"定义为：生活中各种事件的演进方向与历程，它统合了个人一生中各种职业与生活的角色，由此表现出个人独特的自我发展形态。

生涯教育（career education）又称生计教育，是由曾任美国教育署长的西德尼·马兰（S.P.Marland）博士于1971年提出的一种新理念。他认为生涯教育是一种综合性的教育计划，其核心是促进人生命历程中的事业发展，主张通过社会、学校的共同努力，解决教育与现实生活、工作劳动相脱节的问题。其将重点放在人的全部生涯，即从幼儿园到成年，按照生涯认知（career awareness）、生涯探索（career exploration）、生涯定向（career orientation）、生涯准备（career preparation）、生涯熟练（career proficiency）等步骤逐一实施，帮助学生建立切合实际的自我观念，借助职业生涯选择、职业生涯规划以及职业生涯目标的追求，实现与个人才能相适应的职业生涯目标，并建立个人的生活形态。其在美国联邦政府的支持下迅速发展成为影响深远的教育改革运动，并迅速席卷全世界。

二、我国高中生涯教育目标

2014年9月，《国务院关于深化考试招生制度改革的实施意见》出台，这是自1977年恢复高考以来，国家在教育领域实施的最全面、最系统的顶层设计。其要求基础教育要更充分地尊重学生的发展需求，助力发展学生的个性特长，通过多元化、多样化的课程建设，促进学生健康成长、成才。在新高考改革压力下，学生必须提前确立未来的职业发展方向，设定职业生涯目标，选对科目，找准专业，将兴趣发展成志趣，成就幸福人生。

因此，高中阶段的生涯教育的主要目标就是帮助学生通过对自己进行评估，了解自己的生活目标、价值观、兴趣、能力以及个性特征；了解职业及职业环境，最后确定自己的职业目标及发展方向；通过不断修正与提升职业生涯的基本模式，以此激发和调动学生自觉学习、自我发展的内驱力，从根本上提高学生的就业竞争力和职业发展能力，最终实现人职匹配，使个人目标与社会目标相吻合，使个人资源与社会资源充分、合理、有效地进行配置，达到个人利益与社会利益的最大化，从而获得更大的人生成就感和幸福感。

三、生涯与人生发展

生涯是人生自青春期到退休之后，一连串有酬或无酬职位的综合。每个人在一生中都扮演着各式各样的角色，每一个角色各有其特定的任务。我们如何在这一生中扮演好不同的角色，发挥出各个角色的功能，表现出个人独特的发展形态，从而实现自我价值，是生涯教育的意义所在。舒伯的生活/生涯彩虹图如图7-1所示。

不同的人所扮演的生涯角色不同，所以生涯历程也各不相同。尽管生涯的含义并不等同于生命，但生命中的不同成长事件却构成了生涯的不同色彩。一个人有限生命中不同的年龄阶段需要完成不同的发展任务。

舒伯依照年龄将每个人生阶段与职业发展配合，将生涯发展阶段划分为成长期（出生至14岁）、探索期（15～24岁）、建立期（25～44岁）、维持期（45～64岁）、衰退期（65岁及以上）五个阶段。这五个阶段是循序渐进的，每一阶段都有应该达到的行为表现和发展水平，都有各自不同的特点。个人在不同发展阶段的主要任务如表7-1所示。

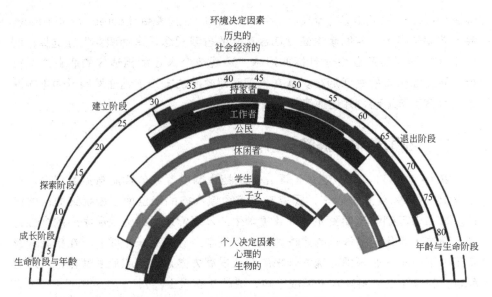

图7-1 舒伯的生活/生涯彩虹图

表7-1 个人在不同发展阶段的主要任务

阶段	主要发展任务
婴儿期与儿童早期（0～6岁）	学习走路；学习食用固体食物；学习说话；学习控制排泄技能；学习识别性别和有关性别的行为和礼节；获得稳定的肌肉运动；形成对社会和身体的简单概念；对父母、兄弟姐妹及他人产生感情联系；学习判断是非并发展良知
儿童晚期（7～12岁）	学习游戏所必需的身体技能；形成健全的自我态度；学习与同伴和谐相处；学习扮演适合自己性别的角色；发展读、写、算的基本技能；学习日常生活所必需的各种观念；学习良知、道德观念价值标准；学习对社会团体和制度的态度
青少年期（13～21岁）	接受个人的体型、长相和性别角色（接受与生俱来不可改变的部分，努力去改变可以改变的部分）；与年龄相近的异性和同性建立新而成熟的关系（性别意识明显，既能谈好情又能念好书）；情绪上不再依赖父母和其他成人（学习独立，但此阶段也容易与师长、他人产生冲突）；准备适应婚姻和家庭生活（寻求爱的认同与肯定）；树立经济上独立的自信态度，选择职业并做好就业准备（了解自己的职业取向，培养能力，了解就业信息，探索职业）；发展行使公民权利所需的知识、技能和观念，发展对社会负责的行为（从承担责任中寻找自己的定位，肯定生命的价值）；将自我价值建立在科学的基础上，发展道德价值体系（个体随着成长逐渐了解生命的意义，从社会化过程中发展自己的价值观体系，是一种服务社会价值还是一种功利社会价值，全看此阶段的发展）
成年期（22～40岁）	选择配偶；学习过婚后的生活；开始组建家庭；抚育子女；管理家庭；开始从事一种职业；履行公民职责；参与合乎自己性格和志趣的社团活动

阶段	主要发展任务
中年期 （41～60岁）	承担公民的社会责任；建立并维持某种经济水平的生活；帮助青少年子女成长为可靠、幸福的成年人；开展中年期的闲暇活动；与配偶维持亲切关系；承受并适应中年阶段的生理变化；与年迈的父母相互适应
老年期 （60岁以上）	适应逐渐衰退的体力和健康状况；适应退休和收入的减少；适应配偶的死亡；与其他老人建立密切联系；履行对社会和公众的义务；创造美满的人生

四、高中阶段的生涯发展任务

青少年期处于人生发展的重要阶段。舒伯认为，15～24岁是个人认真探索各种可能的职业选择的黄金时期。这一时期又细分为三个小阶段（见表7-2），不同的阶段有不同的生涯发展任务，而高中阶段正处于生涯探索期中的"试探阶段"。

表7-2　生涯发展阶段与任务

生涯发展阶段	生涯发展任务
试探阶段 （15～17岁）	通过自我幻想、与他人讨论、学校课程、职业见习等途径，思考与探索自己的需求、兴趣、能力、价值观与发展机会，初步尝试做出选择
过渡阶段 （18～21岁）	比较关注现实情况，发展一个符合现实的自我概念，职业偏好逐渐具体化、特定化
尝试阶段 （22～24岁）	基本确定一个比较适合自己的领域，尝试在该领域寻找到可以维持生计的工作

五、高中生涯规划的步骤

学校开展的生涯规划教育，是结合高中生的学业和未来职业发展的实际，通过生涯指导课程和生涯探索活动，引导学生了解自己的优势和不足，发现自己的潜能、树立自信心并积极发展自己的个性特长，让学生了解职业和社会发展对人才的需要，体验自己感兴趣的职业领域，培养学生选择和决策的能力，从而帮助学生把未来的目标和当下的学科学习、选课、选择社团、实践活动结合起来，制订自己的规划并积极行动，从整体上提升学生的职业规划意识和职业发展能力。生涯规划的步骤主要包括认识自我、环境探索、确立目标、制订

实践教学篇

规划、实践行动、评估反思（见表7-3）。

表7-3 生涯规划的步骤及任务

生涯规划步骤	生涯规划任务
认识自我	对自己的兴趣、能力、价值观和性格等有所认识，同时也应结合自身的生理情况进行综合考虑
环境探索	对教育资源、职业及社会需求进行探索与分析，明确自身与教育资源的关系，充分利用学校、家庭及社会环境，促进自我发展
确立目标	通过自我与环境的组合分析，做出生涯决策，确立自己的职业目标，同时根据这个长远目标分解出中期目标和短期目标
制订规划	根据阶段性目标，制订切实可行的生涯规划
实践行动	高中生生涯规划的核心在于行动，要学会管理时间、高效学习，在学业成绩良好的基础上提高自己的综合素质
评估反思	在实施生涯规划的过程中会出现很多内外环境的变化，要坚持自省与批判的态度，根据发展的需要进行反馈、调整和修正，以逐步实现生涯目标

高中学习既是为考上大学服务的，更是为未来的职业发展服务的。做好高中的生涯规划，有利于将高中学习与报考大学、未来职业发展结合起来。如果每个高中生从高中开始就有明确的职业生涯规划意识，学习掌握职业生涯规划的能力和技巧，并围绕职业生涯规划来规划中学的学习生活，将会使高中的学习和生活更有意义，同时也能将高中的学习与大学的学习融为一体。

六、团体沙盘在高中职业生涯教学中的优势

基于以上的论述，学生职业生涯规划课的重点是让学生充分认识自己的优势及能力，同时也要了解各种职业的优势与特点，了解社会发展脉络。团体沙盘的活动比教师单纯讲解更容易实现生涯目标。通过沙盘的无意识工作，学生不断探索自己，不仅了解到自己的优势和特点，同时，也能在一次又一次的沙盘课堂促进自己的人格成长与发展，这为未来人生的发展及职业的发展在心理素质方面奠定了基础。另外，在职业生涯规划课程中，学生可以把从书本上了解的各种社会职业在沙盘中演示，这种意象、可视的场景更容易使学生把间接经验变为图像化信息，更接近中学生的心理发展特点。同时，通过这种沙盘团体的演练，学生提前了解并掌握了团体合作的能力，为将来走入社会奠定了基础。

第二节 案例分享

案例一 认识自己 规划未来

一、培训目标

运用团体沙盘心理技术进行高中生涯发展指导学科教学实践，使学生在团体的氛围和宽松的状态下，多角度地认识自己，明确未来发展目标，获得真实自性化体验。

二、团体特点

随着生活经验的增多和独立意识的发展，高中生的内心活动开始丰富起来。他们希望同伴能接纳自己、肯定自己、喜爱自己。由于身体和心理的急剧变化，他们已经完全意识到自己是一个独立的人，能心平气和地与他人交换意见，并能在一定程度上尊重他人的意见。

高中生的自我评价能力进一步提高，能够对自己进行独立评价，且评价对象也从自己的外表深入到内心世界。他们将逐渐发现自己的兴趣和能力，并且能感知自己适合哪一种工作，可塑性较强。美国职业学家萨柏的职业生涯发展理论认为，高中阶段（15～17岁）属于职业发展的试验期，这个时期是综合认识和考虑自己的兴趣、能力，开始进行择业与尝试的时期。

但是，在这一时期，一些学生由于家庭教育、环境、学习等适应问题也会表现出以下种种不良情况。

（1）自我认知片面，自信心不足，缺乏社交自信，个别学生环境适应不良，导致产生情绪问题，有社会退缩行为。

（2）部分学生由于学习困难，对未来没有规划，理想破灭，表现出听天由命的态度，学习动力不足。

（3）近30%的学生与家长沟通困难，产生了消极抵触情绪。

三、宏观设计

（一）活动对象

活动对象为高中一年级学生，以教学班为单位，每次沙盘活动人数在40人左右。

（二）活动时间

每班隔周一次（一学期结束），共6次团体沙盘活动。

（三）活动方案

运用团体沙盘进行高中生职业生涯发展指导的方案如表7-4所示。

表7-4　高中生涯发展指导团体沙盘方案设计

次数	课程名称	课程目标
第一次	团队建设	建立互信友爱团体； 认识沙盘，完成摸沙体验
第二次	我是谁	认识自我
第三次	建设我们的家园	兴趣探索
第四次	我能	能力探索
第五次	个性都来咪	性格探索
第六次	我的坚守	价值观探索

四、微观操作

以其中第三次团训工作过程为例，具体实施过程如下。

（一）热身活动

（1）活动时间：课前（课后）5分钟。

（2）团建目的：通过活动使学生彼此相识，有意识地关注他人，融入集体。

（3）活动过程：活动1为起始活动——"大风吹"；活动2为结束活动——"我们是同路人"。

（4）分享感受

学生A：我是一个内向的人，平时在有陌生人的环境里都很拘谨。今天想都没想到我能和许多同学交流并拥抱在一起，这对我来说是难以想象的体验。

学生B：好像记忆里被别人抱在怀里是很久以前的事了，这次活动给我力量和温暖，我感觉今天的收获很大。

学生C：我很害怕和不熟悉的人有肢体上的碰触，今天的同学我都不熟悉，但是经过几个活动，我感觉大家都是很宽容、有温度的人，我们从陌生到熟悉，再到敞开心扉地交流，让我找到了家的感觉，谢谢大家！

学生D：刚开始我觉得活动没啥意思，可是随着每个活动的完成，使我有了新的思考：在班级朋友少，应该不是别人不理我，而是我没有融入到集体里，为别人想得太少了。

学生在分享过程中，感觉新的团体给自己带来了团结友爱和温暖的感受，自己能参与到这个团体中，感到很幸运。

（5）教师感受

"磨刀不误砍柴工"，团队建设在团体沙盘活动中是非常重要的课程。通过团队建设，可以充分发挥和调动团队所有成员的情绪，提升团队成员的凝聚力，为共同的目标一起努力、一起思考，集合团队成员的智慧，取长补短，相互帮助，抱团取暖，培养个体的自信心和社交能力，促进心理健康和人格健全。

在活动的设计和选择上，教师应充分考虑到团体成员的特点，活动内容层层深入、环环相扣，为教学目标服务。对于每个活动，都要事先讲解清楚步骤、方法和奖惩机制，避免在活动过程中做不必要的解释，影响活动进程和效果。教师要积极关注每一个成员的感受，为所有人提供适当的帮助，创设安全的心理环境，陪伴学生共同成长。

（二）摸沙和规则设置

（1）活动时间：10分钟。

（2）摸沙活动：包括两个部分。

第一，摸沙：通过音乐的烘托及对摸沙导语的诵读，让学生在情绪情感和触感上与沙盘有亲密接触，产生情感交流。

第二，对团体沙盘活动流程进行解读，让学生了解团体沙盘活动中应遵守的规则。

（3）分享感受。

学生A：通过摸沙，我感到我和沙子之间好像有许多话要说。我觉得它们和我们一样都要经历生活的磨砺才能成为今天的样子，每一粒沙子都是独特的，也应该有它自身的价值。

学生B：沙子在我手中慢慢流走，感到像过去流走的时光。我试图握紧它，它们反而从每一个指缝中流淌出去，让我觉得就像许多我曾经拥有的东西，越是想抓住，越是远离我。

学生C：我和A同学的感觉一样，但是我发现当我轻轻握住沙子的时候，它们却能更多地留在我的手心里。我感到就像是人与人的相处，亲密中要留有空间和距离，才能更好地在一起。

学生D：我本来以为沙具就是摆着玩儿的，应该随心所欲。通过老师的讲解，我知道了流程和规则，让我觉得就像我们成天喊着要自由一样，自由要在一定条件的约束下才能更有意义。

学生E：我挺害怕发言的，但是今天我想感谢我们组的同学。在分享的环节，他们都能耐心听我说话，还帮我补充说不上的词语，让我能更好地说出自己的观点，谢谢大家！

学生在摸沙和分享过程中，逐渐熟悉体验式沙盘团体活动的活动方式和流程，更加关注个人的内心感受，更加努力地融入团体，感受团体的力量和温度。

（4）教师的感受：用10分钟把"摸沙和规则设置"内容单拿出来单独处理，是沙盘师在多年的沙盘团体活动课教学中体验、总结的结果。摸沙部分利用音乐烘托和导语铺陈，除了完成课程内容，更重要的是让学生了解沙盘活动课的授课模式，体验人与沙、沙具之间的情感贯通。流程和规则的讲解，除了要立规矩，避免以后在课程中反复赘述以外，更高的目标是培养学生的规则意识和契约精神。所谓大规矩下的小变通，即培养学生平等协商、灵活处事的能力。

（三）建设我们的家园

1.课前准备

（1）分别为六个沙盘命名。

（2）让学生根据自己的喜好选择不同的沙盘，形成目标小组。

2.活动时间

70分钟。

3.工作过程

规则设置：

（1）学生入组摸沙并阐述主题。

（2）教师引导。

教师分享生活中自己体验的故事1～2则，让学生回忆自己生活中的点滴事件。

（3）选取和摆放沙具。

第一步：每名学生一次拿取与所选岛屿相关的沙具最多4件。

第二步：从轮值组长开始按组内协商后的顺序轮流一次或分次摆放（动沙与否，且动沙是否与摆放沙具件数有关，是否能挪动他人沙具等规则，由轮值组长制定）。

（4）组内分享。

第一步：说自己沙具的故事、摆放的理由、摆放后的感受。

第二步：小组摆放完成后，分享自己对小组沙盘的感受。

第三步：从不同角度观察自己小组的作品并分享感受。

每个小组轮值组长留下，将组内所有人的故事编成一个故事，用第一人称讲给其他组的成员听。本组其他成员到下一组听故事，轮流一圈回来，轮值组长再将自己编撰的故事讲给自己组的成员听。

（5）全班分享：以小组为单位分享这次主题沙盘的感受。

（6）宣誓：全体起立，组内学生手牵手。"我宣誓：我只带走我的感受，留下别人的故事。宣誓人：×××。"

五、效果评估

3个月、6次课的团体沙盘活动，使学生从陌生到熟悉，从怀疑、观望到投入、成长，每一个人都在不知不觉中改变着自己。积极心理学认为，每个人都有内在的优秀品质，但每个人也有彷徨、犹豫的时候，团体沙盘技术适合高中阶段学生心理发展的特点，以团体的力量、游戏的方式，在不知不觉中帮助学生形成正确的价值观，用分享、反思的方式让学生开阔眼界，敞开心胸，改正缺点，完善自我，帮助学生蓄积生命力量，坚定人生理想，成长为更好的自己。

（一）学生感受

学生A：虽说天下没有不散的宴席，但这三个多月的"饕餮盛宴"让我很满足，能够和你们成为朋友、知己，让我感到今后无论走到哪里都充满力量。通过学习和交流，让我对自己今后的生活有了新的目标和规划。

学生B：我喜欢最后的游戏，让我再一次感到有你们支撑着我，相信今后无论日子怎样，我都有勇气风雨兼程，也让我坚定了最初的理想，我知道有许多人与我同行。

学生C：我还没想好怎样规划自己的人生，但我相信这段时间的感受，足够让我心理的温暖取之不尽、用之不竭。

学生D：活动虽然结束了，但我们还在学校里，当我们再迷茫的时候，咱们再到沙盘室来，敞开心扉，分担痛苦，分享快乐。

学生在分享过程中，有惜别之情，有难舍之意，但更多的是饱满的心理力量。所有人都感受到了彼此的成长，对今后的学习和生活充满信心，有目标，有方向，对未来充满希望。

（二）教师感受

团体沙盘心理技术与生涯规划指导课程中的"认知自我""寻找理想之路"两个单元的内容更加契合，使学生在分享的过程中扩大信息容量，了解不同想法，思考问题的深度和广度都有很大提升。比如，"兴趣探索"这节课，一般在教法上采取分享方式，让学生谈谈自己的兴趣爱好。这节课表面上看起来非常热闹，学生的配合度、参与度都很高，但许多学生会顾忌不同兴趣的同学的看法，不敢吐露心声，无法表达自己真实的想法。运用团体沙盘心理技术处理这节课，教师是将不同的兴趣点词条分门别类地插在六个沙盘中，让学生根据自己的愿望形成小组。在组内分享时，由于有相同或相近的兴趣取向，学生能充分说出自己的想法，并得到理解和回应。在组间交流时，学生又能了解其他人的选择，成为自己思考的论据或选择坚持抑或放弃的理由。课后团体沙盘课堂的生涯规划指导课程总是更受学生欢迎，学生的教学反馈也更积极。好的技术加上好的设计，成全好的人生。

此次以"认识自己　规划未来"为主题的团体沙盘心理技术在生涯发展指导学科中实践，从筹备到结束共历时4个月。课程以团建开始，以团队分享结束。其中，第一次在心理团训室完成，第二至第六次在沙盘室完成。团队建设之初，运用HAD量表、16PF量表对团体中部分交流或观察有问题的学生进行了测评，部分学生显示出焦虑状态和自我中心、易激惹的不良状况，但都属于一般心理问题范畴。活动过程中，学生的参与度、主动交流意识和团体融入程度越来越好，许多学生明显表现出自信心和亲和力的增强。班主任和任课教师在交流中对学生的进步都有很好的评价。

六、活动总结

（1）在此次团体活动中，教师一直秉承和执行团体沙盘心理技术的"四不二重"原则，为学生提供安全的活动场所，创设安全的心理环境，培养学生"以游戏的心态，积极用心参与"到每一次主题活动之中，学生每次活动后的分享和班主任、学科教师、家长的反馈印证了"三相信"的理论，为今后运用这一心理技术总结了经验，使教师树立了信心。

（2）此次团体沙盘体验课程，教师的收获有以下几点。

① 前1～2次活动中，要清晰、准确地说明规则，避免活动过程中反复解释，造成场面混乱。

② 创设情境，铺垫情感，要以学生的情绪饱满为前提，不拘泥于次数、时间和形式。

③ 海纳百川，扩大自己的意识容器，多体验，多交流，与学生共同成长。

④ 结合"高中生职业生涯规划指导"课程，将沙盘心理技术运用到"自我认知""24项积极心理品质""职业选择"等章节的教学中，能够使教学目标得以更清晰地呈现、更顺利地达成。

案例二　中学生的职业决策能力以及自我效能感

一、教育目标

第一，通过本次团体沙盘活动在一定程度上提高中学生的职业决策能力以及自我效能感。

第二，在团体沙盘操作的过程中，帮助学生确定职业目标或方向。

第三，帮助学生进一步了解自己的性格特质、能力优势，在未来做职业选择时可以有所依托。

二、团体特点

由于当前我国教育的首要目标是升学，更多关注优质教育资源，而职业生涯规划则显得无足轻重，这就导致学生缺乏职业规划方面的意识，缺少对自我认知的思考。对未来没有职业规划，将会导致高中直至大学毕业步入社会以后，因缺乏基本的专业技能、职业素养使得职业选择不明确，与自己的兴趣不符等困惑。由此，中学引入职业生涯规划相关内容，将有利于学生初步确立自己的职业目标，选择适合自身优势的专业或职业路线，并掌握职业所需能力，从而有目的、有计划地学习。

三、教学工具及要求

（一）中学生生涯决定量表

该量表根据林香君（1992）及陈金定（1987）所修订的量表改编而成，包括四个因素：自我了解、自我信心、目标生涯确定、生涯决策力。该量表共有26题，以李克特五点量表方式作答，从非常符合到非常不符合，采取反向计分，得分分别为5、4、3、2、1分，得分越高者，生涯定向程度越低。

（二）团体活动效果评估表

该评估表根据施江玉（2001）、李彬（2005）两人制定的问卷，取其客观题目改编而成。

（三）沙盘和记录工具

其规格为可移动便携式沙盘，沙盘的内侧及底面为蓝色，内装洁净、细腻的海滩沙，旁边放置装水的容器；各类元素沙具；记录工具包括数码相机和录音笔。

（四）研究对象

通过张贴海报招募团体被试者，从报名参加本次活动的学生中，通过面谈和问卷调查进行筛选，确定对自己的职业生涯规划的确存在困惑，并且对参加本次团体辅导有较强动机的学生6人，其中男生2人，女生4人。

四、宏观设计——团体沙盘活动实施的方案

本次团体沙盘活动共分七次，每次一小时，前三次的团体沙盘活动

没有限定主题，目的在于让团体成员相互熟悉并建立彼此的信任关系，建立团体契约，熟悉沙盘的操作和相关的规范等。根据生涯团体的相关知识，结合沙盘活动的特点，制订本次团体沙盘活动的实施方案，详细活动过程如表7-5所示。

表7-5　团体沙盘游戏实施方案表

活动次序	主题	内容	备注
第一次	无主题	自我介绍，相互认识，熟悉团体沙盘操作的相关规则	团队的建立及商定团体协议
第二次	无主题	团体成员的关系建立和冲突解决	在团体沙盘活动结束后写反馈作业
第三次	无主题	团体成员间信任关系的建立，引导活动主题的呈现	正式进入职业主题，在活动结束后写反馈作业
第四次	职业目标幻游	设想自己的理想职业是什么：职业目标设定	在团体沙盘活动结束后写反馈作业
第五次	职业困难知多少	自己思考可能会遇到的困难	在团体沙盘活动结束后写反馈作业
第六次	优秀的我	在职业中你的优势	在团体沙盘活动结束后写反馈作业
第七次	笑迎未来	结束阶段，对职业目标进行总结，团队成员之间互送祝福	合影留念，互相鼓励

五、微观操作——以第四次团体沙盘活动为例

本次团体沙盘活动为第一次设定主题式沙盘操作，主题为"职业目标幻游"，即设想自己大学毕业后的职业目标或发展方向是什么，在具体操作之前给予来访者摸沙思考时间。本次活动共包括五轮取沙具环节，设计意图为给予团体成员冷静思考的环境。这里用A、B、C、D、E、F、G来表示七位来访者。

（一）摸沙

指导语：请大家闭上眼睛，把你的坐姿调整到你认为最舒适的位置，调整呼吸，静心，然后用自己喜欢的方式去碰触沙子，把注意力放在手和沙子接触的感觉上，这里就是你在未来大学毕业后要创建的世界，你从事的是什么样的职业，什么样的工作性质，什么样的工作环境，请把这些画面和想法定格（留白2分钟，体验时间控制在4分钟左右）。

请大家调整呼吸，慢慢地睁开眼睛。

（二）选取沙具

1.指导语

我相信，每一个人都会通过刚刚的冥想对自己的未来职业有一些想法或自己的故事。现在，让我们将脑中的世界清晰化，请依照小组顺序，每个人走到沙具前取一个沙具，并摆放到沙盘中，整个过程不要碰触或移动他人的沙具，也不要有语言交流。自己的沙具在下一个成员摆放上之后，就不能再次移动。如果想移动，算一次动作。这个规则在本次活动中要遵守至最后，直至小组成员按规则结束沙盘活动（沙具摆放时间为20分钟）。

2.摆放过程

A：在第一次摆放中选择动沙，形成一个独立且具有一定高度的岛屿。之后依次选择穿正装的男士、一把火炬、一座高耸的建筑、一个玻璃杯。这些沙具都摆放在他所建立的岛屿中。

B：在沙盘比较平坦的区域依次摆放围栏、蘑菇房子、小孩子、绿植、跷跷板。

C：依次选择图书馆、科技馆、沙漏、狗、咖啡机，所选择沙具摆放位置偏角落。

D：依次选择别墅建筑、秋千、婴儿、厨房用品、女士人偶，位置选择在河流边。

E：在河流两岸中间架了一座桥，分别拿了婴儿、小女孩、青年、成功女性四个不同年龄的人偶放在桥上。

F：依次选择火车、飞机、金字塔、铁塔、比萨斜塔，沿着河流放置。

G：第一次选择动沙，将河流加宽，并将河内的沙粒细致地清理至两侧，之后选择轮船，并将人偶、小鸟放置在轮船上，将一条蛇放在轮船下。

（三）组内分享

指导语：请大家按照取沙具的顺序，说一说你所拿取的每一件沙具的意义和想法，摆放沙具时候的感受，对自己摆放沙具的整体感受。

A：我选择的是动沙，堆了一座比较高的岛屿，我觉得未来的我应该会做一名公职人员，因为我觉得那是一个人社会地位和能力的呈现，所以我建的岛屿很高，这个男人就是未来的我，火炬代表了我的能量源源不断、生生不息。高耸的建筑代表我会一直攀爬，我不想成为一个平庸的人，站在顶端看到的景色应该非常美。我的想法比较长远，也比较脱离现实，虽然我不知道这是不是自己最终的目标，但我现在很向往。

A在数次团体活动中都表现出较强的成就动机，希望自己事业有成，成为一个榜样人物。在这次活动中，通过目标幻游，在分享的时候意识到自己不知道如何达到这一高度，引发他的进一步思考，体现了本次活动的主题。

B：我的沙具可以说比较直观，如孩子、可爱的房子，还有美丽的花和跷跷板。我一直都觉得当老师很好，因为这样的生活应该很简单，但绝不是中学老师，我觉得中学生挺气人的，我想当一名幼儿老师，很简单不用去思考。我觉得我父母的生活太累了，他们有自己的小买卖，每天都需要起早贪黑，也不能陪我，所以我希望自己未来的生活是轻松的，有人陪伴的。

B在表达中多次提到父母以及他们的生活状态，表达出在原生家庭中没有较高的陪伴质量以及心理上的关注与支持，所以表现出强烈的补偿心理，将当幼师去补偿孩子当作自己的职业规划。

C：我选的位置是一个角落，这里代表郊区，然后有两个建筑，一个是图书馆，另一个是科技馆。我的生活应该是安静的，有书，有咖啡，有思考，如果孤单了，还有狗陪我。大部分的时间还是待在研究室或者是图书馆，感觉这样就是在成功的道路上。沙漏给人的感觉很舒缓，我希望有一个永远流不完的沙漏。本不想选择狗，但觉得养狗比较安全，也可以陪伴自己。孤身一人在陌生的城市里，要告诉自己是一个坚强的人，可以独自面对生活的一切困难，至于自己具体从事什么职业，我还没有想好。

C的沙盘作品中，自己还是处于求学阶段，科技馆是能量的象征，从他的角度来讲，达到目标是需要时间和努力的，而代表时间的沙漏也表现出他有强烈的时间紧迫感。

D：我的想法特别简单，这座别墅是我对未来家的期望，我希望能有一个幸福的家庭，然后每天在自己心爱的院子里坐在秋千上看着我的娃娃在闹，然后我给家人做一些好吃的，也许这并不是一个职业，但是我挺向往这种生活的。

D在沙盘中表现出强烈的家庭观念。其想要的工作是稳定的、能顾及家庭的，具体的描述是比较清闲，如果将来自己的工作和家庭发生冲突，她会首先顾及家庭。在分享的时候，她也意识到了这一点，意识到了自己和别人的不同，这使她在未来做出决策时能够从多角度思考问题。

E：我看到在沙盘的中间有一条河，在河流边是自然的生活，我在河流的上方放了一座桥，通过桥的有几个人，代表的分别是一个成功女性的不同成长阶段，现在的我应该是第二个小女孩。现在我还不明确自己未来的职业期望，但我相信自己会根据对社会职业认知的变化，做好准备。

E分享的时候，也表示还没有明确的职业规划目标，但是很欣赏成功女性，并愿意为之努力，不希望自己过得很平庸。

F：我希望我的未来是自由的，火车、飞机是我的双脚，这几件沙具代表的是世界著名的景点。我希望到世界各地去看一看，比如比萨斜塔、威尼斯水城，我希望在它们消失、陨落之前，我能去体验与感受它们的魅力，但是我也知道要想去享受自由，首先要创造条件（物质条件），所以这又不能算是我的职业目标，也许我还需要再想想。

F的沙盘作品中，更多体现的是自由，也没有对职业的思考，但是通过对自己作品的观察以及听了别人的分享，她也感慨这份期望的自由不现实，必须提升能实现自由的能力。

G：（该来访者第一次选择动沙，但并没有再挖一条河，而是在原有基础之上将其扩建，同时处理得非常干净，然后在加宽的河流里放置轮船，将人偶和小鸟放在轮船上。）我很迷茫，就像在广阔的大海里航行，没有方向，我希望能像鸟一样飞上天空，先看一看世界，但是船下的蛇会盯着小鸟，不让它飞走，有很强烈的束缚感。这条蛇只要看到鸟儿飞起来，就会过去把它拽下去，因为飞走会不安全，不知道外面到底有哪些精彩。

（四）拍照，拆沙盘

指导语：请大家拿出自己的相机为自己的作品拍照，可以沿着沙箱环走一周，从不同的角度观察作品，请不要在拍照时碰触沙具。拍照后，请把沙具放回沙具架，然后将沙面抚平。

（五）分析

通过本次沙盘操作可以看出，团体成员都表达了自己对未来职业生涯的想法和预期，最初有些成员的想法并不是很清晰和成熟，但在分享过程中，大家通过听其他成员的职业生涯规划，也对自己的职业有了新的思考，有的成员喜欢自由、开放式的工作环境，有的成员则是很喜欢大城市中有竞争力的工作，也有的成员喜欢常规型的职业。根据对沙盘作品的分析和小组成员的反馈，可以发现，本次沙盘制作激发了成员对自己未来职业的憧憬，并从沙盘作品中看到其对未来职业的希望。

六、效果评估

（一）量表前后测对比

1.对学生职业生涯决定问卷的前后测对比

团体沙盘辅导前后，使用"中学生生涯决定量表"对实验组进行测试，实验组在辅导前后自我了解程度有明显提升，说明团体沙盘辅导对增强学生的自我了解有明显的促进作用，如表7-6所示。

表7-6 自我了解差异的前后测对比（百分比）

选项	非常符合	大部分符合	不一定	大部分不符合	非常不符合
活动前	36.7	22.2	17.1	20.3	3.7
活动后	6.7	9.7	12.5	46.6	24.5

团体沙盘辅导前后，使用"中学生生涯决定量表"对体验式团体沙盘活动前后进行测试，发现在辅导前后的自信程度上存在显著性差异，说明团体沙盘辅导对学生自信心的增强有明显的促进作用，如表7-7所示。

表7-7 自信心差异的前后测对比（百分比）

选项	非常符合	大部分符合	不一定	大部分不符合	非常不符合
活动前	11.4	26	30.4	25.3	6.9
活动后	0	10.7	19.8	40.7	28.8

团体沙盘辅导前后，使用"中学生生涯决定量表"对活动组进行活动前后测试，发现在辅导前后的生涯目标的确定方面存在显著性差异，说明团体沙盘辅导对学生生涯目标的明确有明显的促进作用，如表7-8所示。

表7-8 生涯目标确定差异的前后测对比（百分比）

选项	非常符合	大部分符合	不一定	大部分不符合	非常不符合
活动前	16.3	38.6	22.1	22.7	0.3
活动后	0	10.3	24	49.7	16

团体沙盘辅导前后，使用"中学生生涯决定量表"对活动组进行活动前后测试，发现在辅导前后的生涯决策能力存在显著性差异，说明团体沙盘辅导对学生生涯决策能力有明显的促进作用，如表7-9所示。

表7-9 生涯决策能力差异的前后侧对比（百分比）

选项	非常符合	大部分符合	不一定	大部分不符合	非常不符合
活动前	0	26.6	18.2	30.4	24.8
活动后	0	1.8	7.6	40.2	50.4

2. 对沙盘团体活动效果评估表的前后测对比

采用团体活动效果评估表对成员进行前后测对比，发现有90%以上的成员认为，通过参加团体沙盘活动，自己职业选择的信心有了很大的提高；有80%以上的成员认为，通过团体沙盘活动，自己获得了求职方面的知识和技能；约100%的成员认为，这次团体沙盘活动对于了解自己并与他人分享情感和经验有很大的帮助，如表7-10所示。

表7-10　团体活动效果评估表

题目	选项	比例（百分比）
1.通过参加这个团体，你对职业选择的信心	A.有很大提高	3
	B.有一些提高	97
	C.没有提高	0
2.是否喜欢参加这个团体	A.很喜欢	87.5
	B.较喜欢	12.5
	C.不喜欢	0
3.这次团体活动对于你了解自己并与他人分享情感和经验	A.有很大帮助	62.5
	B.比较有帮助	37.5
	C.没有帮助	0
4.在这项活动中，你学到的求职方面的知识和技能	A.非常多	0
	B.很多	76
	C.不多	24
5.活动内容的实用性如何	A.非常实用	34.5
	B.比较实用	65.5
	C.不实用	0
6.活动方式对于你理解、思考职业方面的问题	A.有很大帮助	50
	B.比较有帮助	50
	C.没有帮助	0
7.团体的凝聚力如何	A.非常强	34.8
	B.很强	65.2
	C.一般	0
8.参加这个职业团体沙盘活动对你的帮助	A.非常大	23.7
	B.很大	76.3
	C.不大	0

实践教学篇

题目	选项	比例（百分比）
9.团体沙盘活动目标的达成程度	A.非常好	37.5
	B.比较好	50
	C.一般	12.5
10.如果再次开展类似的团体沙盘活动，你愿意参加吗	A.肯定参加	62.4
	B.很想参加	37.6
	C.不想参加	0

（二）成员反馈

感受分享一：

在某种程度上，做沙盘的过程就是发散思维的过程，看自己的沙盘，能看到那个迷茫的人，看别人的沙盘，却又像看到了清晰的自己。所以虽然每个人的问题不同，看问题的角度不同，放置的沙具也各异，但我知道我们都在努力看清自己。大家对未来总是有不可知的疑惑和些许的不自信，或者我们对现在会有种种不满意，但通过这次活动，我也看到大家心底都还有一种要改变和正在改变的决心和信心。每多一次交流和感触，心中也会多一分坚定，对自己适合从事的职业有了更清晰的认识。所以，我决定相信未来，先前还担心自己到底适不适合做研究，犹豫要不要考研，现在差不多确定了，也知道在自己以后的学习中应注意哪方面能力的培养。

感受分享二：

内心茫然的感觉让自己很不喜欢，想要更好地了解自己、认识自己、充实自己，让自己的中学生活不至于白白浪费，所以我抱着试试看的想法报名，兴奋与新奇地参加了第一次的活动。最初感觉好像是做游戏，看到那些各种各样的沙具，只觉得自己好像是回到了童年世界，小心地选择，细细地揣度，不小心与大家共同构成了一个似乎完美的童话王国，但不觉得自己有什么成长。第二次活动就顺利得多了，起码知道了是怎么回事。其实第二次去的时候，心情差得很，因为一些事让自己很是烦躁，特别希望自己一个人静一静，没有任何人打扰，于是自己做沙盘的时候便有了做什么的想法。没想到由于第一次大家在活动中积累了经验，这一次所有的人都有了一致的想法，几乎是谁都没有打扰谁，也是如我所愿了。这次主要的收获是在这个过程中心情逐渐变好了，活动结束的时候，已经觉得心情好多了。虽然对于职业的规划与选择还不是非常明确，但是我也知道现在的问题就是我对职业了解得还不够，而且我认为重要的是，我们在这个过程中到底思考了什么、得到了什么，我想更加深入地了解自己，更好地认识自己。

感受分享三：

经过这次沙盘活动，我知道了自己内心倾向于安全、能力、便捷、自由、忠诚等方面，这些价值导向也会指引我未来的生活及工作方向。这次活动让我清晰地认识到我的价值观是稳定，愿意指导和协助他人获得成长，同时有体面的工作和社会名誉。这个活动让我更加明确了自己对于职业的要求，或者说是择业过程中什么东西对我来说是最重要的。

感受分享四：

开始的时候，不明白自己到底擅长干什么，非常茫然，就像站在一片白茫茫的雪地上，没有前行的方向。每一次活动后，我都会反思好久，一直在回忆自己在游戏中的表现，对自己的能力和倾向性想法一点点由模糊变得清晰，我对自己真的是有了一个新的认知。以前总是想当然，把自己往希望的方向去想，但是通过游戏发现，原来自己内心是这样的，挺高兴的。

七、活动总结

（1）本次团体沙盘关于初中生职业生涯初探主题的活动效果显著，经过团体沙盘活动辅导后，学生对职业兴趣、职业技能等方面的自我表达和自我探索更加积极，职业目标更加明确。同时，在沙盘操作中，成员都会在摆放过程中逐渐释放自己，体现出较强的成就动机。这也使得团体成员更加了解自我、接纳自我，提高了生涯决策能力。

在职业生涯规划能力提高的同时，团体交流互动过程中学生的自我反思能力、沟通能力和团队合作能力等也有显著提高。因此，团体沙盘可以作为中学生职业生涯规划的一种教育方法和工具进行推广和使用。

（2）沙盘师的理论功底和实践经验有限，所以在团体沙盘的操作过程中出现了一系列缺乏引导技巧的状况，如在第一次团体沙盘操作中，有一名学生询问可不可以将沙子弄到桌子上，作为沙盘师的我第一次遇到这种情况，当时我遵循了作为一名沙盘师的舒适区认知：来访者只能在沙盘中操作。但是当我看到学生听到这个答案后脸上失落的表情，我开始反思：究竟这个沙盘箱是为来访者设置的边界还是为沙盘师设置的边界？如果是来访者的边界，那他应该有权利选择是否超越这一边界，或者应该给他机会去体验一下自定义边界带来的感受。作为沙盘师，我也在每次反思中不断学习与成长，去扩大自己的意识容器。

在团体沙盘进行到操作中期，来访者已经逐渐在脑海中构建出自己的意识世界，所以设立的主题会偏离既定引导路线。例如，在第六次"优秀的我"主题中，是希望在明确职业方向后，从悦纳自我这一角度增强来访者的信心，但在公布主题后，来访者F表现出较强的游离感，在去挑选能够表达自己优势的沙具时，她的选择时间是最长的。在分享的时候，她表示暂时没看到自己有什么值得展示的优势，对于如何达到未来的职业目标也没有具体规划，她只是觉得既然有这么多种选择的方式，可以慢慢去挑选和思考。类似这种不确定的自我评价在本次沙盘操作中出现的次数较多，通过后期思考，我反思问题出在本次活动主题设置空泛，来访者难以确定范围去思考。如果在引导过程中将其具体、细化，也许效果会有所提升。例如，可以将指导语设置如下：本次的沙盘主题确定为"优秀的我"，大家可以每人选择5件沙具，每件沙具代表你所期待的职场中自己具备的一种优势，如口才、思维、人际沟通等，有了范围细化，来访者的思考会更加细致、有针对性。

同时，对团体活动时间的控制能力也有待提高。因此，需要加强对沙盘理论知识和荣格心理分析等心理学知识的巩固与学习，加强对来访者的合理引导、共情以及陪伴，加强对学生的个性化引导，因材施教。

附一

团体沙盘活动效果评估表			
我们的团体沙盘活动已经结束，再次感谢你的参与！为收集本次活动的反馈信息，请你对以下各题进行评估，并写下你的感受和建议。谢谢！			
基本信息	姓名：　　　　性别：　　　　年级：　　　　生源地：（农村/城镇）		
1	通过参加这个团体沙盘活动，你对职业选择的信心	A.有很大提高	B.有一些提高	C.没有提高
2	是否喜欢参加这个团体活动	A.很喜欢	B.比较喜欢	C.不喜欢
3	本次活动对于你了解自己并与他人分享情感和经验	A.有很大帮助	B.比较有帮助	C.没有帮助
4	这项活动中你学到的求职方面的知识和技能	A.有很大提高	B.有一些提高	C.没有提高
5	活动内容的实用性如何	A.非常实用	B.比较实用	C.不实用
6	活动方式对于你理解、思考职业方面的问题	A.有很大帮助	B.比较有帮助	C.没有帮助
7	团体的凝聚力如何	A.非常强	B.很强	C.一般
8	参加这个职业团体沙盘活动对你的帮助	A.非常大	B.很大	C.不大
9	团体沙盘活动目标的达成程度	A.非常好	B.比较好	C.一般
10	如果再次开展类似的团体沙盘活动，你愿意参加吗	A.肯定参加	B.很想参加	C.不想参加

附二

中学生生涯决定量表

回答须知：

一、每一题皆有5、4、3、2、1选项，依次分别（5代表非常符合，4代表大部分符合，3代表不一定，2代表大部分不符合，1代表非常不符合）用以表示各题的叙述内容符合或不符合你个人状况或想法的程度。

二、请依照你个人真实的做法或想法，在适当的数字上圈选。

三、本问卷共分四部分，总共26题，每一题都要作答，请勿遗漏。

四、若有答案写错者，请涂掉后再另外圈选你的答案。

谢谢你的作答！

基本信息		姓名： 性别： 年级： 生源地：（农村/城镇）				
第一部分　自我了解		非常符合 5	大部分符合 4	不一定 3	大部分不符合 2	非常不符合 1
1	对于未来的职业目标或升学专业，我仍无法确定	5	4	3	2	1
2	虽然我知道将来我想从事哪种职业，或就读哪一专业，但我不知道该具备哪些能力和训练	5	4	3	2	1
3	决定未来职业及就读某一专业之前，我需要更多的资源和数据来了解	5	4	3	2	1
4	我现在仍无法决定将来升学要读哪一专业，因为我不了解各专业将来的出路和发展	5	4	3	2	1
5	我对于自己的兴趣仍然不是很了解	5	4	3	2	1
6	到目前为止，我仍未仔细考虑过未来升学或职业选择的事，如果要我思考，我会觉得不知所措，我很少有独立做决定的经验，目前我也没有足够的资料帮我做决定	5	4	3	2	1
7	我已经决定未来的升学领域或职业目标，但我不知道如何去达成	5	4	3	2	1

第二部分　自信心	非常符合 5	大部分符合 4	不一定 3	大部分不符合 2	非常不符合 1
8　我对自己没有什么信心	5	4	3	2	1
9　对于事情，我会有悲观的想法	5	4	3	2	1
10　我觉得别人的能力都比我强	5	4	3	2	1
11　我觉得我好像什么事情都做不好	5	4	3	2	1
12　我常觉得自己一无是处	5	4	3	2	1
13　我常觉得自己在虚度光阴，一事无成	5	4	3	2	1
14　我对自己的能力没有把握	5	4	3	2	1
15　当要做重大决定时，我常会觉得困难	5	4	3	2	1
16　我常觉得做事不顺利	5	4	3	2	1
17　我常觉得闷闷不乐	5	4	3	2	1
18　我并不清楚自己有哪些优点	5	4	3	2	1
第三部分　生涯了解	非常符合 5	大部分符合 4	不一定 3	大部分不符合 2	非常不符合 1
19　我现在无法制订具体的生涯目标	5	4	3	2	1
20　经由各方面的鼓励，我仍没有意愿及行动力去达成我的目标	5	4	3	2	1
21　我仍然不是很清楚达成自己的目标时可能会遇到的困难	5	4	3	2	1
22　我对自己制定的目标（升学或未来职业）没有信心去达成	5	4	3	2	1
第四部分　生涯决策	非常符合 5	大部分符合 4	不一定 3	大部分不符合 2	非常不符合 1
23　到目前为止，我的人生都是听别人的规划，纵使我自己很清楚我想要的，但也不能表达	5	4	3	2	1
24　不管我选择哪一种职业，我都没有信心能做好	5	4	3	2	1
25　很多专业或职业都很吸引我，我不知道应该将哪一种列为优先选择	5	4	3	2	1
26　虽然我很想选择某一专业或职业，但一想到未来前途问题，就让我犹豫起来	5	4	3	2	1

案例三　职业生涯规划之遨游兴趣岛

一、教学目标

让学生了解职业兴趣的分类，在沙盘中感受和明确自己的职业兴趣，并能够投入到兴趣岛屿的建设中，促进学生对于自己的职业兴趣与规划的思考，进一步明确自己未来的发展方向，激发学习动力。

二、团队特点

参与者为高中一年级某班学生50余人。多数学生对自己的职业兴趣和未来发展并不清晰。

三、教学工具及要求

1.物品准备

沙盘6个，沙具3500件，多媒体课件，小组桌牌6个。

2.规则要求

（1）准时参加团体活动，不迟到，不早退。

（2）在团体活动中，不做任何与活动无关的事。

（3）在团体活动中，一定积极参与，遵守规则。

（4）在团体活动中，做到互相尊重、真诚分享、认真倾听。

（5）爱护沙具，轻拿轻放，物归原位。

（6）对成员在团体活动中的所言所行绝对保密。

将以上规则提炼成"爱的约定"：互相尊重、认真倾听、积极参与、遵守规则、轻拿轻放、物归原位。

希望教师将"爱的约定"内化为素质，外化为行为。

四、微观操作

（一）热身游戏：开心小蜜蜂（4分钟）

（1）全体起立，围成一圈，张开双臂，右手变手掌，掌心朝下，左手握拳，食指向上，刚好放在左边朋友的右手的手掌下。

（2）当我说"小蜜蜂"的时候，大家回答"嗡嗡嗡"，同时扭动腰和屁股。

（3）我的声音大，大家的声音就大；我的声音小，大家的声音就小。我说得快，大家就快；我说得慢，大家就慢。

（4）当我说"抓"的时候，请大家右手迅速抓手掌下的手指，左手快速躲开，凡是被抓住的，将接受小小的惩罚。

（二）团队初创（4分钟）

（1）选组长、副组长（有责任感、有组织能力）。

（2）定队名（积极、响亮）。

（3）定队歌（体现本组特色）。

（4）设计队形（体现本组精神面貌）。

活动目的：通过游戏创造轻松、愉快的课堂氛围，让学生在游戏中精神愉悦，身心得到放松。

（三）情境导入：小岛招募居民（6分钟）

在美丽的大海上，有六座美丽的岛屿，每座岛屿都各具特色，岛上都住着"志同道合"的居民，他们在那里过着幸福的生活。我现在要公布一个好消息，这六座岛屿又要招募居民了，大家可以根据自己的兴趣选择入住岛屿。你最愿意到哪座岛屿居住？

温馨提示如下。

（1）你至少要在你选择的岛屿上工作、生活一年，也很可能是一辈子，所以你的选择一定要慎重。

（2）每座岛屿最多招募10名居民，额满为止。

（3）如果你最愿意去的岛屿已经人满为患了，你的第二选择是哪座岛屿？如果第二座岛屿也满了，你的第三选择又是哪个？请你默记好所选三座岛屿的顺序及代码。

（四）岛屿介绍（4分钟）

下面把六座岛屿的特点分别介绍给大家。

1. 自然原始的岛屿（R岛）

岛上的居民以手工见长，自己种植瓜果蔬菜、修缮房屋、打造器物、制作工具。岛上保留有原始植物林，自然生态很好，也有相当规模的动物园、植物园、水族馆。

2. 美丽浪漫的岛屿（A岛）

岛上有很多美术馆、音乐厅，弥漫着浓厚的艺术文化气息。同时，当地的居民还保留了传统的舞蹈、音乐与绘画，许多文艺界的朋友都喜欢来这里找寻灵感。

3. 显赫富庶的岛屿（E岛）

岛上的居民热情豪爽，善于经营企业和进行贸易。岛上的经济高度发达，处处是高级饭店、俱乐部、高尔夫球场。来往者多是企业家、经理人、政治家、律师等。

4. 深思冥想的岛屿（I岛）

岛上人迹较少，有多处天文馆、科博馆，以及科学图书馆等。岛上居民喜好沉思、追求真知，喜欢和来自各地的哲学家、科学家、心理学家等交流心得。

5. 现代井然的岛屿（C岛）

岛上建筑十分现代化，是进步的都市形态，以完善的户政管理、地政管理、金融管理见长。岛民个性冷静保守，处事有条不紊，善于组织规划，细心高效。

6. 友善亲切的岛屿（S岛）

岛上的居民个性温和、友善、乐于助人。社区自成一个密切互助的服务网络，人们重视互相合作，重视教育，关怀他人，充满人文气息。

（五）岛屿选择（10分钟）

1. 选择岛屿

请按喜爱程度选最想入住的前三座岛屿：

第一选择：_____岛。

第二选择：_____岛。

第三选择：_____岛。

2. 入住岛屿

请同学们全体起立，统一站到教室后面的空地，根据沙箱里放置的桌牌（岛屿名称及代码）确定六座岛的位置。当听到老师喊"出发"时，就迅速寻找自己想去的"岛屿"就座。

温馨提示：每座岛屿最多只有10个位置，如果你的首选岛屿已人满为患，请选择第二座你想去的岛屿，如果第二座岛屿也满了，那么请你选择第三座……最终，你要入住一座岛屿。大家入住岛屿后，不可再更改。

3. 推选岛主

各岛的居民采用毛遂自荐或民主推选的方式选出一位有责任心、有领导能力的岛主。

4. 目的

学生借助选择岛屿，初步感受自己的兴趣取向，同时让学生在入住岛屿的过程中体验"选择"带给自己的各种感受。

（六）抚沙冥想并挑选沙具（10分钟）

1. 抚沙冥想

指导语：请大家安静下来，把你的坐姿调整到最舒服的位置，调整你的呼吸……慢慢闭上眼睛……直到听到我的"请睁眼"的指令时再睁开眼睛。把你的双手放到沙子中，可以用摸、抓、握等任何自己喜欢的方式来接触沙……把你所有的注意力都放在手和沙接触的感觉上……放松，放松，你的全身心都非常放松。请放飞你的想象，慢慢地，你入住的岛屿会自然而然地浮现在你的脑海中，它是什么样子的？岛上的风景如何？岛上都有什么？这里的人们正在做着什么？能看到自己吗？你在哪里？在做什么？……这些画面会逐渐地生动、鲜活起来，请记住这些画面以及画面带给你的情绪和身体的感受。好，请调整自己的呼吸，当我喊"1"的时候睁开眼睛。请大家依然保持"沉默"状态。3、2、1，睁开眼睛。

2.挑选沙具

请大家保持沉默，把沙面抚平。带着冥想时的感觉和画面，走到沙具架前挑选3~5件沙具，回到组内，把它们握在手里，端详它们，感受它们。

3.目的

通过抚沙和音乐，让体验者得到放松。用温柔舒缓的引导语将体验者的意识、潜意识连接起来，呈现画面，引发情绪和感受。通过挑选沙具，借此呈现抚沙的画面和感受。

（七）创建小岛（18分钟）

1.创建兴趣岛

（1）由"岛主"做第一个动作（摆一个沙具或动一次沙）。

（2）按顺时针顺序摆放，每人每次只有一个动作，一轮一轮地进行，直到摆放结束。

（3）全程没有语言交流。

2.分享感受

（1）你摆放了什么沙具及摆放时的想法。

（2）你喜欢哪里，为什么？哪里让你不舒服，为什么？

（3）在全岛居民都同意的情况下，可以对沙画做1~2处的调整。

3.解说

居民集思广益，为小岛命名，规划游岛路线并准备2分钟的解说词，最后由"岛主"整合大家的智慧，作为"导游"负责为"游客"解说。

4.目的

学生在沙盘创作、分享感受、准备解说过程中充分体验到了尊重、接纳、合作、默契等感受，能发挥各自的积极性、主动性和聪明才智，增强了团队的归属感和集体荣誉感。

（八）畅游岛屿（20分钟）

1.游览要求

（1）"岛主"留在本组，负责守护沙盘，作为"导游"负责为"游客"解说（讲解时间限定为2分钟）。

（2）小岛居民集体行动到指定岛屿游览。

（3）要秉承欣赏、尊重的态度倾听"岛主"讲解，在这个过程中不打断、不评判，不得移动任何沙具。

2. 参观游览

大家兴致勃勃地去指定岛参观游览，"导游"借助沙盘绘声绘色地为"游客"做介绍。

（1）自然原始的岛屿（R岛）：欢迎大家来到自然原始岛，岛上住着一户人家，他们有一个可爱的孩子，还养着一只小狐狸。枫树下的房子就是他们的家，屋后有一片森林，郁郁葱葱。男人们去地里耕种，田地里种了各种瓜果蔬菜，这里的食物都是绿色、无公害的，请来宾们放心品尝（"游客"听了都笑了"好啊好啊，来点吃"）。院子前面有一条河，河水清澈，甘甜可口。河对面生活着各种原始的动物，你看恐龙在井边喝水，河马在岸边觅食。这里的人们过着日出而作、日落而息的生活，虽然没有现代化的交通和设施，但人们心灵手巧，过着自给自足的生活，悠闲自在……

（2）现代井然的岛屿（C岛）：欢迎来到现代井然岛，这就是你们乘坐的飞机，你们下飞机后有专车接大家到现代都市化一条街，这里有国贸大厦、税务局、银行、豪华游乐场、公安局，大家可以先下榻七星级宾馆，稍事休息后，可以享用由航空飞船运送的来自火星的美味佳肴。用餐后，我将带大家去游乐场感受现代科技带来的不一样的体验……

3. 目的

学生通过参观游览环节，感受各个兴趣岛的不同特点及岛上居民的工作、生活状态，从而更加了解自己的兴趣特点，逐渐明确自己适合什么样的工作、生活环境。

（九）分享感悟（10分钟）

参观游览后，老师引导学生分享本节课的感悟与收获，学生踊跃上台发言。

分享一：这节课收获最多的是快乐，当我摸沙的时候，我感觉一股温暖向我涌来，脑海中出现了友善亲切岛，那里的每个人都很友好。当与同伴们一起创造出属于自己独一无二的岛屿后，我被我们的默契感动了，感觉到我们真是一家人……

分享二：我从来没有体验过这样的感觉，我们都各自拿了自己喜欢的沙具，没有经过任何交流，却摆出了自己脑海中出现的画面，太神奇了！我喜欢充满现代气息的C岛，我在这里能发挥自己的特长——卖楼（开心地笑了）……

分享三：在今天的体验中，我印象深刻的是去参观游览其他的五座岛屿，我领略到了各个岛屿不同的风土人情，我惊叹各岛居民神奇的创造力，我很享受整个旅程。但我最喜欢的还是我们这美丽浪漫的岛屿，也许这跟我学习美术有关……

通过分享感悟环节，学生更加清晰地认识到自己的兴趣、特长，引发了深入的自我觉察，通过交流扩大了彼此的意识容器。

（十）布置课后任务（3分钟）

请学习"霍兰德职业类型与典型职业对照表"（附一），结合课上沙盘体验，完成课后调查问卷。

通过课上沙盘体验和感悟，结合课下学习"霍兰德职业类型与典型职业对照表"，进一步明确自己的兴趣和职业之间的联系，为自己将来的职业生涯做好规划。

（十一）保密宣誓（1分钟）

用你手的力度告诉同伴，你的宣誓是认真的；用你眼神的坚定告诉同伴，你的宣誓是真诚的！

我宣誓：我只带走我的感受，留下别人的故事！宣誓人：×××。

五、总结与反思

（1）本课基本实现了预期目标。学生在轻松愉悦的课堂氛围中，通过"抚沙冥想""创建小岛""畅游岛屿"等沙盘体验活动，促使自己的意识和潜意识进行对话，初步感受自己的兴趣及自己期待的未来工作、生活环境，通过组内交流、组间分享，扩大了学生的意识容器。再结合课下拓展学习"霍兰德职业类型与典型职业对照表"，学生更加深入地了解了自己的兴趣与未来职业的关系，初步规划将来自己想从事的三个职业，进而明确努力的方向，增强了学习的动力。

（2）在本节课，我们坚持"不分析、不解释、不评价、不判断、重感受、重陪伴"的原则，真正营造了一个自由、安全、受保护的空间，激发了学生自我探索的热情，实现了自主选择、自主创造、自由表达，在受尊重、被接纳的温暖的环境中感受自己的兴趣，畅想自己的未来，学生的天性得到了释放，在收获快乐的同时，能更加深入地觉察、认识自我。

（3）反思本节课的不足。在"岛屿选择"环节，由于名额的限制，有个别学生没有选到自己最喜欢的岛屿入住，心情有些沮丧。有些学生在分享环节比较拘谨、不够敞开，需要在今后的活动中进一步增强团队安全感。另外，本节课活动环节可以再压缩一下，将"霍兰德职业类型与典型职业对照表"的学习放在课上，效果会更好。

附一 霍兰德职业类型与典型职业对照表

类型	典型特征	关注点	典型职业
现实型（R）	愿意使用工具从事操作性工作，动手能力强，做事手脚灵活，动作协调。偏好于具体任务，不善言辞，做事保守，较为谦虚。缺乏社交能力，通常喜欢独立做事	具体、实际、自然、事物	喜欢使用工具、机器，需要基本操作技能的工作。对要求具备机械方面才能、体力或从事与物件、机器、工具、运动器材、植物、动物相关的职业有兴趣，并具备相应能力。如技术性职业（计算机硬件人员、摄影师、制图员、机械装配工），技能性职业（木匠、厨师、技工、修理工、农民、一般劳动者）
艺术型（A）	有创造力，乐于创造新颖、与众不同的成果，渴望表现自己的个性，实现自身的价值。做事理想化，追求完美，不重实际。具有一定的艺术才能和个性。善于表达、怀旧、心态较为复杂	创新、感受、个性、理想化	喜欢的工作要求具备艺术修养、创造力、表达能力和直觉，并将其用于语言、行为、声音、颜色和形式的审美、思索和感受，具备相应的能力。不善于事务性工作。如艺术方面（演员、导演、艺术设计师、雕刻家、建筑师、摄影家、广告制作人），音乐方面（歌唱家、作曲家、乐队指挥），文学方面（小说家、诗人、剧作家）
企业型（E）	追求权力、权威和物质财富，具有领导才能。喜欢竞争、敢冒风险、有野心、抱负。为人务实，习惯以利益得失、权力、地位、金钱等来衡量做事的价值，做事有较强的目的性	地位、成功、冒险、责任	喜欢要求具备经营、管理、劝服、监督和领导才能，以实现机构、政治、社会及经济目标的工作，并具备相应的能力。如项目经理、销售人员、营销管理人员、政府官员、企业领导、法官、律师
研究型（I）	思想家而非实干家，抽象思维能力强，求知欲强，肯动脑，善思考，不愿动手。喜欢独立的和富有创造性的工作。知识渊博，有学识才能，不善于领导他人。考虑问题理性，做事喜欢精确，喜欢逻辑分析和推理，不断探讨未知的领域	知识、学习、成就、独立	喜欢智力的、抽象的、分析的、独立的定向任务，要求具备智力或分析才能，并将其用于观察、估测、衡量、形成理论、最终解决问题的工作，并具备相应的能力。如科学研究人员、教师、工程师、电脑编程人员、医生、系统分析员

中
小
学
团
体
沙
盘
心
理
技
术
应
用
实
践

类型	典型特征	关注点	典型职业
常规型（C）	尊重权威和规章制度，喜欢按计划办事，细心、有条理，习惯接受他人的指挥和领导，自己不谋求领导职务。喜欢关注实际和细节情况，通常较为谨慎和保守，缺乏创造性，不喜欢冒险和竞争，富有自我牺牲精神	准确、规范、节俭、有条理	喜欢要求注意细节、精确度、有系统、有条理，具有记录、归档、据特定要求或程序组织数据和文字信息的职业，并具备相应能力。如秘书、办公室人员、记事员、会计、行政助理、图书馆管理员、出纳员、打字员、投资分析员
社会型（S）	喜欢与人交往、不断结交新的朋友、善言谈、愿意教导别人。关心社会问题、渴望发挥自己的社会作用。寻求广泛的人际关系，比较看重社会义务和社会道德	公正、理解、平等、理想	喜欢要求与人打交道的工作，能够不断结交新的朋友，从事提供信息、启迪、帮助、培训、开发或治疗等事务，并具备相应能力。如教育工作者（教师、教育行政人员），社会工作者（咨询人员、公关人员）

附二　职业生涯规划之遨游兴趣岛课后调查问卷

姓名：_____　　_____岛居民

通过本节课"遨游兴趣岛"沙盘体验活动，相信你已经了解了如下六岛的特点：自然原始岛（R岛）、美丽浪漫岛（A岛）、显赫富庶岛（E岛）、深思冥想岛（I岛）、现代井然岛（C岛）、友善亲切岛（S岛）。你对自己的职业兴趣也有了初步的选择，望同学们明确职业理想，为自己将来的职业生涯做好规划！

1.按喜爱程度填写自己最想入住的前三座岛屿（写代码）：

第一选择：_____岛，因为_____

第二选择：_____岛，因为_____

第三选择：_____岛，因为_____

2.通过参考"霍兰德职业类型与典型职业对照表"，结合自己的职业兴趣，将来想从事的职业有：

_____、_____、_____

3.本节课我的感悟与成长：

_____

4.请岛主写出本岛解说词（岛主必填，岛民自愿）：

_____

_____

第八章
团体沙盘在校本课程建设中的应用

第一节　团体沙盘在校本课程中的设计思路

党的十九大报告中提到，要加强社会心理服务体系建设，培育自尊自爱、理性平和、积极向上的社会心态。国家的发展本质上是人的发展，人的发展离不开心理健康。对儿童青少年而言，心理健康是儿童青少年素质全面发展的重要组成部分。学校是加强学生心理健康教育的主阵地，作为一名团体沙盘师，在设计团体沙盘游戏的过程中需要注意些什么呢？下面就针对团体沙盘在校本课程中的设计谈谈我们的看法。

一、什么是校本课程

"校本课程"是一个外来语，最先出现于英国、美国等国，引入我国已有20多年的历史。现在在我国新课改的教育形势下，校本课程成了新课改的重点。校本课程即以学校为本位、由学校自己确定的课程，它与国家课程、地方课程相对应。

校本课程的开发需要经历四个阶段。

（1）需要评估。需要评估是设计校本课程时首先必须要做的研究性工作，主要涉及明确学校的培养目标，评估学校的发展需要，评价学校及社区发展的需求，分析学校与社区的课程资源等。

（2）确定目标。确定目标是学校对校本课程所做出的价值定位。它是指在分析与研究需要评估的基础上，通过学校课程审议委员会的审议，确定校本课程的总体目标，制定校本课程的大致结构等。

（3）组织与实施。组织与实施是学校为实现校本课程目标开展的一系列活动。学校根据校本课程的总体目标与课程结构，制定校本课程开发指南。

（4）评价。评价是指校本课程开发过程中的一系列价值判断活动，它包括课程纲要的评价、学生学业成绩的评定、教师课程实施过程评定以及校本课程开发方案的评价与改进建议等。

二、校本课程开发思路

（1）校本性。学校处在什么样的地理环境，有着什么样的教育资源，办学规模如何，有什么样的办学特色，有什么样的学生，都是需要校本课程开发者分析和研究的。只有通过分析和研究，才能确定校本课程开发的取向和起点。

（2）综合性。既指学科知识的综合，又指不同学科知识的综合；既指认识能力的综合，又指综合实践活动。同时，它还指要开阔学生的知识视野，锻炼和提高学生的各种实践能力，促进学生的个性的发展。这就要求校本课程的开发要密切联系学生具体的生活实际，使学生的品德素质、智能素质、身体素质、审美素质、心理素质和劳动素质在以校为本的基础上得到全面提高。

（3）研究性。校本课程更贴近学校、教师、学生的实际。课程不仅是一种结果，也是一种意识，更是一种过程。只有具备研究性的课程，才更有利于学生的发展。

（4）创新性。要使这种创新活动落到实处，就必须确立创新意识，不仅要重视结果的创新，更要重视过程的创新。所谓过程的创新，就是指校本课程开发的思路、策略、手段等方面的创新。

三、学校心理校本课程的建设需要密切联系《中小学心理健康教育指导纲要（2012年修订）》

在确定了校本课程的方向后，就进入了校本课程的教学设计环节，这个环节需要紧扣《中小学心理健康教育指导纲要（2012年修订）》。《中小学心理健康教育指导纲要（2012年修订）》提出，心理健康教育应从不同地区的实际和不同年龄阶段学生的身心发展特点出发，做到循序渐进，设置分阶段的具体教育内容。下面以小学为例。

小学低年级主要包括：帮助学生认识班级、学校、日常学习生活环境和基本规则；初步感受学习知识的乐趣，重点是学习习惯的培养与训练；培养学生礼貌友好的交往品质，乐于与老师、同学交往，在谦让、友善的交往中感受友情；使学生有安全感和归属感，初步学会自我控制；帮助学生适应新环境、新集体和新的学习生活，树立纪律意识、时间意识和规则意识。

小学中年级主要包括：帮助学生了解自我，认识自我；初步培养学生的学习能力，激发学习兴趣和探究精神，树立自信，乐于学习；树立集体意识，善于与同学、老师交往，培养自主参与各种活动的能力，以及开朗、合群、自立的健康人格；引导学生在学习生活中感受解决困难的快乐，学会体验情绪并表达自己的情绪；帮助学生建立正确的角色意识，培养学生对不同社会角色的适应；增强时间管理意识，帮助学生正确处理学习与兴趣、娱乐之间的矛盾。

小学高年级主要包括：帮助学生正确认识自己的优缺点和兴趣爱好，在各种活动中悦纳自己；着力培养学生的学习兴趣和学习能力，端正学习动机，调整学习心态，正确对待成绩，体验学习成功的乐趣；开展初步的青春期教育，引导学生进行恰当的异性交往，建立和维持良好的异性同伴关系，扩大人际交往的范围，帮助学生克服学习困难，正确面对厌学等负面情绪，学会恰当地、正确地体验情绪和表达情绪，积极促进学生的亲社会行为，逐步认识自己与社会、国家和世界的关系；培养学生分析问题和解决问题的能力，为初中阶段学习生活做好准备。

四、结合《中小学心理健康教育指导纲要（2012年修订）》设计校本课程时的注意事项

（一）区分国家课程与校本课程

国家课程是国家规定的课程，它集中体现了一个国家的意志，专门为培养未来的国家公民而设计，并依据未来公民接受教育之后所要达到的共同素质而开发的课程。

校本课程是通过对本校学生的需要进行科学的评估，充分利用当地社区和学校的课程资源而开发的多样性的、可供学生选择的课程。

对于学生而言，国家课程意在培养未来公民的基本素质，因此课程所教授的知识都是最基本和最系统的知识。校本课程可以弥补国家课程中内容的有限性，能拓展学生的知识，丰富学生的课余生活。

对于教师而言，国家课程向教师提出了最基本的、最低标准的、强制性的要求。校本课程有利于教师的专业成长，既能够丰富教师的知识结构，又能够提高教师的教学能力和科研能力，调动教师的工作积极性。

对于学校而言，国家课程是学校课程中所占比重最大的，是学校的课程体系中不可缺少的一部分。校本课程可以促使学校形成自己的课程特色，深化学校的文化底蕴。

（二）国家课程针对的是面，校本课程针对的是点

国家课程面向的是全体学生，缺少针对性，而校本课程选取的是点，可以对某些特定的知识进行深入的讲授。

如《中小学心理健康教育指导纲要（2012年修订）》中关于小学高年级部分，我们可以提炼出与学习方面、人际交往方面、情绪方面、自我方面、青春期方面等相关的内容。这些内容都是面向全体学生的，具有普遍性。

但是，每个学生都是一个独立的个体，他们所面临的问题可能不同，所以我们在做校本课程设计的时候，要尽量选取学生中普遍存在的问题，深入地对课程进行设计，比如在本章第二节案例二中选取的就是与自我方面有关的。

在进行校本课程设计时，除了需要结合国家课程之外，还需要与国家课程进行区别，校本课程是对国家课程的补充。我们在设计学校心理校本课程的时候，应以国家出台的《中小学心理健康教育指导纲要（2012年修订）》为指导标准，结合中小学生培养核心价值观等官方文件，再结合实践工作中学生普遍存在的问题形成校本课程体系。

（三）结合《中小学心理健康教育指导纲要（2012年修订）》进行深入设计

《中小学心理健康教育指导纲要（2012年修订）》是学校进行心理健康教育的指导性文件，该文件明确指出了每个阶段学生发展的具体目标及内容。根据《中小学心理健康教育指导纲要（2012年修订）》的内容，中小学开展心理健康教育的板块包括学习、人际、自我、情绪（含抗逆力）、青春期、适应、价值观、职业规划等八大内容，具体分布如表8-1所示。

表8-1　中小学开展心理健康教育的板块具体内容　　　　单位：次

阶段	学习	人际	自我	情绪（含抗逆力）	青春期	适应	价值观	职业规划
小学低年级	2	3	0	0	0	3	0	0
小学中年级	5	2	4	1	0	0	0	0
小学高年级	3	3	2	3	1	0	1	0
初中年级	5	3	2	4	2	2	0	2
高中年级	3	3	1	5	1	0	3	2

由此可见，它们之间并不是包含关系，每个年级的侧重点是不同的。以小学高年级为例，我们并不需要像《中小学心理健康教育指导纲要（2012年修订）》中提到的那样把学习、人际、自我、情绪（含抗逆力）、青春期、价值观这六个方面都设计进去，而是选取其中一个方面进行深入设计，比如可以选择青春期这一大家都很关注的内容。

（四）需要按照此阶段的学生能力进行设计

如小学中年级，以学习、人际、自我、情绪方面的内容为主。如果我们在设计时没有结合《中小学心理健康教育指导纲要（2012年修订）》进行设计，就有可能会出现孩子能力跟不上，导致课程效果差的结果。

我们在刚开始设计团体沙盘活动时，对小学中年级的学生设计了一节主题为"平等"的团体沙盘活动。在活动的过程中，学生对平等并没有概念，因为他们的知识水平并没有达到能理解"平等"这个词的含义的程度，所以这节课的效果非常差。"平等"其实是属于价值观方面的内容，所以在小学中年级中，学生不能理解"平等"的含义，也搞不清"平等"外显出来的行为是怎样的。

所以，在设计课程的过程中，我们应尽量按照学生的能力范围进行设计。学习年龄段越低的学生，设计时越需要用符合这个年龄段的语言，切忌用太过抽象的语言。我们在2015—2021年这五年的团体沙盘实践中发现，年龄越小的孩子，越需要简单的语言，越需要具体的语言，越需要单一、有明确指令的语言，这样孩子才能跟上团体沙盘师的节奏。当学习年龄段升到中高段或初中以上，可以加入一些感受性的词语，增加带有感受性的分享环节。年龄越大，参与者对抽象性的主题越喜欢。

第二节　案例分享

案例一　团体沙盘心理技术与初中生感恩品质培养

一、教育目标

我国在近些年颁布了相关文件，指出心理健康是青少年健康的重要内容之一。在"二孩"政策放开之前，中国家庭以独生子女居多，很多家庭都围绕孩子展开。在这种情况下，娇生惯养变成了家庭生活中的普遍现象，很多独生子女养成了自私自利的思想，同时在性格上存在一定缺陷，这不利于青少年的健康成长，也不利于其健全人格的养成。除了青少年自身方面的原因之外，学校教育单一的教学方式也影响了学生的成长。一般而言，学校的心理健康课程很多都是采用课堂教育的方式来进行，通过教材、分组讨论、班会等形式来对学生进行心理健康教育。但是在课业繁重的情形下，作为教育者更应该采用一种能够引发学生自我探索兴趣的教学方法来传播心理健康知识，进而提升学生的心理健康水平，而不是把心理健康教育课变成一门无趣又无用的课程。因此，本案例中采用团体沙盘心理技术作为教学载体，开发出一门培养学生感恩品质的心理健康教育课程。

沙盘心理技术，也称沙盘游戏，是一种有效的助人方法，同时也是教育和培养人的方式，在近年来的研究中已经取得了许多显著成果。团体沙盘心理技术具有较强的感染力、团体动力等特点，备受人们的关注。团体沙盘心理技术有助于提高个体的自我认识以及对周围环境和事物的理解，并且强调游戏的过程是一种自发性的改变。结构式团体沙盘心理技术是在沙盘游戏的基础上，整合了群体动力学、人本主义心理学、积极心理学、荣格分析心理学与陆王心学等理论，强调以治愈为主要功能，注重个人体验，以结构化小组为主要形式，是通过不同的小组成员的角色变化而形成的一种新的沙盘游戏模式。

近年来，世界卫生组织关于青少年总体心理状况的调查报告显示，青少年整体心理健康水平不容乐观。传统的心理健康教育体系比较重视问题及其原因，使得青少年的成长处在被动的状态。沙盘心理技术的创作过程，是体验者心灵深处意识与无意识之间持续对话的过程，以及由此激发的治愈过程和心灵与自性的发展。因此，团体沙盘心理技术与学校心理健康课程的结合是非常有必要的。对学生的积极心理健康教育应尽早开展，这不仅挖掘并促进学生积极心理品质的发展，还能促进学生个体潜能得到最大限度的发挥，为青少年的健康成长奠定基础。

二、沙盘团体特点

我们在大连市某中学通过三天的招募选取初中生被试60 ~ 65名，被试最终分为实验组及对照组进行活动，对照组不进行任何培养。团体沙盘技术心理课程每周进行2次，时间为下午课外活动课，每次时间为120分钟，共进行10次。对于实验组，每个小组将会有一个沙盘游戏积分榜，来评估学生在课程中的表现，最后以累计分数高低进行奖励，前测在第一次课中进行，为防止蜜月效应，后测及团体效果评估则选择在实验结束后一周进行。数据分析运用SPSS21.0软件，进行描述统计分析、频次分析、独立样本t检验、配对样本t检验等。

三、教学工具及要求

首先，前后测采用的是赵国祥和陈欣编制的"初中生感恩问卷"。问卷一共18个项目，"感恩问卷"的内容包括人物取向、事物取向、道义取向三个维度。

其次，采用彭贤和朱丽霞（2001）编制的团体活动效果评估表，该量表根据魏昶（2011）修订的感恩问卷GQ-6改编而成，量表共10题。

最后，采用规格为57cm×72cm×7cm的矩形沙箱，其底部及侧边是深蓝色或湖蓝色，象征天空和水面。每标准箱约20千克的沙子，平铺后离边顶约4cm。沙子洁净、细腻。另外，准备少许净水，用于湿沙盘造型或者其他用途，还要准备沙桶、小沙铲、水勺等辅助工具。

沙具分类具体如表8-2所示。

表8-2　沙具分类

类型	内容
人物类	包括宗教、神话人物，不同职业人物，情境人物等
动物类	包括鸟类、昆虫、水族、爬行类动物等
植物类	包括树木、花卉、草本植物等
家具与生活用品类	包括家用电器、生活设施、体育器材等
交通运输工具类	包括陆路交通、飞行器、水上交通等
建筑类	包括都市建筑、田园建筑等
食品等	包括各种食品及各类水果等
石头、贝壳类	包括不同种类的石头及贝壳

同时，使用数码相机记录沙盘作品图景，用"沙盘课程积分表"记录每个小组的表现，用"团体沙盘记录表"记录沙盘制作过程。

四、宏观设计

团体沙盘心理技术培养初中生感恩品质的课程内容（见表8-3），是根据感恩品质的特点、维度，以及参考相应的文献材料，设计了具体的团体沙盘课程内容。同时，也参考了樊富珉教授的提升感恩能力团体培训，使初中生在沙盘活动中产生感恩的情怀，运用语言和非语言方式表达感恩，提升自己与他人的感恩能力，挖掘自我的最大潜能，促进和谐的人际关系。

表8-3　团体沙盘心理技术培养初中生感恩品质的课程内容

次数	课程内容	课程目标
第一次	我的团队我做主	认识沙盘，进行摸沙体验，沙盘团队建设，团队成立，建立关系
第二次	最棒的自己	使团体成员提升彼此的熟悉度，发掘自身的优秀品质
第三次	别人眼中最棒的自己	增加团体成员的信任感，建立有效的沟通方式，感受在别人眼中的优秀品质
第四次	感恩家人	故事引导，音乐主题烘托，引发感恩家人的情怀
第五次	感恩老师	以主题沙盘的形式，引发感恩师长和朋友的情怀
第六次	感恩朋友或同学	音乐主题烘托气氛，引发感恩同学和朋友的情怀
第七次	生活在感恩的世界里	音乐主题烘托气氛，以开放式主题沙盘来表达对生活的感恩
第八次	以"感恩"为主题的主题表达	以音乐烘托为背景，进行以"感恩"为题的主题沙盘
第九次	同心同德，满怀希望	以开放式沙盘的形式让学生尽情表达

五、微观操作

活动一：团体沙盘"我的团队我做主"

第一次团体沙盘课程将大部分时间花在团建及摸沙体验方面，让青春期的学生能够自然地进行身体接触和配合，消除害羞和扭捏感，初步认识与了解沙盘，建立团队与规则意识。我们在第一次课程中发现，初一学生刚刚跨入少年期，理性思维的发展还有限，身体发育、知识经验、心理质量方面依然保留着小学生的特点。同时，其自我意识开始发展，有了一定的评价能力，也开始注意塑造自己的形象，希望得到老师和同学的认可，但思维的独立性和批判性还处于萌芽阶段，容易受外界影响。在摸沙环节，部分学生分享自己脑海中联想到的画面，对沙盘又有了新的认识与体验。

活动二：团体沙盘"最棒的自己"

这节课学生开始接触沙盘，目的是熟悉团体沙盘操作，逐渐团队化，建立规则意识，提高每个小组的积极性与凝聚力。在活动中，每位学生都认真挑选沙具，分享自己与沙具的故事，同样也带着好奇心去欣赏、聆听别的小组的故事，整个课程中给了学生一个安全、自由的表达空间，使他们对沙盘充满了更多的期待。但在初次沙盘活动中，学生还没有建立很强的规则意识，需要反复强调。每位学生的认知水平参差不齐，因此分享环节有些学生会有困难。沙盘照片如图8-1所示。

图8-1　C组"最棒的自己"沙盘照片

活动三：团体沙盘"别人眼中最棒的自己"

这一次的沙盘课程让每位学生都感受到了在别人眼里自己的优秀，由于每位学生的积极参与，所以才会有很多的感受。如："×同学说了我很多我不知道的优点，我非常高兴，我在心里偷偷地笑。""×同学说了我的优点和缺点，我心里很复杂，一会儿像吃了蜜糖，一会儿又有点不服气。""听了×同学的话，我真不敢相信我有这么多优点，而且是我平时没有发现的。""在同学眼中，我竟然有这么多优点，我觉得很高兴。感谢同学。"

尽管活动中设置了同样的规则，但每个学生的视角是不同的，他们参与时的心境和感受也是不同的。六个组在第三次沙盘活动中逐渐使规则意识化，不用再反复强调，每组分享的内容更加深入，也给同学们带来了不同的个人成长经历。一些学生的个人需求也在慢慢暴露，而团体的动力恰好给了他们一股力量。学生在不断地整合自我，在团体沙盘中寻找"我"。赋予沙具象征性意义，使学生在自身意识与无意识的沟通过程中，发现属于"我"的东西，这也是沙盘心理技术的意义所在。沙盘心理技术不仅能够起到基本的心理治愈作用，更多的是为学生心灵的成长提供了极大的帮助。

活动四：团体沙盘"感恩家人"

在这次沙盘课程中，很多学生都流下了眼泪，他们分享了父母和其他长辈带他们长大的不容易，分享了和父母一起游玩的珍贵记忆，分享了与长辈在一起的快乐的记忆，意识到自己的幸福，感谢父母、长辈，希望时间可以过得慢一些。一些学生分享了在家的叛逆，与父母交流甚少，对父母的说教非常抵制。团体沙盘课越来越深入，学生可以很好地觉察自己的情绪、身体的感受，以及分享脑海中的画面，重要的是沙盘可以让他们在非言语状态下意识到自己的问题。在沙盘调整环节，有的组轮值组长试图调整沙盘布局，与同学产生冲突，指导师让他们分享了各自的理由，以及他们的感受，以便化解和处理冲突。

图8-2是S组（化名）所摆的沙盘，一首《时间都去哪儿了》让学生陷入了深思，在第二遍音乐再次响起时，S组的W同学眼泪一滴滴地流下。分享环节中，S组的G同学想起了寒假和父母在海边一起游玩的场景，希望可以陪着他们慢慢变老；M同学分享了和父亲在草原游玩骑马的场景，当他听到歌曲时脑海中就出现了那个画面；L同学想到小时候与父亲在郊外游玩的场景，被爸爸夹着走的感觉只能成为记忆；W同学想到了带他长大的爷爷、奶奶，想到给在院子里的他们拉小提琴的场景，欲言又止，简单说了一句"时间过得好快"，希望爷爷、奶奶一帆风顺；Y同学想到了一直奋斗在一线的爸爸，没有时间陪他，希望时间可以慢点儿。在每个人分享的时候，其他成员都很认真地在倾听，在同伴流眼泪时，他们选择不交流，互相给小组成员力量。

图8-2　S组"爱的沙盘"沙盘照片

活动五：团体沙盘"感恩老师"

每个小组的学生都已经建立稳定的安全环境，学生很自由地在表达自己的感受。有一些学生对学校的一些决定不赞同，在沙盘中呈现出来，在听到了其他学生的想法后有所释然。随着沙盘课程的逐步深入，冲突的呈现形式越来越多。一些小组在选择轮值组长时发生冲突无法控制，指导师给予关注，但不评论谁对谁错，把问题交给他们自行解决；一些小组在摆放过程中，有些学生的占有欲、指挥欲很强，有些学生也开始选择表达自己所想，产生冲突。指导师更加相信团队的动力，也鼓励学生把问题交给团队，让他们化解冲突，建立良好的人际关系。"感恩老师"沙盘照片如图8-3所示。

图8-3　T组"感恩老师"沙盘照片

活动六：团体沙盘"感恩朋友或同学"

通过这节沙盘课可以充分感受到，随着沙盘主题的变换，学生的想法及该时期的态度也在不同角度有所展现。从六年级升入七年级，学生在学习方面产生了不适应性，学生明显感到学习任务的加重，有些力不从心；进入青春期的他们对性成熟产生好奇心和探究欲；对于一些事情，表面上不在乎，实际上从众心理很重，既想标新立异，又担心脱离集体；初一学生的独立性都有较大的发展，自尊心有所增强。

图8-4是B组（化名）所摆的沙盘。与T组相反的是，B组成员是6位性格开朗、善于表达的女孩子。每位学生都拿了5件或少于5件的沙具来表达与朋友之间的感情故事。例如，B组的C同学拿了房子、草、幽灵，分享说她最好的朋友像幽灵一样每天围绕在她身边，有朋友的陪伴很是幸福。用简单的一句话说完之后，她的眼里已有泪水在打转，指导师走近她扶着她的肩膀，询问是否还想分享，她哽咽了一下，说道："我和我的好朋友初中时不在一所学校了，遇到困难似乎没有可以说话的人，以前那个形影不离的好闺密一下子从生活中消失，而且初中和小学不一样了，学习任务重，不能天天见面。"其他学生也展开了自己的故事，说

出了一些想法。B组最后将沙盘命名为"天堂与地狱",她们分享了威·莫里斯的一句关于友情的话,正如她们的心声:友情是天堂,没有它就像下地狱;友情是生命,没有它就意味着死亡;你在人间所做的一切,无一不是为了友情。

图8-4　B组"天堂与地狱"沙盘照片

活动七:团体沙盘"生活在感恩的世界里"

这次课程旨在让学生发现和意识到生活中我们需要感恩的人太多,引发感恩的情怀,运用语言和非语言的方式表达感恩,提升自己与他人的感恩能力,与他人更和谐地相处。我们在整个沙盘课程中发现,学生已经把规则意识化,一些行为问题也有所改善,每组沙盘摆放越来越默契,在调整环节也能各自表达出自己的想法,一些不善于表达的学生也开始积极发言,最重要的是学生越来越会结合生活、学习去摆沙盘,敢于进行自我表达。"我的世界"沙盘照片如图8-5所示。

图8-5　S组"我的世界"沙盘照片

实践教学篇

129

活动八：团体沙盘"以感恩为主题"的自由表达

这次沙盘课程的目的在于在规则限制少的情况下，让学生自由表达。在摆放和分享过程中，每个组的每位成员都在表达脑海中出现的画面以及内心真实的想法。在所有成员的配合下，T组默契地完成了一次轮值组长沙盘，T组成员认为他们越来越懂得彼此。将沙盘做到一定程度，参与者自然就会有所成长。这一次沙盘规则有所变动，使得一些学生选择时面临困难，也有一些学生拿了很多沙具，最后没有进行摆放，而且取沙具有一定的时间，也让很多组成员再次发生冲突。再次出现冲突，每个小组都会快速地用自己的方式自然化解。这一现象同时也说明，学生的适应性在不断地增强。

图8-6是T组（化名）所摆的沙盘，一首歌曲播放结束，小组成员在非言语交流状态下，摆放出他们生活的感恩世界。他们分享道，感恩长辈们给铺的"路"，感恩爸爸、妈妈的养育，感恩叔叔、阿姨的爱，感恩老师的辛勤教导，感恩科技带来了现代化的生活，感恩大自然的花花草草、山川河流，不仅使美景可以尽收眼底，同样也孕育着中华民族的一代又一代。沙盘中的河流并不简单，是有名的大禹治水的所在地，感恩古人的智慧，感恩古人的牺牲，感恩每个为社会、为家庭辛勤劳动的人。

图8-6　T组"生活在感恩的世界里"沙盘照片

活动九：团体沙盘"同心同德，满怀希望"

最后一次课程，很多学生都在表达对沙盘课的不舍，一段关于感恩的视频，让他们都有所触动。在给指导师的留言中，他们写了很多自己的感受与体会，他们感谢沙盘课让自己收获了友谊，感谢沙盘课帮助自己化解了学习和生活中与同学的冲突，一些学生更加敢于面对父母的离异与忽视，一些学生认为找回了些许自信，他们感谢课程让他们意识到感恩，努力尝试把感恩变为言语表达或行动。总而言之，每位学生或多或少都有一些收获。最后一次无规则的沙盘摆放，目的在于让他们释放情感，摆放结束，每一个人都露出了开心的笑容。感恩是一份信仰，是一种坚守。感恩的心容易感动，感动的心充满感激，感激的心充满快乐。结构式团体沙盘心理技术可以让每一位可爱的中学生建立感恩之心，从而生活快乐，也希望这项心理技术早日被引入初中生心理教育辅导实践中。"让世界充满爱"沙盘照片如图8-7所示。

图8-7　T组"让世界充满爱"沙盘照片

六、效果评估

（一）量表自评结果与分析

1.结果

从沙盘干预组前后测配对样本 t 检验的差异研究数据可以看出，干预组前后测在人物取向、事物取向、道义取向及感恩总分维度上存在差异，干预组后测在人物取向（ M=31.71）、事物取向（ M=18.60）、道义取向（ M=27.05）及感恩总分（ M=77.37）上的得分明显高于干预组前测在人物取向（ M=26.17）、事物取向（ M=16.05）、道义取向（ M=22.82）及感恩总分（ M=65.05）上的得分。

从对照组前后测配对样本 t 检验的差异研究数据可以看出，对照组前后测在人物取向、事物取向、道义取向及感恩总分维度上不存在差异。

从干预组与对照组后测独立样本 t 检验的差异研究数据可以看出，干预组与对照组后测在人物取向、事物取向、道义取向及感恩总分维度上存在差异。通过平均分可见，干预组在人物取向（ M=31.71）、事物取向（ M=18.60）、道义取向（ M=27.05）及感恩总分（ M=77.37）上的得分明显高于对照组在人物取向（ M=26.80）、事物取向（ M=16.40）、道义取向（ M=22.73）及感恩总分（ M=65.96）上的得分。

通过团体活动效果评估可以看出，大部分学生对于参与本次团体沙盘活动都有了一定的评价与评估。大部分学生可以很好地觉察感悟，意识到生活中感恩事件对自己的影响。由第10题可以看出，团体沙盘心理课这种授课模式受到初中生的喜爱。

2.分析

由数据分析资料可知，干预组和对照组在沙盘团体辅导前后的数据结果表明：在干预组前后测结果比较中，感恩总分的后测均高于前测分数，并且差异达到了显著水平。这表明团体沙盘心理辅导活动对提高初中生的感恩品质是有效果的，并且在人物取向、事物取向、道义取向这三个维度上都达到了显著差异，这表明团体沙盘辅导活动对这三个维度都有作用及影响。三个维度的平均分数都提高了，可能是因为团体沙盘课程方案根据感恩的这三个维度都设计了相应的活动，具有针对性的活动直接促进了初中生对相关维度的思考和感悟，所以在这三方面很容易获得显著提高。

对于感恩，大多数学生把更多的注意力放在对人的感恩上，也就是感恩维度的人物取向上。家庭和友谊对于初中生生活而言是最重要的两个部分——家人和朋友。家人、朋友和同学都是初中生生活中最常接触到的人，当感恩品质提高时，初中生更能理解家人和朋友，对他们的帮助心怀感恩之情，更善于用一颗感恩的心去生活。同时，感恩品质的提高也会促进学生更多地发现生活中的美，学会以积极的态度面对问题和事物，当将更多的注意力放在积极的一面时，人的负性情绪等问题就会减轻。

相对于干预组，对照组前后测无差异。这可能是因为团体沙盘心理辅导活动从外部对实验组学生的感恩品质产生了影响，在活动过程中能让学生在内心有所感悟与收获，同时在团体组员的沟通与交流中互相学习、共同进步，最终达到人格的健康和发展。对照组的学生在自然状态下成长没有这样的机会，可能缺少了自我感悟的契机，因此对照组前后测在人物取向、事物取向、道义取向及感恩总分维度上不存在差异。

（二）干预过程分析

本次感恩团体沙盘辅导通过一系列相关活动的设计和实施也达到了相应的目的。团体成员通过在活动过程中的互动和感受，感恩品质得到了提高，同时团体沙盘心理辅导对初中生的感恩品质的培养是有效的。

干预组的学生的感恩品质之所以发生显著变化，原因在于团体沙盘心理辅导具有独特的优点和魅力。张日昇（2006）在其著作中指出，箱庭疗法是对现实社会生活的模拟，也可以理解为团体沙盘制作过程中人对现实生活中自己的模拟和再现同时加入了团体成员之间分享的过程。

这一过程无疑是使个体跳出了自己以往的角度，以一个更加客观的角度来看自己和旁人之间不同的态度模式，并在之后的沙盘制作中不断地改变自己的想法和行为方式，从而达到了内心的平和，这也是沙盘本身治愈能力的体现。

团体沙盘心理技术给学生提供了一个安全、自由的空间，在这个环境中，学生可以畅所欲言，不用担心受到指责，真诚地交流内心的想法。同时团体沙盘活动还提供了一个相互交流和学习的机会，学生可以从别人分享的感恩故事中产生共情，可以学习别人是如何表达自己的感激之情的。在这种不断的感受和学习的过程中，沙盘团体辅导的效果就渐渐地显现了。此外，团体沙盘心理技术是以一种非言语方式进行的，当小组成员以一种团队的形式共同制作沙盘的时候，可以简单地通过游戏的方式来表达自己的世界，这样的过程也起到了相互交流的作用。

本次研究是以团体沙盘辅导为例，针对初中生感恩品质的培养进行的。从本次研究的团体沙盘记录表来看，随着小组成员共同进行沙盘制作次数的不断增多，小组成员之间的默契程度逐渐增强。从每一次沙盘课程内容来看，从最初小组成员无法统一、产生冲突到最后共同默契完成一个沙盘，学生制作沙盘过程中的人际互动方式反映出了现实生活中的交往模式，促进了成员人际关系的沟通和改善。同时沙盘组成员在几次团体沙盘活动之后，也会使彼此之间产生强烈的认同感，逐渐意识到自己属于团体中的一部分。通过沙盘团体互动的团队合作，学生学会了更好地觉察他人，能够站在对方的立场看待问题，并且看待问题的角度也变得多元化。在实际制作的过程中，很明显可以看到学生从最初的各自制作自己的沙盘部分到最后团体沙盘的自我的认知，与小组成员之间的情感交流，以及对感恩行为的展现都有了明显的变化。研究者发现，团体中的初中生大多是独生子女，在很多方面他们都是孤独的，缺少朋友的关心，他们的自我意识逐渐地增强，渴望得到别人的尊重和理解。研究者与他们之间进行思想和情感上的交流，真正地做到互相尊重、互相关心。只有这样才能做到与学生感情相通，内心深处才更容易产生共鸣，学生才会发自内心地接受感恩教育，感恩教育才能真正发挥它的作用。只有真正地站在学生的立场上，多为学生考虑，真正地关心学生，学生才会将自己的心里话说出来，才会真正地去接受和容纳。

（三）参与者主观反馈

对于团体沙盘心理技术的效果反馈，除了填写"团体沙盘评估表"之外，研究者采取提交沙盘记录表及活动心得的形式，让学生把在活动中的体会和建议写出来，以便分析沙盘心理技术教学的成效，为下一步的活动提供可以借鉴的经验。"团体沙盘评估表"显示，绝大多数学生认为参加团体沙盘活动对于提高感恩品质有帮助，都表达了对团体沙盘课的喜爱，并期待能继续参加此类活动。

七、活动总结

在现实社会里，人们的内心已经习惯适应了1：1的交换，而不是常怀感恩之心，甚至对别人对自己的真心帮助表示怀疑，抑或是看成另有所谋，也很少有人会主动帮助更多的人。我国家长、教师很少对孩子进行感恩教育，同时感恩教育也常常流于表面，往往是教孩子简单地进行口头感恩，缺乏深层次的、信念上的感恩教育。因此，家长、教师乃至整个社会都要重新认识、重视感恩及感恩教育。研究者通过对初中生感恩品质的培养研究，对于提升初中生感恩水平提出以下一些想法及建议。

第一，感恩教育不能脱离现实生活，绝不能走向理论说教或形式作秀。感恩教育需要配以一定的灌输与传授，但更多的是需要学生本身的理解和领会，一定要引导学生从平常生活的每件小事，再到生活中去寻找和发现无处不在的感恩之情，体验这种感情，做出感恩行为，学生才能将其慢慢与个人的知觉、情感、意志等因素连接起来，从而促进学生感恩习惯的养成和感恩品质的发展。教师要让学生从日常小事做起，从爱护身边的人做起，在生活的实践中学会感恩。同时，让学生学会反思，学会对帮助过自己的人心存感激，培养学生的健康心态，从而塑造学生健全的人格。学校应重视和引导学生发现生活，丰富感恩的内涵，扩大感恩的范围，让学生在活动中不仅可以体验感恩，还可以感悟报恩的快乐，领悟人生的真谛。

第二，感恩教育需要教师和家长做好"感恩"榜样。实施感恩教育的重要场所是学校和家庭，作为教育者的父母和教师，其榜样作用就显得尤为重要。对初中生来说，"感恩"意识的形成，必须从接触到的环境中耳濡目染，去感受和模仿。父母应以身作则，努力做好感恩的表率，充满爱心，身体力行，用感恩的心与行动感染和引导孩子，对孩子进行感恩的积极教育，感受幸福的同时，注重自己的言行，要做到与邻里和睦相处，尊老爱幼，知恩图报。在孩子的生活中，感恩教育就像种子一样不断发芽、成长，让孩子潜移默化地学会知恩和感恩。如若学校要求学生对别人的帮助学会感恩，而学生回到家中，父母过分溺爱孩子，会使得学校的感恩教育半途而废。感恩教育不应只局限在学校老师的言传身教，更应注意在现实生活中尤其是家庭教育中家长的言传身教。父母给了孩子无微不至的关怀，能让孩子感受到幸福固然重要，但父母也要让孩子懂得理解这份关怀并付出爱，让孩子懂得付出关怀、让父母开心是一件非常幸福的事情。父母的以身作则、言传身教会对孩子的思想、心理和行为产生潜移默化的影响，也是感恩品质形成的重要保证。因此，学校要利用家访、家长会、家长接待日、举办家长学校、开展家庭教育咨询、建立家长委员会等多种方式，与家长密切联系，指导家庭教育，使家长了解并配合学校开展感恩教育，改进家庭教育的方法。作为教师，更要做到言行一致、公平公正、平易近人，用自身的人格魅力和对学生的爱去影响学生，加强学校、家长之间的联系，增进感恩教育思想和实践的沟通。教师还要特别关注那些有特殊行为问题、心理问题、学习困难的学生，用自己的力量去触动孩子的心灵，激发他们的感恩情怀。

第三，要选择行之有效的提升感恩水平的方法与途径。心理学家研究发现，学生在接受教育时是有选择性的，并非所有实施的正确教育内容都会被学生接受，他们只接受自己喜欢的内容和方式。研究发现，团体沙盘心理技术对促进初中生感恩品质的培养有较好的效果。教师应从增强感恩认知、激发感恩情怀和促进感恩行为三方面出发，让初中生在感恩人物取向、事物取向、道德取向上都有所改善。团体沙盘心理技术提倡融入、参与，有安全保护的空间。团体沙盘心理技术的优势是在一个共同创作的过程中，每个参与者都能感受到团体沙盘的独特魅力，在自身摆放的同时，通过分享、感受他人的想法，意识到属于自己的部分，如同荣格所说的自性化的过程。在团体沙盘活动中，参与者共同见证成长至关重要，他人感恩心态的改变和感恩行为增多会对自己产生相应的影响，从而使学生会对自身的表现进行检验与改正。因此，新时代的教师和父母也应该适当地抛弃高高在上、板起面孔说教的架子，与孩子平等相处，这样孩子才会变得愿意同教师和父母吐露心声。同时，学校也可针对本校学生的实际情况，开展相应的感恩团体辅导，以此来培养提升学生的感恩品质。

第四，构建感恩体系，营造感恩的社会氛围。感恩体系是指相互施恩与感恩的人际关系体系，是学校、家庭、社会的人与人之间由诸多感恩关系构成的相互关爱、体谅、宽容、和谐的人际关系网络。在这样的体系中，中学生人际交往之间的感情互相交融、互相鼓励、互相感染，能更好地促进中学生感恩品质的培养与发展。感恩教育是一项复杂工程，是学校德育的一部分。学校虽然是德育教育的主渠道，但学校的力量不是万能的，仅靠学校自身的力量是远远不够的。感恩品质培养与教育越来越受到重视，也意味着感恩培养与教育溢出现代学校教育体系而向整个社会生活回归。因此，感恩教育不仅仅是学校和教师的事情，而且还是家庭、政府、大众传媒和社会上每个成员的事情。

案例二 "自我认识与接纳"团体沙盘活动

一、教育目标

自我体验能力：学生对自我能够有比较清晰的感知，同时也能够在与他人的互动中了解自己。

自我认知能力：学生能够通过自我的观察和他人的观察反馈，认识自我的状态、自我的特点，并对自我进行一定的总结和概括，形成自我概念的能力。

自我接纳能力：学生能够接纳自我的优点，也能正确看待自我的不足和缺点，提高自信心、自尊心、自控能力和自我接纳能力。

二、团体特点

"自我认识与接纳"团体沙盘活动的对象为本校三年级学生。共9个班，每班由老师推荐3～4名学生组成，男女不限。

共招募学生36名，6人一组，分成6组。

在正式开始团体沙盘活动前，通过班主任收集到学生的部分资料及心理状态评估，可以发现这个沙盘团体有以下特点：个性差异大、情绪不稳定、自控力不强等。

三、教学工具及要求

（一）物品准备

3000件沙具，6个沙盘，36张椅子，投影设备一套。

（二）规则要求

（1）准时到达集合地点，由老师统一带到团体心理辅导室。

（2）请假或有事的同学需要告知班主任，由班主任向负责该活动的老师请假。

（3）没有请假，没有来上课，私自去其他地方玩耍的，停止参加活动。

（4）活动过程中需要按照上课的要求进行，要做到遵守课堂纪律。

（5）爱惜沙具，轻拿轻放，尽量不要将沙子弄到地上。

（6）要互相谦让，避免因争夺沙具而争吵。

四、宏观设计

本次活动按照学生特点进行设计，共安排8个课时（见表8-4），每个课时的时间为40分钟，以学校正常课程时间为设计时间，每周进行一次活动。

表8-4　团体沙盘活动内容安排

活动次数	主题名称	活动意义
1	团体沙盘初认识及团建	介绍团体沙盘活动的规则，对团体进行分组，小组内成员之间相互熟悉及促进小组成员沟通
2	美丽世界	通过发挥并体验团队的力量，建立起团队的信任，学会接纳他人的意见，认可思维差异和打破思维定式
3	优点对对碰	通过团体沙盘活动，让学生发现自己的长处，同时也能看到自己的短处
4	发现别人的长处	通过团体沙盘活动，让学生能发展出发现别人长处的能力，尽自己的努力做力所能及的事
5	感谢我身边的人	通过团体沙盘活动，让学生学会对身边的人，如父母、老师、朋友、同学等进行感恩
6	我的好朋友	通过团体沙盘活动，让学生体会到友谊的意义，改善人际交往方式，向他人学习人际交往技能，进而建立相互信任的人际关系
7	开心快乐每一天	通过团体沙盘活动，让学生体会肯定自己、信任自己，充分使用自己的心理能量等日常心理活动的重要性
8	手拉手，一起来	通过团体沙盘活动，促进学生之间的人际关系，发现自己在人际合作中所起的作用，培养团体合作精神，体验共同完成任务的成就感

五、微观操作

以第三次团体沙盘"优点对对碰"为例。

设计意图：通过团体沙盘活动，让学生发现自己的长处，同时也能看到自己的短处。

（一）带领者导入（3分钟）

带领者：各位同学，大家知道什么叫优点吗？

学生A：优点就是得到别人喜欢的地方。

学生B：优点就是大家认可的。

学生C：老师会表扬的。

学生D：老师批评的地方就不是优点。

带领者：对的，优点是指人的长处、好的地方，不好的、别人不认同的地方算不算优点呢？

（学生回应：不算）

带领者：大家猜猜老师手上的这个沙具代表老师怎样的一种优点呢？（教师手里拿着一头牛）

（学生集体回应：勤奋）

带领者：对，这个沙具代表了老师的勤奋优点，老师在学校工作的时候，都是勤勤恳恳的。我给大家举个例子吧，有一次，由于学校老师需要外出，所以我就需要去给这个老师代课，这一天下来，一共上了6节课，还有两个班的作业需要改，然后我就在学校一直工作到晚上8点钟。从这件事可以看出，勤奋是我的一个优点。

（二）引导学生回忆（4分钟）

带领者：现在请同学们把双手放到沙子中，慢慢地闭上眼睛，做几个深呼吸，跟随老师的指令，深深地吸气、慢慢地呼出来；深深地吸气、慢慢地呼出来；深深地吸气、慢慢地呼出来。现在慢慢地让自己的情绪放松下来，让自己放松。

（学生跟随着老师的指令做）

带领者：现在继续摸沙，继续闭着眼睛。其实同学们也有很多的优点，你或许不知道自己的优点，但是你应该知道，你有很多优点，只是你忘记了。现在，请你回想三件能体现你优点的事情，回想得越具体越好。我们用2分钟的时间静静地回想，自己有什么样的优点。

（教师设定2分钟计时铃声）

（学生静想）

（三）寻找优点沙具（10分钟）

（2分钟计时铃声响起）

带领者：2分钟时间过去了，现在请同学们睁开眼睛，活动一下你的胳膊和腿脚。

（教师的声音要轻柔）

（学生活动手脚）

带领者：现在请各位同学到沙具架上找三个沙具，代表你的这三个优点。

（注意：这个时候学生处于兴奋状态，需要老师做好课堂调控，否则很容易出现不良状况）

（四）小组分享及个人分享（6分钟）

带领者：现在请各位同学在小组内分享一下自己的三个优点，并说说这三个优点背后的故事。

（小组分享）

带领者：现在老师想请几位同学上台讲讲自己的沙具及其背后的故事。

学生A：我的一个优点是我很爱笑，每天都是笑嘻嘻的。

学生B：有一次我到舅舅家玩，舅舅家有一棵很高的树，我爬了上去，舅舅说我很勇敢，所以我的一个优点是勇敢。

学生C：我很喜欢看书，家里面买了很多书（见图8-8、图8-9）。

图8-8　学生小组分享自己的故事　　　图8-9　学生在台上讲自己的故事

（五）共同创作（14分钟）

带领者：各位同学手上都拿着三件代表自己优点的沙具，现在请同学们一起，以"优点对对碰"作为主题，创作一个沙画，最后为这个画面起一个名字。

（学生共同创作团体沙盘，见图8-10、图8-11）

图8-10　学生共同创作的沙盘世界（一）　图8-11　学生共同创作的沙盘世界（二）

带领者：现在请小组同学共同为你们创作的沙画创作一个切合主题的故事。

（学生共同创作故事，见图8-12、图8-13）

带领者：现在请组长留下，请第一组的同学到第二组，第二组的同学到第三组，以此类推，听听其他小组的故事。

图8-12　学生在聆听其他小组的故事（一）图8-13　学生在聆听其他小组的故事（二）

（六）结语、分享感受（3分钟）

带领者：每个人都有自身的优点，我们在学习和生活中应该发扬自身的优点，那样我们才能做得更好。那么老师想问问各位同学，今天的活动你有什么感受？又有什么收获呢？

学生A：我知道了自己有很多的优点。

学生B：我知道原来别人也有那么多的优点。

六、效果评估

通过对学生进行问卷调查，来反映本次课程的教学效果，见图8-14。

"自我认识与接纳"课程评价

班级：　　姓名：　　性别：

1.你对本次课程的整体感觉是：

2.如果用1～100分打分，你给本次活动打（　　）分，原因是：

3.本次活动你最喜欢哪一节课？为什么？

4.你从这个课程中学到了什么？

图8-14　课程评价反馈表

七、活动总结

第一，关于团体沙盘活动的效果。通过这次团体沙盘活动，学生学会了如何正确地认识自己、接纳自己，使他们对自我有了更恰当的认识。在与他人沟通和交流的过程中，学生学习了社交技巧和发展了人际关系的能力，学会信任他人。同时，也培养了学生觉察他人感受和需要的能力，使学生更能理解他人。

第二，关于时间设定的思考。校本课程是基于学校时间安排进行的设定，不是一节体验课，不是一场活动，而是连续的课程，所以在时间设定上需要严格按照学校的上课时间进行设计，一般学校一节课为 40～50 分钟。

第三，关于年龄差异的思考。不同的年龄段有其特点，年龄越小的孩子，在思维、理解、表达能力上就越弱，比如理解一些比较抽象的词语"公平"等就会产生问题。又如，在表达上，成年人可能说得很多，讲 5 分钟、10 分钟不是问题，但孩子在表达时，往往 1～2 句话就表达完毕，所以我们需要根据孩子的不同年龄来设计与预设主题。

案例三　我爱我的家乡牡丹江

一、教育目标

第一，通过体验式的沙盘课教学，唤起学生对家乡的喜爱之情。

第二，通过团体体验式的沙盘课教学，培养学生团结协作、交流沟通的能力，缓解紧张和焦虑的情绪。

二、教学工具

沙盘：沙子有白色和黄色。沙盘周围的蓝色代表天空，沙子下面的蓝色代表水，可以是江、河、湖、海等。

沙具：沙具是我们生活当中的物品，包括很多种类，如人物、动物、植物等。

三、微观操作

今天我们来上一堂主题沙盘课，现在让我们先做一个热身活动。

（一）团队建设

破冰游戏：抓手指游戏。

乌鸦的故事：森林里住着一只小乌龟，它有一双乌溜溜的大眼睛。有一天，乌龟在外面玩，突然看见一只乌黑羽毛的乌鸦在天上飞，边飞边喊："兄弟，快跑，巫婆来了！"乌龟连忙把头缩进壳里，乌鸦则躲进了池塘边的茅屋里。过了一会儿，乌龟见周围没什么动静，探出头来一看，才发现刚才乌鸦看到的既不是巫婆也不是巫师，而是乌云。这时候，天空乌云密布，不一会儿就下起了大雨。好心的乌龟把乌鸦请到屋里避雨，可是乌鸦看到乌龟家满地污泥，就喋喋不休地数落乌龟，乌龟听了很生气就说乌鸦无理取闹。后来，乌鸦把乌龟家弄得乌烟瘴气，乌龟不得不把乌鸦赶到屋外，弄得乌鸦呜呜大哭。

（二）分组

6人一组，分4组。

（三）沙盘体验

第一，向学生介绍沙盘、沙具。

第二，摸沙冥想：引出主题"我的家乡牡丹江"。

（1）跟着轻音乐，放松、摸沙。请学生摆正姿势：两脚平放在地面上，背部挺直，双肩放松。双手放在沙子上，或者捏，或者摸，用心感受沙子。

（2）教师介绍牡丹江：我们生活在一个有山有水有美丽风景的城市——牡丹江。牡丹江是我们美丽的家乡。这里有我们熟悉的人，熟悉的地方，熟悉的风景。请同学们仔细想一想，哪些地方给你留下了深刻的印象。

（3）指导学生取沙具：你认为其中哪一个地方的风景是最美的？我们每个人用3～6件沙具，把它展示给大家。周围的小伙伴就是一个团体，我们要共同完成一部作品，摆出你心中最美的牡丹江。

（4）小组确定主题：请同学们讨论一下，你们组想要展示牡丹江市的哪一处风景呢？

（5）看看我们每个人需要拿哪几件沙具比较适合。大家一定要记住是共同完成这个作品。

（四）沙盘创作

1.沙具的选择

（1）首先，你要想一想取哪一件沙具最合适，想好了再拿起来，拿起来就不能放回去了，这就代表你已经决定了。然后，将沙具放到你认为最合适的沙盘上。

（2）大家要取一件摆一件，也可以同时取几件一起摆在沙盘里。

（3）像小草、树这样相同的物品，可以拿3～5个算一件。

（4）请同学们仔细思考之后再去拿沙具。

2.沙具的摆放

（1）经过思考之后，将你的沙具摆到你认为最合适的位置，看谁摆得最美。当你的想法和小伙伴不一样的时候，要商量一下，摆在大家认为最合适的位置。

（2）摆完的沙具就是你呈现的最美的风景，作品一旦完成就不能随意改动，大家不能再碰沙具了。

3.调整沙盘

请同学们对自己的沙具的摆放位置做一个调整。你觉得怎样合理就怎样摆，有桥的，可以挖一条河，有船的，可以挖一条湖，这样我们的风景会变得更美。

（五）分享感悟

1.组内分享：讲牡丹江的故事

（1）请同学们给本小组呈现的风景取一个名字。

（2）你们认为本组谁的口才最好，就推选他来当本组的解说员。

（3）请小伙伴们将沙具呈现的内容介绍给解说员。

（4）解说员要仔细聆听，充分发挥想象力，将所有美丽的景色串在一起，讲给本小组的同学听。

请以这样一句话开头：这就是我的家乡牡丹江。看看哪一组的讲解员讲得最好，能讲出牡丹江的美。

2.组间分享：交换小组讲牡丹江的故事

步骤：①解说员不动，留下讲解，小组其他成员要轮流到各组去听其他组讲牡丹江的故事；②当别人在讲解的时候，认真倾听就是对别人的尊重；③解说员讲完之后，大家要用掌声表示对解说员的感谢；④小组交换顺序是：1—2—3—4—1；⑤最后小组成员回到本组再讲一遍，看看解说员介绍得美不美；⑥学生谈自己参加沙盘课的感受。

3.小结及拍照

结束语：本次沙盘课就要结束了，感谢小伙伴们的参与，希望大家将这美好的景色永远刻在自己的头脑里，为了把家乡建设得更美而努力学习。我们为每个小组的合作愉快而点赞！

最后，为每一组拍照留念。

（六）保密宣誓

宣誓：我只带走我的感受，留下别人的故事！让快乐永驻心间！加油！

（七）效果评估

教师感受：学生愉快地上了一堂沙盘课。课堂上，学生动手操作、团结合作，充分发挥了想象力，锻炼了学生的口才，愉悦了心情，缓解了紧张的压力，达到了教育目的。这堂课给学生留下了深刻的印象，将自己的理想具体化，激发了其学习动力，学生意犹未尽。

（八）活动总结

肯定：在团体沙盘课中，手、脑、口一起动并有效地结合，将现实浓缩到沙盘上，学生充分发挥想象、思维活跃、内容有趣，奠定了一堂心理课的基础，舒缓了情绪，愉悦了心情。沙子本是海边、河边、小溪边学生常常玩耍的物品，将沙盘运用到心理健康教育教学中，给学生的学习注入了游戏的成分，学生感到新奇、有趣，有效缓解了学习带来的紧张和压力。同时，团体沙盘课培养了学生作为倾听者善于倾听的良好品格，作为讲述者将自己的情感有效抒发的能力，使同学间的感情更亲密。

反思：学生在课堂上非常活跃，学习气氛轻松，互相学习、互相促动，实现了教育互相影响的效果。如果进一步将积极心理品质融入生动的沙盘课上，效果会更好，期待教师进行更多的教学尝试。

第九章
团体沙盘在特殊儿童教育中的应用

第一节　团体沙盘与特殊儿童
教育心理课的结合要点

团体沙盘心理技术作为一种有效的心理技术，逐渐被广泛应用到各种精神疾病甚至躯体疾病的治疗中，从最初的针对心理问题的普通儿童发展到成人，直至发展到特殊教育领域。团体沙盘心理技术在对自闭症儿童、语言障碍儿童以及多动障碍儿童等方面的干预得到许多专家学者的认可。团体沙盘心理技术运用一种非言语的治疗方式，以求助者为中心，并给求助者提供一个"自由与受保护的空间"，强调充分发挥求助者的自我治愈力量。

一、了解特殊儿童及特殊儿童的心理问题

在特殊教育学校就读的特殊儿童主要分为智力障碍儿童、聋哑儿童、脑瘫儿童、自闭症儿童以及智力障碍多重残疾儿童，其中70%为智力障碍儿童。经过调查研究，这几类儿童在情绪、人格、行为等心理方面的问题尤为突出。

（一）自闭症儿童心理问题

自闭症儿童情绪、人格、行为问题都比较典型，如焦躁、易激惹、发脾气、喜怒无常、情绪不稳定，这都是心理问题的直接表现。其人格问题主要表现为冷漠、不圆通、高度敏感、古怪、固执、强迫行为、面无表情等。其行为主要有自伤行为、攻击行为、刻板重复行为、自我刺激行为、挑食行为等。不正常的情绪、人格和行为是儿童心理不健康的重要预示，因此对于自闭症儿童，也不能仅仅帮助其进行生活适应和学习能力的提高训练，对其心理健康的辅导必不可少。

（二）幼儿聋生的心理问题

首先，幼儿聋生的情绪波动起伏较正常儿童大，普遍存在猜疑与抑郁、狭隘与嫉妒、怯懦与自卑、对立与破坏、偏执现象。其情绪反应强烈，易激动、性情急。许多聋生儿童在儿童期患有神经症，包括儿童恐惧症、儿童强迫行为、儿童神经衰弱等。其次，国外有研究表明，幼儿聋生的人格特征表现为固执性，易冲动，缺乏自我控制，常以自我为中心。国内许多学者的调查结果显示，听觉障碍儿童大多表现出社会顺应差、情绪不安定、喜自我炫耀、较固执、活动过多、神经质；独立性、忍耐性差；极易紧张、焦虑、自卑、攻击和敌意、依赖性强。

（三）脑瘫儿童的心理问题

首先，从脑瘫儿童的情绪方面看，脑瘫儿童遇事易兴奋、紧张、急躁而易怒，当儿童处于这种情绪状态时，会导致痉挛、强直现象加重，肢体僵直麻木甚至失语。兴奋紧张、急躁而易怒的情绪会阻碍脑瘫儿童的康复，因此对脑瘫儿童进行心理辅导，缓解其情绪问题是至关重要的。其次，从脑瘫儿童的人格方面看，由于体能障碍阻碍了他们探索周围事物的主动性，限制了其从日常事物中获得各种感知及与人建立关系的能力，在日常生活中经常遭遇失败，无助、自卑，缺乏安全感，不自信，缺乏做事能力，脑瘫儿童这种不健全的人格对其今后的康复和生活都有严重的影响，急需必要的心理辅导。最后，从脑瘫儿童的行为方面看，大多数脑瘫儿童虽体能不足、运动受限，但是他们的智力往往较好。然而，身体行动能力与智力发展不相协调，心理时常压抑，长此以往，大多数儿童会产生暴力倾向，经常调皮捣蛋，孤僻，有攻击行为，注意力分散。

（四）智力障碍儿童的心理问题

首先，从智力障碍儿童的情绪方面看，智力障碍儿童恐惧倾向严重，同时对人焦虑、学习焦虑明显高于正常儿童，而且同处于青春期的轻度智障儿童与正常儿童相比孤独感强烈，容易产生自责，自控力差。其次，从智力障碍儿童的人格方面看，智力障碍儿童认知发展的滞后，实践活动范围狭窄，使得其个性倾向薄弱，对事物的兴趣范围狭窄和单一，对行为活动普遍缺乏活力和积极性，在意志特征方面表现出冲动和固执，在情感方面爱自我炫耀。最后，从智力障碍儿童的行为方面看，智力障碍儿童行为在会退缩和多动症等方面的得分相对于正常儿童更高。

二、团体沙盘心理技术在教育中对特殊儿童的作用

首先，团体沙盘心理技术具有非语言性、可操作性、无意识内容视觉化、提供保护等特点，使其对具有语言缺陷的特殊儿童群体的适用性和有效性大大

提高。其次，团体沙盘心理技术又被称为沙盘游戏，具有容易被特殊儿童接受的特性。大多数特殊儿童无法表达自己的内心活动，对其进行传统的心理辅导时，他们会产生抵触情绪，以致不配合甚至拒绝辅导。沙盘具有游戏的本质，玩游戏又是儿童的天性，在个体发展过程中，游戏亦是儿童智力发展的必需课程，是个体社会认知学习的模拟场所。在沙盘游戏中，儿童在自由受保护的空间里，用沙盘来表达自己的内心世界，沙盘成为心理咨询师或教师与儿童沟通的桥梁，在不断的动态沟通中，儿童心理无意识层面的不满和压抑上升到意识层面，从而得到宣泄和排解，促进其身心健康发展可见，沙盘游戏最具游戏的特质且最容易被特殊儿童接受。沙盘游戏对各类特殊儿童身心发展均有促进作用。

（一）沙盘心理技术对自闭症儿童身心发展的促进作用

关于沙盘心理技术在特殊教育学校使用的研究已有许多，其中国内外有许多实证研究也证明了沙盘心理技术对自闭症儿童心理治疗的有效性。Bloomfield（1989）成功地在自闭症儿童身上应用了沙盘心理技术，使自闭症儿童的表达、言语反应、社会性微笑等方面得到改善，事实证明，沙盘心理技术对自闭症儿童具有积极正向的干预效果。国外学者Lu（2012）通过对4个特殊教育班、25所小学患有自闭症的儿童进行持续10次的沙盘心理治疗，证实沙盘心理技术在提高自闭症儿童的语言表达、社会交往能力方面疗效显著。张日昇教授与樱井素子（1999）对一个8岁自闭症儿童进行了历时4年共28次的沙盘心理治疗，证明沙盘在不同文化背景下具有同样的有效性，其能促进自闭症儿童的语言表达和社交交往能力的发展。

（二）沙盘心理技术对聋童身心发展的促进作用

沙盘疗法因其独特的游戏性质及其非语言性，在聋童的心理咨询中特别适用。沙盘心理技术以其独特的游戏方式达到宣泄情绪、表现心理的效果，统合多种感觉通道，复演聋童日常生活中可能遭遇到的点点滴滴，帮助他们以虚拟的方式探索问题的解决方法，习得生活，学习所需要的适应性行为、态度，重构合理的认知体系和信念系统，从而获得心理健康发展。王萍等（2008）在研究中采用沙盘游戏治疗的倒返设计，对一名成绩差、自卑、孤僻并具有社交焦虑障碍的12岁女学生进行了110天的心理干预，结果显示，被试治疗后的社会交往行为次数比治疗前明显增加，上课举手回答问题的次数多于治疗前期，治疗后被试的交往对象和交往场所均扩大，回避性行为明显减少，并且其社交恐惧、焦虑情绪明显降低。可见，沙盘心理技术是聋童改善其焦虑和社交恐惧的有效方法。

（三）沙盘心理技术对脑瘫儿童心理发展的促进作用

王涛、张际（2011）在研究中提到沙盘游戏的弱语言性非常适合语言能力差的脑瘫儿童，同时沙盘心理技术对脑瘫儿童健康人格的形成、不良情绪和内心冲突的缓解都有很大作用。杨玉婷、张际等（2011）对20例3～5岁脑瘫儿童进行了实验，实验组、对照组各10例，对照组仅进行常规康复训练，实验组在此基础上加了为期12周的沙盘游戏治疗。治疗后经过测试，实验组品行问题、学习问题、冲动多动、焦虑、多动指数得分均较治疗前明显降低并且低于对照组。因此，沙盘游戏能有效解决脑瘫儿童的心理问题，对于促进脑瘫儿童的心理康复有积极作用。

（四）沙盘心理技术对智力障碍儿童心理健康的促进作用

崔建华、黄兰荣（2013）等对5名智力障碍儿童进行了实验研究，实验组使用箱庭疗法，对照组采用常规教学和训练，结果表明箱庭疗法可以提高智力障碍儿童的自我治愈能力，同时对改善智力障碍儿童的认知、语言方面的效果极为显著。由此可见，沙盘游戏已经被证实在不同类别的特殊儿童心理健康发展中具有作用，特殊教育学校教师应该重视沙盘游戏的有效性。

三、团体沙盘在特殊儿童发展中的作用

游戏是多元艺术，玩游戏是儿童的天性，也是儿童主要的活动形式和探索世界的桥梁。所以沙盘心理技术很容易被儿童接受，不需要太多的指导，儿童就能够很快进入游戏过程之中。

团体沙盘在特殊儿童教育领域也得到了广泛运用，可以利用沙盘心理技术发展特殊儿童的认知和思维，提高特殊儿童通过语言进行有效交际的能力，促进其沟通和交往能力的发展，改善其身体动作，稳定其情绪。教师可以通过团体沙盘活动营造融合的学习氛围，提高特殊儿童的学习效率，丰富特殊儿童的情感体验。同时，深度利用沙盘游戏来改善一些问题儿童的心理，让每一个特殊儿童都能得到更好的发展。

四、特殊儿童团体沙盘操作的特点

特殊教育学校应以"学校课程＋团体沙盘活动课"为理念，以特殊儿童身心发展特点为主要依据，把团体沙盘活动课融入各个学科作为学校心理健康教育、生活适应课程和德育课程的辅助资源，使团体沙盘活动课在特殊教育实践中发挥积极作用。

特殊儿童尤其是智力障碍儿童的思维长期停留在直观的形象阶段，他们思维刻板，缺乏分析、综合、概括的能力。另外，表现出易受暗示，缺乏主见，语言发展迟缓，词汇量少，口语交际困难。智力障碍儿童由于认识活动有缺陷，参加社会活动受到限制，生活经验少，影响了其个性的健康发展。其在个性上有一些共性特点，首先是意志薄弱，缺乏主动性，脾气固执。有部分儿童

不善于语言表达，常常会出现情绪行为障碍。其次是高级情感发展迟缓，主要是指爱亲敬长、规则意识、诚信观念、团结协作等方面发展迟缓。

针对特殊儿童身心发展的特殊性，教师应根据学生的生活实际创设出各种适合的主题沙盘游戏，帮助学生解决个人自身及生活中的问题。

沙盘像一扇窗，通过它能看到特殊儿童的心灵世界。团体沙盘活动的主题设计是在以班为单位的团体背景下使用沙盘，团体沙盘活动课以小组活动为基本方式，呈现形态主要为学生可以直接参与的各种主题活动、实践活动、游戏活动，这些活动旨在激发学生主动参与、增加学习情趣，这样就更加符合课程的性质和特殊儿童身心发展的规律了。

团体沙盘活动课的主题以特殊儿童生活为基础，以由近及远逐步扩展的四个生活领域（个人生活、家庭生活、学校生活、自然与社会）和逐步提升的四个生活层面（健康、安全的生活，愉快、积极的生活，负责任、有爱心的生活，动手、动脑有创意的生活）构成基本框架。每个团体沙盘活动主题内容均按照四个生活层面的顺序排列。对于每堂沙盘心理课程目的，我们都对接各科（2016年版）培智学校义务教育课程标准，落实课标的各项要求。

每堂团体沙盘课主题目标明确、具体、规范，有机整合了道德教育、生命教育、心理健康教育、环境教育、安全教育、中国梦教育等相关内容，每堂沙盘游戏课程目标通过知识与技能、过程与方法、情感态度与价值观三个维度，来体现培智学校个别化教育的特色，并从课程形态上呈现了发展性课程、支持性课程，具有针对性、有效性、实践性。

五、团体沙盘在特殊教育学校的运用及理性思考

团体沙盘心理技术能够被用于特殊教育，有赖于各级领导的支持及教师团队的共同努力。在此，以正定特殊教育学校为例总结这一成果的发展。

在各级领导的积极关心和指导下，从2017年5月开始，正定特殊教育学校开始开展班级沙盘康复课程，每月4课时。学校团体沙盘室由专人管理，负责安排学校的整体沙盘课程，培训学校教师。

通过三年多时间的探索，沙盘心理康复课程在此校有了较为成熟的教学模式，孩子在康复治疗中得到了快乐。将沙盘游戏课程目标与学校开设的7科一般性课程目标相结合，这种理念上的融合增强了沙盘游戏课与普通课程之间的联系，教师的工作也得到了家长的认可。我们相信，通过沙盘老师和学校的共同努力，在未来的教学康复中，能为孩子带来更多的健康与快乐。

正定特殊教育学校的理念是将各个学科知识融合到团体沙盘活动中，让学生在自由、愉悦的氛围中分享团体游戏的快乐。活动一般分为四个步骤：首先，热身小游戏，加强彼此熟悉。接着，教师向学生介绍了沙盘、沙具及沙盘游戏创作的规则，并邀请学生在自由抓放中融入沙的世界，放松心情。在抽签决定摆放沙具的顺序后，学生根据自己的喜好共同创作沙盘游戏作品，呈现了

一个个不同的场景。作品完成后，在教师的引导下，成员之间介绍自己摆放每个沙具的意图，进行心与心的交流和感悟。

正定特殊教育学校的沙盘活动课程贴近学生生活，尊重学生现有能力水平，难易梯度适当，创设了各种生动有趣的主题，把沙盘作为载体助力教师带领学生完成各学段、各学科的不同任务。

低学段的沙盘活动课程侧重和生活语文学科相融合，培养学生"倾听与说话"能力。将主题内容呈现在更贴近生活的场景中，是为了最大限度地吸引特殊教育学校学生的注意力，激发他们开口说话的愿望，提高学生通过语言进行有效交际的能力，并为其他学科的学习打好基础。通过沙盘制作及沙盘呈现的画面，引导学生理解交际场景和交际内容，然后帮助学生将"所见"用语言"说"出来。"口语交际"训练既可以借助"沙盘图片"，也可以借助现场环境等进行，总之就是通过让学生先"看"，再引导他们用"说"的方式进行"交际"训练。

在这个过程中，考虑到特殊教育学校低年级学生的认知水平，主题活动内容应尽量降低初始年级口语交际的难度，让学生不至于"无话可说"，一旦学生尝到了交流的"甜头"，语言交流的欲望就会越发强烈，从而帮助他们建立学习的信心。

中年级学段的沙盘活动课程侧重和生活适应、德育课相结合，以正确的价值观引领学生形成良好的品德和行为习惯，拓展学生生活技能的训练，丰富其生活体验。

每次沙盘活动主题有机整合法治教育、道德教育、心理健康教育、安全教育、中国梦教育等相关内容。如以"我和朋友在一起"为主题开展的活动，引导学生在活动中认识朋友、感受友情，学会与同伴友好相处、互助合作。以"交通规则保平安"为主题开展的活动注重培养学生遵守交通规则的意识，以"我会说谢谢"为主题的活动，培养学生学会感恩……这样的教育融合丰富了学生的生活体验和道德体验。

高学段学生正处于青春期，沙盘活动主题侧重帮助他们树立科学的生命认知，理解生命的意义，帮助他们学会生存，提高抗挫折能力，懂得珍爱和敬畏生命，构建正确的生命价值观，提升生命的品质。

对于特殊学生来说，他们对外在信息的感知能力、接受能力都普遍弱于同龄的普通学生，所以更需要教师像魔术师一样，变着法儿地将知识呈现得更有趣，这样才能吸引他们的注意力，让他们愿意投入其中，获得成长。团体沙盘活动为各科学习搭建了一座很好的桥梁。

近几年，在学校和幼儿园，沙盘心理技术被广泛应用。在这种背景下，特教学校也把沙盘心理技术作为一种新型的教学工具，设置了一定的课程将其应用在特殊儿童教学中。

第二节　案例分享

案例一　我的家乡——古城正定
——一堂融合生活适应课程进行口语交际的团体沙盘课

一、教育目标

教育目标是以团体沙盘活动为教与学的基本方式，让学生直接参与到沙盘主题活动中，充分发挥他们的积极性和增强其合作意识。另外，立足日常生活场景，设计小对话、小交流、小游戏，最大限度地吸引培智学生的注意力，激发其主动参与、了解家乡的风土人情，在沙盘操作中让学生表现美、感受美、品味美。在交流中，激发他们开口说话的愿望，提高学生"倾听与说话"的能力，促使学生热爱家乡，热爱生活。

二、团体特点

这节沙盘活动设计针对的是正定特殊教育学校培智四班学生，在该校属于中年级阶段。该班有11名学生，均属于智力障碍并伴有其他各类缺陷，其中2名学生患有语言障碍，1名学生患有多动症，2名学生肢体残疾，1名学生患有自闭症。其年龄在13～15岁，有两年的沙盘活动经历。结合学生接受能力、执行能力及自身具备的先备知识，将他们分成两组进行团体沙盘活动。

三、教学工具及要求

（一）物品准备

沙盘4个，沙具3000件。

老师提前准备一些和本主题相关的沙具，如古建筑模型。

（二）规则要求

老师宣布活动注意事项（培智学生规则意识差，对于上课时要遵守的纪律，需要在每节课前强调）。

（1）不能随便说话。

（2）不能碰别人的沙具。

（3）别人讲话时认真听。

（4）有补充时，举手发言。

四、宏观设计

（一）整体的安排和设计

基于特殊儿童的发展规律及实际调研评估特殊儿童的问题需求，结合学生生活中现有的能力，按学段设计编排了特殊学校自成体系的团体沙盘活动主题课程。

在团体沙盘活动主题课程中，要求以特殊儿童为本，教师仅仅是引领者和启发者，而不是主角。尽量将学生以一个当事人的身份引入主题活动情境中，这对一个特殊教育老师提出了相对比较高的要求。

特殊教育学校团体沙盘活动课每月一个主题，一个班级每月开展两次团体沙盘活动课，虽然每月的主题循环出现，但主题内容呈螺旋上升。在沙盘活动中拓展出非常丰富和实用的思维理念，可以从横向与纵向开拓视野，从而使更多的特殊儿童将在沙盘活动课堂中学到的知识和感受带到现实生活中。

例如，低年龄段9月团体沙盘主题课程，此月的主题是"做有礼貌的好孩子"，对于大主题下的小主题，每次游戏活动可以更换。

这个月第一次团体沙盘活动围绕"自我介绍"和"相互介绍"开展。对培智学校一年级新生来说，学校生活是一种新的经历和体验。伴随着进入新的集体，学生需要认识新同学、新老师，自我介绍和相互介绍几乎是学生生活中必然会遇到的口语交际话题。此次主题活动的设计既是从学生日常交际需求出发进行的考量，又能指导、促进学生之间的相互了解和交往，帮助学生尽快适应学校生活。

当然，还是在此月主题"做有礼貌的好孩子"的基础上，开展第二次团体沙盘活动。这次活动围绕"找朋友""我和朋友在一起"开展，引导学生在活动中认识朋友、感受友情，学会与同伴友好相处、互助合作。

（二）团体沙盘活动主题课程安排

正定特殊教育学校9月团体沙盘活动主题课程安排如表9-1所示。

表9-1 2019年正定特殊教育学校9月团体沙盘活动主题课程安排

年级		沙盘活动主题：做有礼貌的好孩子
9月	低年级	第一次活动内容：以主题"自我介绍"和"相互介绍"对培智学校一年级新生来说，学校生活是一种新的经历和体验。伴随着进入新的集体，学生需要认识新同学、新老师，自我介绍和相互介绍几乎是学生生活中必然会遇到的口语交际话题。此次活动设计既是从学生日常交际需求出发进行的考量，又能指导、促进学生之间的相互了解和交往，帮助学生尽快适应学校生活
		第二次活动内容：以主题"找朋友""我和朋友在一起"开展沙盘活动，引导学生在活动中认识朋友、感受友情，学会与同伴友好相处、互助合作

9月	中年级	第一次活动内容：主题为"介绍自己的爸爸、妈妈"，介绍主体已经从自己拓展到爸爸、妈妈（主要家庭成员），教师引导学生说出要介绍的内容（自己的父母以及父母从事的职业）并说出自己长大以后做什么（自己的理想）。教师需要为孩子提供一个思考的途径：可以表达自己的感受，也能理解他人的感受。在沙盘游戏中，给孩子创造一个安全的语言表达环境，鼓励其进行表达
		第二次活动内容：以主题搭建（道路、交通、建筑设施等）帮助肢体残疾人士出行。教师引导学生观察身边的每一个人，秉承友善、尊重与理解之心，在他们需要帮助的时候尽我们所能提供帮助
	高年级	第一次活动内容：主题为"地球上的主要居民"。可以引导学生发挥想象，激发学生探索自然界的兴趣。教师可以宣导和谐才是我们学习和生活的主旋律，每个人都应该为创造和谐的班级环境、学校环境而努力。每个人既是和谐社会的受益者，也是贡献者
		第二次活动内容：主题为搭建"教室乐园"，教师引导学生共同完成一个作品，在这个过程中学习与同伴友好交往、合作，培养学生的团结互助精神

五、微观操作

1. 热身游戏

以组为单位做快乐手指操的游戏（锻炼学生的小肌肉群，促进其大脑、眼、手协调发展）。

2. 老师宣布活动注意事项

培智学生规则意识差，上课时要遵守的纪律需每节课前强调。

（1）不能随便说话。

（2）不能碰别人的沙具。

（3）别人讲话时认真听。

（4）有补充时，举手发言。

3. 体验摸沙、布置主题

沙盘师播放舒缓的音乐，让学生找到自己的位置，调整好坐姿后，安静地坐下来。其把双手放到沙盘的沙子中，然后用摸、抓、握等任何自己喜欢的方式来接触沙子。在这个过程中，老师宣布本次活动主题和要求。

沙盘师语言引入：同学们，我们都知道自己现在生活的这个地方叫正定，它就是我们的家乡。我们的家乡是历史上有名的文化古城，有许多旅游胜地。外地的小朋友知道我们的古城风景优美，想来我们正定古城游玩，可是没有导游。这节课我们推选我们班的一位学生作为她的导游，来介绍一下我们的家乡。

我们的家乡的确很美，同学们，你们对家乡有哪些了解呢？或者你们想把家乡的哪些故事讲给外地同学听？一会儿我们用沙具摆出你心中想介绍给外地同学的家乡景色。

4.第一阶段活动任务

（1）小组用手心手背的方式决定今天的轮值组长。

（2）由轮值组长决定本组组员序取沙具的顺序，每人取4～5件。取沙具过程中，不做任何交流。摆放沙具的顺序根据本组学生能力情况以划拳、抽签或顺时针等方式确定，不是特定的顺序。

（3）进行无声的沙盘创作（孩子们刚开始做沙盘时，并不能遵守规则，说话、动自己和别人的沙具是常有的现象，大概经过6次的沙盘活动之后，这些规则在小组内慢慢就建立起来了）。

（4）摆放结束，组内讨论分享。这个环节很重要，沙盘师引导关键点上的成员进行互动和交流。老师在此期间到每个小组拍照片、录视频，然后用数据线把照片传到电脑上，由各个小组对着电脑屏幕来讲解他们的沙盘。

（5）最后本组轮值组长一个人可以做沙盘整体修饰，也可以放弃。

5.第二阶段活动任务

（1）请每一个小组轮值组长自己或推选一人对照大屏幕讲解本组的沙盘。

（2）组与组之间互换讲解（每一个小组上来表述的人不一样，有的是一人一句来完成他们对作品的讲解，有的是由轮值组长代表，一两人进行补充，有的是轮值组长自己上去讲解）。

（3）沙盘老师：请同学们说说今天的课的收获是什么。

本阶段沙盘师做好记录，关注成员变化以及互动融合状况，提醒并促进其积极讨论；对每个人包容和保护，积极关注。

6.第三阶段活动任务

老师和学生一起将作品拆除，将沙具摆放整齐，将沙盘室打扫干净。

六、效果评估

（1）自评：一是通过相关自陈量表、问卷进行自评；二是通过被试主观感受进行自评。

（2）他评：一是他评问卷；二是主试感受；三是他人反馈，如父母、同学等。

正定特殊教育学校以每学期为一个周期，对学生进行学期初评和学期末评估。评估一般有两种形式，即自评、他评。

对于程度较好的学生，通过老师的询问、交流，使其说出对沙盘课的态度及感受，他们均表示喜欢上沙盘课。他们认为在沙盘课中学会了赞扬他人，增强了自信心。

另外，正定特殊教育学校使用评估量表"培智学生社会交往能力调查问卷""特殊儿童语言与沟通评估表""情绪调查问卷"对开展沙盘课的班级学生进行跟踪评估，通过三年的量表评估对比，学生的语言与沟通、社会交往能力有大幅提升。

七、活动总结

本次沙盘游戏课遵循了学生的身心发展特点及水平，并与学生实际的生活需求相结合。沙盘游戏课程主题设计与学生的实际生活情境密切联系，实用性很强，将学生学习内容从学校课堂扩展到家庭和社区。

此次沙盘游戏课程的总目标侧重和生活语文、生活适应学科相融合，按照课标中提出的相应的教学要求，生活语文课程教学从学生学习沟通开始，再逐步向听、说、读、写发展。适应个体的沟通方式是引导学生进入课程的入口，也是其他各科课程教学的起点。沙盘游戏则顺应生活语文的学科特点，让学生的沟通从非语言交流开始，逐步发展"说"，利用沙盘游戏培养学生基本的语言理解和表达能力，实现日常生活中的基本沟通功能。在沙盘游戏活动过程中，我们以学生为本，满足学生个体之间的差异。比如，在第二阶段的活动任务中，请每一个小组庄家自己或推选一人对照大屏幕讲解本组的沙盘。教师对学生进行了任务分层，教师根据各组学生能力采取不一样的方式，有的是一人一句来完成对他们作品的讲解，有的是庄家作为代表，找一两个人补充，有的是庄家自己上去。经过这样的目标分配，不同能力的学生在活动中接受了差异教学。

为了提高学生的情感态度与价值，教师在本次沙盘活动中渗透道德教育、安全教育、中国梦教育等相关内容，以正确的价值观引导学生爱家乡、爱祖国。

总的来说，沙盘游戏课程给了教师较大的自主性，教师可以结合学生的需求设计活动主题。沙盘游戏课的体系化、规范化，既需要大胆创新，又应理性思考。团体沙盘游戏课和各学科相融合的教育模式，在本校的运用正处于"摸着石头过河"的探索期。

案例二　团体沙盘活动——三兄弟的世界

一、教育目标

3名学生在班级不遵守纪律，跟任课教师和同学有过冲突，对抗情绪严重，不愿意学习，脾气比较大，难以控制和调节。团体沙盘活动的教育目标如下。

（1）通过团体沙盘活动可以让学生学会人际交往，改善师生关系和同学关系，学会正向表达，能和老师和同学进行顺畅沟通，遵守班级纪律，进入正常的学习状态。

（2）3名学生有很强的负面情绪，在团体沙盘活动中，为学生建立一个安全的空间，营造和谐的氛围环境，让学生释放负面情绪，并逐渐学会管理情绪，学习理解他人，可以站在不同的角度看待问题，让学生看到生活的另一面，给学生带来希望和对未来有所期待。

二、团体特点

这3名学生是吉林省孤儿职业学校同一年级同一班级的学生，均是孤儿。他们具有相似的经历，巨大的创伤事件对他们的生活产生了很大的冲击，短时间内难以适应。他们都在亲戚家生活过一段时间，寒暑假都回亲戚家度过，无安全感，无归属感，孤独、失落、沮丧等各种情绪隐藏在心底。

其个人具体情况如表9-2所示。

表9-2　参与者信息表

姓名	性别	出生日期	来校日期	父母情况	其他
王××	男	2006/7/8	2012/8/15	父刑母弃	父亲服刑（2010年4月26日），母亲走失（2007年11月5日）
陆××	男	2006/5/17	2014/8/12	父弃母亡	父亲因精神病于2010年10月10日走失（2014年6月18日立案） 母亲因乳腺癌死亡（2012年12月12日）
张××	男	2006/5/22	2014/8/12	父亡母亡	父亲因车祸死亡（2008年11月3日），母亲因车祸死亡（2008年11月3日）

三、教学工具及要求

标准团体沙盘的内侧及底面为蓝色，内装洁净、细腻的海滩沙，旁边放置装水的容器、各类沙具，沙盘制作过程的记录工具，包括数码相机及记录笔和本，触沙时播放的背景音乐。

四、宏观设计

该次团体沙盘活动共分8次，每次1小时。前3次团体沙盘活动没有限定主题，目的在于让学生熟悉沙盘的操作和相关的规范，让团体成员相互熟悉，并建立彼此的信任关系，建立团体契约等，形成信任的、相互支持与鼓励的、友爱的团队。后5次的团体沙盘目的在于直面生活，消除过去的伤痛，学习面对生活、理解生活，最主要的是寻找生活中的资源和对未来生活的希望。根据团体的特点结合沙盘活动的特点，制订本次团体沙盘活动的实施方案，详细活动过程见表9-3。

表9-3　团体沙盘活动实施方案表

次数	目标	沙盘主题	操作	备注
1	熟悉沙盘，团队组建	自由主题	团队建设：队长、队员、队名、队歌、队徽；团队展示	本次活动主要内容为团队组建，感受沙盘，熟悉沙具
2	团队组建，自我表达	表达自我	团队组建，队长由没有担任过的人来担任	感受团队和通过沙具进行自我表达
3	团队组建，感受团队	感受团队	团队组建，队长由没有担任过的人来担任，讨论团队组建过程中的感受	选可以代表自己在团队中感受的沙具来谈自己的感受
4	探索自己及过去	我和我爱的人	自选沙具，选择讲一个我和我爱的人的故事	故事是难忘的故事，谈自己在故事中的感受
5	直面现实	困难	面对生活的变故及应对方法	取沙具，表达现在的我及我的生活，引导及鼓励其表达、相互理解和帮助
6	情绪应对	情绪应对	讲述情绪及应对办法	识别自己的情绪及应对方式
7	感恩	我要感谢的人	分享生活中感动的人及事	寻找生活中的力量源泉，为未来助力
8	寻找生活的希望	我的未来	构建未来的生活蓝图	有梦想就有希望

五、微观操作：以第一次团体沙盘活动为例

这是一个仅有3个成员的小团体，团队成员的经历相似。这次体验式团体沙盘活动为第一次无主题沙盘活动。活动过程如下。

（一）热身活动及团队组建

首先进行热身活动，做手指操。让学生跟着老师一起进行手指操练习，在老师的带动下，让学生动起来，进入团队状态。

接着进行团队组建，三个人也要选队长，起队名，确定团队口号，选队歌，用手势做队形，在沙盘里用沙子做队徽，展示和欣赏自己的团队。团队组建后，进入沙盘活动。

（二）宣誓

老师和团队成员起立，手握手，在老师的带领下宣誓：我们是一个团体，是一个信任的、友爱的团体，在今后的活动中，我们将相互理解、相互信任，敞开心扉，相互帮助，这是一个很安全的环境，我们会讲述我们的故事，离开这里，带走我们的感受，留下我们的故事。宣誓人：×××。

（三）摸沙

放轻柔的背景音乐，如班得瑞的冥想曲，纯净，安定人心。

指导语：把你的坐姿调整到你认为最舒适的位置，将双手放在沙盘里，轻轻地闭上眼睛，调整呼吸，用鼻子吸气，然后用嘴慢慢地呼出，现在随我一起进行三次深呼吸，呼——吸——伴随着我们的呼吸，你的内心开始安静下来，呼——吸——此刻，你感受着呼吸，你的心会越来越安静，呼——吸——现在你可以用自己喜欢的方式去碰触沙子，可以摸沙子，可以搓沙子，也可以把沙子握在手中，总之可以以你喜欢的任何方式来感受沙子。请把注意力放在手和沙子接触的感觉上，感受这种感觉……你的感受是什么？此时你想到了什么？不用说出来，让画面清晰一些，将画面定格，感受这幅画面……（留白2分钟，体验时间控制在4分钟左右）。

现在我数3个数，请大家调整呼吸，慢慢地睁开眼睛。3，将画面定格，感受你此时的感觉；2，放下手中的沙子，调整自己的呼吸；1，慢慢地睁开你的眼睛。调整、适应一会儿。

（四）选取沙具

指导语：我相信，在刚刚的摸沙过程中，每一个人的脑海中都出现了一个或几个画面，每个画面都有自己的故事，想象着脑海中的画面，选其中的一个画面，一会儿用沙具将其展示出来。一会儿你可以走到沙

具前，看一看哪件沙具可以用来讲述你的故事，将它们取回来放在沙盘中，让我们将脑中的世界展示出来。

请依照顺序每个人走到沙具前取一件（或一组）沙具，并摆放到沙盘中，可以取5轮沙具。

规则：在取沙具的整个过程中，不要碰触或移动他人的沙具，也不要有语言交流。自己的沙具在下一个成员摆放上之后就不能再次移动。如果想移动，算一次动作。这个规则在本次活动中要遵守到最后，直至小组成员按规则结束沙盘摆放（沙具摆放时间为10分钟）。

（五）组内分享

请大家按照取沙具的顺序说一说，你所拿取的每一件沙具有怎样的故事，自己在摆放沙具时有什么感受。小组沙盘如图9-1所示。

图9-1　整体沙盘（咨询师方向）

第一讲述人（见图9-2）：

王××：这是两个火车，其中一列火车挡住了另一列火车的去路，为此它们吵了起来。最后一列火车让道了，就都过去了。旁边还有一个法师和坦克（一辆炮车）共同打僵尸，最后他们赢了。

王××：我的感受只是感觉挺好玩的。

第二讲述人：

张××：这是特种兵，很厉害，这是三个骷髅，这是一条蛇和僵尸，它们面对面，僵持着，想要打架，但

图9-2　第一讲述人沙盘（局部）

图9-3　第二讲述人沙盘（局部）

图9-4　第三讲述人沙盘（局部1）

图9-5　第三讲述人沙盘（局部2）

有特种兵在，它们就不敢动了。

咨询师看到：三个骷髅和特种兵对立，一条蛇放在了蓝精灵的后面，并且埋了起来，只剩头部，像是要吃掉蓝精灵的样子（见图9-3）。张××话很少，说自己没什么感受。

第三讲述人：

陆××：这是两个特种兵、两个蓝精灵、一个踢足球的小孩。故事是：一个特种兵要和另一个特种兵（张××摆放的）会合，打败三个骷髅，但被蓝精灵挡住了去路，那条蛇要吃掉蓝精灵，特种兵要用枪打蛇，但蓝精灵不让打（见图9-4、图9-5）。

陆××：感觉他们要打起来了。

（六）拍照，拆沙盘

指导语：请大家拿出自己的相机为自己的作品拍照，可以沿着沙箱环走一周，从不同的角度观察作品，在拍照时请不要碰触沙具，拍照后请把沙具放回沙具架，然后将沙面抚平。

（七）小结

通过本次沙盘操作活动，可以让团队成员学习团队组建，在组建团队的互动中相互了解、熟悉，感受彼此的友爱和团队的力量，通过沙盘活动了解沙盘、感受沙盘，学习沙盘的设置规则。团队中每个人都展示了自己的沙盘作品，简单地讲述了自己的沙具的故事。虽然故事讲得十分简单，但表达了就是好的开始，相信每个人的故事背后还有故事。团队中有的人有感受，可这种感受是表面的、肤浅的；有的人没有感受，可能是不会表达，也可能是不想说，还有可能是不能识别自己的情绪感受，这是需要学习的。

总之，大家不善于表达自己的感受，没有能够很好地表达自己的情绪感受。形成这种局面的原因，可能是团队还没有形成一定的包容的、可信任的、放松的、自由的敞开的空间，还没有建立起可信赖的团队关系和咨询关系。

六、活动总结

这次活动是第一次团体沙盘活动，活动的重点在于团队的组建，让大家相互熟悉。他们原本是一个班的同学，是认识的，但这种认识在团队活动中可能是有利的，不需要过多的自我介绍，但更多的是消极影响，即因为认识而不能敞开心扉。沙盘游戏活动就是要打破这种阻抗，让大家敞开心扉地来表达自己，以达到更好的调整自己的目的。团队建设就是要让他们重新建立起一种新的关系，即和以往不太一样的交往关系，建立起团队间的信任关系，让团队成员在团队里感受到自由、信任、包容、理解、安全、互助、友爱、接纳，感受到温暖。

在团体沙盘活动阶段，他们之间的交流很少，每个人的话也不多，表达得十分简单，特别是谈感受时，他们都很难表达自己的情绪感受。从沙盘的画面分析来看，他们每个人都很有故事，都有很多想说但没有说出来的故事，而且画面充满了恐惧、战争的意味，有伤害，有敌人，他们需要保护，更需要一个安全的环境。第一次沙盘游戏活动，受时间的限制，在沙盘内容分享阶段分享得不够充分。对于这些缺憾，在下一次的沙盘活动中要进行弥补，可以用提问的方式来引导团队成员表达。特别是情绪感受，他们几乎都深深地藏起来了，不想说，不会说，也可能是不能识别出来，这都需要对团队成员进行引导，也是需要学习的。

在团体沙盘活动中，要让团队成员学会规则，规则在咨询中是很重要的，这是今后几次沙盘活动中可以达到预期教育目标的有力保障。

应用发展篇

第十章
团体沙盘在教育管理中的应用

第一节　中小学教育管理与团体沙盘实践探索

教育是一项价值高度涉入的培养人的伟大事业，而服务于教育的教育管理自然也肩负着多重使命，教育管理研究的重要性不言而喻。对于中小学的教育管理来说，探索如何适合不同年龄阶段的管理对象，将团体沙盘心理技术应用于教育管理中，也是必要的和可能的。

一、关于教育管理

（一）什么是教育管理

教育管理是指国家或地方政府对教育事业及学校的组织、领导和管理。孙绵涛教授认为，教育管理是教育管理者运用一定的原理与方法，在特定的条件下合理配置教育资源，组织和引导教育人员完成教育任务，实现教育目标的一种活动。广义上的教育管理是指包括学校教育管理和教育行政管理在内的所有教育活动的管理。狭义上的教育管理则专指教育行政管理及国家或政府教育主管部门对教师事业的介入、干预、协调、控制、指导和服务等职能活动。教育管理是教育与管理的交叉与结合的活动，是对教育进行管理的专业化活动。它既是社会管理的组成部分，又有着不同于社会管理的特点。

（二）教育管理的类型

现有的教育管理体系和模式构成大概有三类：一是针对问题学生干预类的问题导向，包括开展心理健康普查，完善咨询机构建设；二是针对教育发展取向下的模式，包括开设心理健康教育课程，开展心理健康教育活动，强调的是发展性和普及性；三是综合性发展趋势的模式建立，更多体现的是心理健康教育的育人体系和育人功能，有明晰的目标、内容、途径和方法，更强调系统性，完善教育领导、教育运行、教育评价、危机预防的多层次整合。

二、当前教育管理中存在的问题

（一）学生身心发育存在差异，班级管理困难

每个孩子在成长过程中都会或多或少地出现心理不协调和不适应，而家长和教师重视学业、轻视心理健康教育的情况也十分普遍，学校心理健康教育教师专业知识的缺乏和学生对心理咨询理解的误区，使学生在情绪、行为等方面的心理问题不能得到及时和有效的解决。小学低年级学生身心发展尚未成熟并存在部分学生身心发育有差异的问题，导致常规管理难，对课堂节奏和形式的把握有难度；不同学生对教师的讲课风格难以适应，厌学、辍学现象也层出不穷；学生的个别差异与兴趣爱好的不同，导致德育实施难；还有一部分难以适应环境的学生会产生入学适应焦虑以及考试焦虑等问题，竞争意识也会有所下降。

（二）教师综合能力难以适应课程更新

随着时代的快速变迁，无论是学生的心理还是课程和教材都在不断地更新和变化，尤其是会把一些落后的、老旧的知识进行删减，把偏离生活和实践的知识去除，同时增加一些反映现代化生活、凸显现代化信息技术的内容，这样的课程改变对教师的综合能力提出了更高的要求。但是小学教师和中学教师的各项能力毕竟有所差异，很多小学教师的现代化知识、技能还有所欠缺，很多教师的综合能力难以适应不断更新变化的课程结构和教学设置。

三、团体沙盘心理技术在中小学教育管理中应用的意义

结合学生的心理发展状况，完善心理健康教育工作体系。具体如下：从管理者层面创建和完善管理体制、管理机制、评估体系；从教育者层面构建和规范结构体系、运行体系、预案体系；从被教育层面细化和深化目标体系、过程体系、评价体系等。这也是进行学校心理健康教育管理体系的基础性工作，直接关系到合格人才培养目标的具体实现。

（一）促进受教育者——学生的心理健康发展

心理健康教育，其本质就是教育者采用多种方法和技术，从受教育者的身心发展特点出发，对受教育者进行积极的干预和主动引导，促进其全面发展的一种教育活动。关于心理健康教育，不同的人给出了不同的解释，这也说明了心理健康教育内容的多样性，但从本质上对于心理健康教育的定义还是脱离

不了通过这种教育帮助学生解决在各自的成长过程中可能会出现的各种心理问题，促进全体学生提高心理素质，发展心理机能。

（1）减少抗拒，促进引导和教育的进行。沙盘游戏是以游戏的形式进行的，游戏本身就会让人放松，减少阻抗。在游戏中，分析者和来访者就"物件"本身进行讨论，而不用第一人称和第二人称，这样孩子认为不是在说自己，就会借助"物件"把自己平时想到而不敢说的问题大胆地说出来，这其实就是心理投射。分析者也利用"物件"来进行适时点拨，引发游戏者针对"物件"进行思考。这样无形中游戏者就不知不觉地接受了分析者的引导、拓宽了思路，使问题得到了梳理和澄清。

（2）宣泄情绪，心灵得到净化。生活中，孩子是弱势群体，他们被管制、被约束、被要求。孩子有时不善于或者不敢于表达自己的想法，久而久之，就压抑了自己的一些情绪，形成了心理问题。游戏中，游戏者在玩的过程中心情是愉悦的，他们不担心被批评，不担心说错话，随心所欲，自由自在，所以本身就宣泄了不良情绪。此外，在每一次的主题游戏中，从其所摆的作品以及作品的变化中可以看到他们的心灵也得到了净化和成长。

（3）心理状态可视化，问题得到澄清、转化和解决。沙盘游戏是在"无意识"情况下进行的，每一种物件的摆放位置、摆放顺序、组合结构都有一定的象征意义。孩子在成长过程中一些压抑的情结和情绪以及创伤事件等都会在沙盘中得到展现。借助于沙盘和各种物件，来访者的问题以物化的方式真实重现，符合青少年的具体形象思维特点，解决了诸多心理流派在如何让来访者呈现和澄清面临的问题方面的困惑。

（4）调整自己的认知结构和行为模式，提升解决问题的能力。沙盘游戏分为制作和讨论过程。在讨论过程中，可以针对游戏者设计的故事的不同结果进行设想和分析，游戏者在具体的沙盘游戏活动中，反复检验内在的迷惑和感受，在沙的世界中进行动态演绎，充满乐趣，并在动态中调整自己的认知结构和行为模式。

（5）培养自信、专注、自控、抗挫折、表达、创造、想象等能力，学生在沙盘中启动自性原型，促进"自性化"发展，在自由与受保护的空间中，游戏者获得了自我控制感，在沙盘中一次次创造。

（二）对教育内容——中小学科研的教育启发

我国教育的特色和属性如下：①思想政治教育与心理健康教育的整合关联，在我国心理健康教育是德育工作、思想政治教育工作的构成元素，二者相互促进、相互统一，共同目标即为促进学生积极健康成长。②根本目标是促进学生素质全面发展，中国特色的社会主义大学的目标是培养社会主义合格建设者和可靠接班人，促进学生综合素质的全面发展，与社会发展和谐统一是根本目标。③具有特定的疏导方法，科学社会主义强调要培养学生正确的人生观、世界观、价值观，正确的观念引导是心理干预、咨询、疏导的一个部分，与西方纯粹的心理咨询和治疗有本质上的差异。④注重心理问题与现实问题结合，以解决学生的实际困难为根本，绝不单纯以心理治愈心理。

教师在重复的操作体验中发现教育教学的应用点。团体沙盘心理技术是"以游戏的心态积极、认真、用心参与，带着关爱陪伴、守护、关照，耐心倾听和等待，默默欣赏，用心感受，必要时真诚分享"进行工作的，这让许多教师对自己以往的教学工作有了很多反思，并学会了把"游戏"植入教学中。教师以陪伴、守护、耐心倾听和等待的工作态度，相信并欣赏学生有能力来解决学习中的困惑，并在"做中学"，激发想象力与创造力。许多教师把这种理念应用于语文、思想品德等学科教学中，不仅提高了教师"教"的能力，更发掘了学生的潜能，学生在学习共同体中学会协作、学会学习。总之，团体沙盘心理技术为科研的发展提供了一个最具操作性的应用手段。许多学校进行一个月两次的沙盘与课程相结合的教学，使每一位参与的学生和教师的水平都得到了极大提高，使得教师的综合能力能够适应学生知识背景的更新。

（三）有助于教育者——教师的自我成长

"学为人师，行为示范。"教师不仅向学生传授文化知识，而且身体力行、潜移默化地影响着学生精神世界的构建，肩负着塑造年青一代美好心灵的重任。教师是一个个拥有日常生活中的喜怒哀乐、有血有肉的平凡的人，这个"人"应有充分的安全感和自我价值感、良好的人际关系与心理素质。关注教师的心理状态、心灵成长，从一定意义上影响并决定着教师自身人格的健全和专业化发展。心理健康是教师综合素质的核心要素，也是教师整体素质及教育教学质量提高的基础与保障。

1.在回归本真的游戏中表达自己

"为人师表"是对教师的职业要求，这在教师的人格成长中起到了非常重要的作用。随着教龄的增长，这种人格特质会逐渐成为教师人格中最主要的部分，令其在不知不觉间忽略了其他部分人格的存在和需要。如果这些人格需要得不到满足，由此产生的消极否定的情绪就得不到有效释放和调节，受到直接影响的就是学生。人类有着强烈的游戏本能，每个人天生都是游戏者，对于我们而言，游戏既是生活又是学习。在沙、沙具、沙盘中，成人的我们和儿时的我们一点一滴地交心，跟着内心的儿童哭，跟着内心的儿童笑，在包容的沙的世界里，再度成为一个孩子，天真与感动被重新唤醒，身体和心灵自然而和谐。在这个安全、自由、受保护的环境中，教师通过不断创造、破坏、再创造、再破坏来展现和审视他们自己的"沙世界"。他们可以及时地从过去经历的"受害者"转变成旧体验的主人和新体验的改变者、创造者。

2.在综合调动多种感官的过程中增强教师自我意识

团体沙盘心理技术为教师的内在想法和感觉提供了有形的表达形式，沙盘世界看得到、听得到、摸得到、嗅得到，并且可以按自己的意愿来改变。荣格认为，一种无法靠认知方法理解或化解的情绪体验，常常可以通过赋予它一个可见的形状而得到处理。加强感受性是团体沙盘心理技术中最重要的工作，游戏者自己决定在治愈过程中是否披露自己或将要学习什么，沙盘师要尊重游戏者对自己内心世界的个人解释和创作。

3.提高师资队伍的凝聚力

团体沙盘心理技术强调以"四不二重"的原则进行游戏与工作，让每一个人都以来访者的身份体会与感受自己。让每一个小组成员通过一次次的陪伴与感受，理解、尊重、包容、接纳，在其中有所成长。通过这种方式的培训，来访者可以渐进式地感受和理解无意识，体验无意识与意识的多层次沟通与对话。通过小组成员间的真诚分享，来访者不仅能深刻体验自己在沙盘心理技术情境中的感受，从而觉察自己、认识自己、接纳自己和表达自己，更能觉察、认识、理解别人及尊重、表达、接纳、包容别人，使团队更加具有凝聚力。

4.在情结的感受与转化中，进一步稳定主人格

教师职业要求教师的主人格要相对稳定，这是与学生产生共鸣、共情的重要心理基础，而影响教师人格稳定的最重要因素是次人格，即情结，特别是钱的情结和性的情结等重要的情结。因此，教师个人情结被觉察和轻化得越多，就越能与学生产生共鸣与共情，并产生积极的影响。在沙盘情境和日常生活中，每一个学习者都可以通过反复练习获得个人成长，最终成为一个好教师。

为提高教师的心理健康水平，各级教育管理部门特别是学校管理者都在积极努力，有条件的地区会组织中小学教师学习心理咨询相关知识，帮助很多人通过考核成为心理咨询师，一定程度上提高了教师的心理健康水平。更多的学校采用团体沙盘心理技术帮助教师进行心灵成长和技能的提高。

第二节　案例分享

案例一　绽放心灵之花　奠基幸福之路
——大连市绿波小学教育管理实践中的团体沙盘探索

绿波小学建校于2000年7月，是一所小区配套学校，占地面积12631平方米，建筑面积7431平方米。共有25个教学班，1036名教师。多年的教育实践，让绿波人懂得"教育就是认识自己，用理性指导自己，成为更好的自己"。学校的责任就是"帮助孩子做好适应社会生活的准

备，并且确保孩子以后能在社会这个大乐队中更好地扮演他的角色"。因此，绿波小学一直关注学生的心理健康，以"让每一个人得到不同的发展"为办学宗旨，探索出了适合绿波小学心理健康教育的新途径、新方法，形成了"关注心灵成长，奠基幸福之路"的心理健康教育特色。

一、准确定位，明确内涵

绿波小学校创建心理健康教育特色是基于以下的思考。

（一）继承传统，发挥优势

绿波小学一直以来就特别重视心理健康教育工作，学校以科研课题为引领，整合教材，创编主题，开设各具特色、富有实效的心理健康教育课、心理拓展活动、心育班会等，多渠道实施心理健康教育，建立了一套比较系统的工作体系。

（二）审时度势，与时俱进

教育部出台的《中小学心理健康教育指导纲要（2012年修订）》指出：在中小学开展心理健康教育，是学生身心健康成长的需要，是全面推进素质教育的必然要求。

（三）立足校本，助力成长

在绿波小学，87%是独生子女，13%是双生子女。学生在成长过程中面临着学习、生活、人际交往和自我意识等方面的心理冲突，他们不仅需要一个和谐宽松的良好环境，还需要得到专业的帮助，更需要掌握调控自我、发展自我的方法与能力。因此，学校研究和借鉴相关教育学、心理学等理论，确定了"心理健康教育"作为学校特色发展的切入点。

我们理解的学校心理健康教育，就是教育者运用心理科学的方法，对小学生心理的各层面施加积极的影响，以促进其心理发展与适应、维护其心理健康的教育实践活动，其根本目的是帮助学生改善心理机能，培养良好的心理品质，塑造健全的人格。

心理学家曾就21世纪儿童心理健康的标准做了这样的描述：①身体健康，智力正常；②经常保持愉快心情，有幸福感；③符合年龄特点的自我认知和社会认知；④具有健全的人格，富有和谐的思想和习惯；⑤恰当的自我控制，行为符合常规和年龄；⑥能适应环境，热爱生活，乐于学习；⑦乐于交往，易相处，能得到同伴的认可；⑧能根据自身年龄特点，循序渐进地发展。

绿波小学的心理健康教育就是通过课程、活动、班主任工作、家庭等多种渠道，开展有计划、有组织、系统的教育活动，培养身心和谐、社会适应良好、有持续发展力的人。

二、有效实施，凸显特色

（一）专题课程重参与

2002年，教育部颁布了《中小学心理健康教育指导纲要》，两年后绿波小学正式启动此项工作。在探索的过程中，绿波小学连续三次通过验收，获得"大连市心理健康教育基地校"的称号。特别是2012—2015年，绿波小学在"多渠道开展小学生心理健康教育的研究"市级课题的引领下，通过团体沙盘课、心理小游戏、班主任工作、家庭教育四个渠道实施心理健康教育，建立了一套比较系统的工作体系，促进了学生身心健康发展及素质的全面提高。

1.团体沙盘课程显精彩

（1）学生团体沙盘课。2011年，在区教育局的大力支持下，绿波小学建立了沙盘室和心理测验室，学校700余名学生参加了沙盘体验活动，效果良好，广受欢迎。于是，学校又投入5万余元，购置沙盘、沙具，建立了团体沙盘室，在三至六年级开设了"大"团体沙盘课。沙盘课以班级为单位，将全班学生分成6～8个小组，在老师的指导下进行沙盘游戏。沙盘课每周进行一次，每次2课时，连续4周共8课时。

沙盘课的主题主要是围绕六大美德24项积极心理品质展开。第一方面——智慧和知识：创造力、好奇心、开放思想、热爱学习、有视野（洞察力）；第二方面——勇气：真诚、勇敢、坚持、热情；第三方面——仁慈与爱：友善、爱、社会智能；第四方面——正义：公平、领导力、团队精神；第五方面——修养与节制：宽容、谦虚、谨慎、自律；第六方面——心灵的超越：审美、感恩、希望、幽默、信仰。

根据学生身心发展特点及心理健康教育各学段的教学重点，绿波小学三年级的团体沙盘课以培养学生的创造力，使学生保持对事物的好奇心，拥有开放思想为主要培养目标。课堂上，以无主题沙盘为主，让学生用沙子、沙具和画面展示内心世界和奇思妙想，让学生有新的创意和想法，能够更加开放地、多角度地考虑问题。

四年级和五年级主要以六大美德中的勇气、仁慈与爱、正义、修养与节制这四方面中的积极心理品质开展主题式沙盘，旨在培养学生的各项积极心理品质，利用每一次课和每一个主题，不断渗透和强化积极心理品质。

六年级的主题设计是以强化学生的创造力、求知力、思维与洞察力、团队合作精神为主，注重心灵的触动，更注重感受、学生之间的互动及团队能量的流动。

通过沙盘课，学生能够表达自己，倾听他人，合作交流，共同分享。

因此，沙盘课备受学生欢迎。

（2）教师团体沙盘活动。学校工会组建了由10人参加的两个沙盘骨干小组，每周三进行一个半小时的团体沙盘活动。几年来，骨干成员参加了70多次沙盘活动、6次集体督导。每月最后一个周三，全校教师分别在10位骨干老师的带领下，分组进行团体沙盘体验活动。通过沙盘游戏，减轻了老师的压力，提高了小组成员的默契度，团队凝聚力也增强了，有的老师觉得更自信了。

（3）亲子沙盘活动。理想的学校教育应该是连接家庭和广大现实世界的中介物。学校通过亲子沙盘活动，引导家长关注孩子的心理健康教育。学校在每周六下午，分两个时间段，举办了以6次课为一个周期的亲子沙盘活动。6次课结束后，每个家庭成员都有很多感受，内心受到很大的触动。

第一次亲子沙盘活动的主题是倾听彼此心声，目的是让家长和孩子初步感受沙盘心理技术，让家庭成员在快乐中了解沙盘。特别是用同一组沙具重新摆放，呈现不同的画面，让家庭成员理解如何从不同角度看一件事，同时也让每一个人有说话的机会。第二次活动的主题是认识自己，目的是通过摆放沙具，把自己内在对家人的印象表达出来，让彼此从对方眼中认识自己，增进家庭成员之间的了解。第三次沙盘活动的主题是听我说，目的是通过沙盘活动，让家庭中的每一个人能够彼此尊重，学会倾听，相互理解。第四次沙盘活动的主题是加强沟通，目的是在尊重、倾听的基础上，让家人之间学会沟通、分享，培养共同解决问题的能力。第五次沙盘活动的主题为爱家人，目的是让家人了解彼此给予对方的爱，让每一个人感受这些爱，并在爱的氛围中成长。第六次沙盘活动的主题是畅想未来，目的是让家庭成员更加和谐，体现出沟通、协作的力量。

此外，学校还聘请专业人士，举办了专门针对生育二孩子女家庭、关注头生子女健康状况的亲子沙盘。同时，聘请李鑫蕾博士做了"母亲积极心理品质与亲子关系"的家庭团体沙盘亲子活动。

教师尝试设置两种亲子沙盘活动。一种是一个沙盘中有一个家庭，目的是让家庭成员充分了解、互相尊重，先注重家庭内部的矛盾，在家庭内部熟悉的人面前能够更加放松，更能还原家庭交流的真实状态，感受力也得到了增强。另一种是一个沙盘中有两个或两个以上的家庭，目的是家庭之间可以互相观察和学习，重在感受自己家庭模式和他人家庭模式的不同，小组动力会更强一些。两种不同的设置带来了不同的效果。后期，教师先安排第一种形式的沙盘活动，等到每个家庭的开放度提升后，在进阶课程中设计两个家庭在一组沙盘中的亲子活动。

亲子沙盘游戏不仅增进了亲子间的交流，引发了家长更多的感悟，使亲子关系更和谐、更亲密，还增强了家长的意识，他们更关注孩子的心理，更尊重孩子，遵循规律教育孩子。

2.特色课程促进身心整合协调

绿波小学的教师根据脑神经生物学、运动机制学等理论，改编了"26式健脑操"，有针对性地进行整合创编。现在已创编了提高学生注意力、阅读理解能力、计算能力、语言表达能力等五个系列健脑操，同时教师为低年级的学生创编了一套"儿童健脑手指操"。每到大课间，教师就会根据学生年龄发展的特点和不同学科教学的要求，有意识地进行健脑操、手指操游戏，充分发挥心理游戏的功能，促进学生全脑开发。

3.有效整合现有课程，促进国家课程校本化实施

学校有效整合品德与生活、品德与社会国家课程和地方课程中的重复内容，开设了"阅读与美德"的主题校本课程。一、二年级以"经典与美德"为主题，学习《弟子规》《三字经》和诵读优美古诗词，重在培养学生良好的行为习惯；三、四年级的主题是"美文与美德"，阅读近现代中外美文，以美文育美德，重在提升学生的修养；五、六年级以"时文与美德"为主题，大量阅读科技、历史、社会等方面的文章、作品，了解社会发展的前沿资讯，开阔视野，重在对学生进行理想教育，树立服务社会的意识。

专题课程的开发与国家课程的校本化实施，培养了学生的社会情感、社会意识和创新意识，为以后适应社会打下了基础。

（二）主题活动重体验

心理健康教育的实效性来自学生的丰富体验、深刻感悟和积极行动。丰富多彩的艺术节、科技节、爱心义卖等活动，为学生提供了参与、体验、感悟的机会；善款敬老、捐赠孝慈长椅、爱心帮帮团等"爱的教育"主题活动，更让学生有机会"行动"。

劳动最能培养人的自信。学校以劳动技能学习为切入点，遵循小学生劳动教育特点，开发了以"绿色·实践·创新"为主题的40余节微课程，编写了《校内劳动》《自我服务》劳动教育校本微课教材和《巧手绿苗动手做》劳动教育校本教材。学校积极开展劳动实践教育，通过校内劳动、自我服务、家务劳动、公益劳动四个维度，引领学生积极参与，让学生在劳动实践中感受助人的快乐。

绿波小学是大连爱纳孤独症公益服务中心的第一家"友好社区学校"，其通过搭建这样的平台，鼓励孩子积极参与志愿者服务。在活动中，孩子了解了每一个人都是不同的，学会了尊重与接纳、体谅与帮助。

（三）特色环境重熏陶

学校以校园文化建设为载体，发挥环境育人的功能。学校的西侧楼廊是心理走廊，一楼以"有趣的视觉图"为主题，展示了多种有趣的心理现象。二楼展示了学生的"心理画"，一幅幅画面表达了孩子的心声。三楼墙面上有心灵妙语，还有对手指操、沙盘游戏等一些心理学知识的介绍。另外，班级的展板也会不定期地展示学生自己办的心理健康手抄报。

（四）班主任工作重实效

班主任工作是做好心理健康教育的重要渠道，随着对学生心理的关注，越来越多的心理学知识被应用到班级管理中。班主任老师阅读了大量书籍，撰写读书心得，开展读书交流并将心理学效应应用在班级管理中。老师们还把自己实践的经验固化成微课程，供其他教师观摩借鉴。目前，学校已经制作了"框架效应""自己人效应"等15个微课程。心理效应在班主任工作中的运用，大大提高了工作实效。

（五）家校联动重效力

家庭是孩子的第一所学校，如何在家庭中实施心理健康教育？绿波小学开办了家长学校，围绕"青春期心理与教育""孩子入学前的心理准备""有效沟通的方法""培养孩子自信心"等家长关注的话题，每月定期举办系列讲座。绿波小学还充分利用新媒体技术，开设了智慧家长微信课堂，每周一的9：00～10：00由专业老师授课、答疑。

学校还成立了智慧家长工作坊，家长在培训师的带领下，在课堂上进行互动体验；在家庭中注重操作实践；在实践后注重反思与改变。主讲教师帮助家长及时解决孩子表现出的各类问题，也为家长搭建了交流家庭教育经验的平台。

三、特色办学，卓有成效

通过特色学校的建设，绿波小学借助家委会、微信平台、校园开放活动等形式，建立了融洽的家校关系。通过教师培训、教师团体沙盘活动、团队活动等形式，教师转变观念，建立了以爱为核心，以平等、尊重为原则的师生关系。通过亲子沙盘活动、智慧家长工作坊和智慧家长微信课堂，增进了亲子间的交流，促进了家长的自我成长。

绿波小学获得了"辽宁省家长学校示范校"称号，多次获得"大连市心理健康教育基地校""大连市特色目录先进学校""大连市依法治校先进校""大连市校本研修先进学校"等称号。《德育报》《大连日报》《东北之窗》专题报道了绿波小学的心理健康教育工作。

学校承办了大连市"十二五"心理健康教育专项课题现场会，"多渠道实施小学生心理健康教育有效性研究"获"十三五"省规划办课题立项。教师的多篇论文在市区获奖，两位老师先后做客大连广播电台《非常家长汇》，为全市家长介绍家教方法。

心理健康教育特色学校的创建，不仅让教师梳理了工作思路，更引发了教师的思考：绿波小学进行心理健康教育的目的是什么？它与学科教学及正在进行的课程建设是什么关系？今后该如何做？当这样不断追问时，教师又有了新的思考。

（1）学校心理健康教育的根本目的：帮助学生改善心理机能，培养良好的心理品质，塑造健全的人格。由此教师对教育的本质又有了新的认识：从心理学的角度看，教育的根本目的是认识自己，用理性指导自己，成为更好的自己。学校的责任就是帮助孩子做好适应社会生活的准备，并且确保孩子以后能在社会这个大乐队中和谐地扮演他的角色。心理健康教育责无旁贷地担负起了这一任务。

（2）心理健康教育与学科教学及课程建设的关系：基于这样的认识，教师重新审视和定位教学和课程，学科教学和课程的设置、实施、评价，不仅仅是知识的传授、方法与能力的习得，它更大的价值是促进健全人格的发展，这将引发教学方式、学习方式、课程设置等一系列的变化。对于绿波小学来说，心理健康教育就是撬动地球的那根杠杆。

（3）今后我们该如何做：绿波小学将以心理健康教育为切入点，促进学校教育教学、管理等各项工作的整合与重组，创新与改变，彰显健康教育的办学特色，将学校教育"育人"的根本任务落到实处，这也正是这项工作的目的所在。传承与发展，实践与创新，打造心理健康教育特色学校，生成健康和谐的学校文化，促进学校的内涵发展，提高育人质量，让生活在绿波小学的每一个人都健康幸福！绽放心灵之花，奠基幸福之路，让绿波小学成为心理健康教育的品牌学校！

案例二　团体沙盘在长春市中小学教育科研中的应用进展

团体沙盘心理技术被认为是我国本土化的心理干预技术，发展历程不长，但已经被证明可以应用于教育、卫生、司法等多个领域。长春市以主导课题为载体，在全市选取了3个实验区百余所实验校，进行了团体沙盘技术在中小学的应用研究。从2016年开始，经过4年多的研究历程，现在已经基本上达到了预期的研究目的，将团体沙盘技术应用于中小学心理健康教育课、学科课、生涯教育和学生、教师与家长的心理辅导等多种心理健康教育活动中，取得了丰富的成果和显著成效，对长春地区中小学心理健康教育工作起到了巨大的引领和推动作用。

一、顶层设计、行政推动，为心理健康教育工作研究提供根本保证

（一）下发文件，行政推动

在研究过程中，课题组注重顶层设计、行政推动，课题研究之初，长春市教育局下发了《关于应用体验式团体沙盘心理技术开展心理健康教育课题研究的通知》（长教办字〔2016〕19号），从行政角度支持和推动了团体沙盘心理技术在中小学中的应用研究。

（二）硬件配备，研究保障

在市、县（市）区两级教育局和各实验校的共同努力下，实验校团体沙盘室的配备已经达到64%，从硬件上保证了课题研究的顺利开展。

（三）重点研究，科研引领

"十三五"期间，长春市的主导课题"中小学校积极心理健康教育的深化研究"将团体沙盘的应用研究作为课题三项重点研究内容之一，要求所有实验校必须研究该项内容。因此，有133个子课题单位参与了沙盘心理技术在中小学中的应用研究，其中16项子课题对团体沙盘心理技术在中小学中的应用进行了专项研究，即长春市基础教育研究中心1项、高中4项、初中3项（含1所民族学校）、小学8项（含1所特教学校）。研究学段涵盖小学、初中和高中全学段；研究主体既有中小学校，又有科研机构；研究对象除普通中小学生外，还包括民族学生和特教学生；研究内容包括团体沙盘心理技术应用于中小学心理健康教育课、学科课、生涯教育和学生、教师与家长的心理辅导等多种心理健康教育活动。

二、提高中小学教师团体沙盘技术水平，建立中小学团体沙盘科研团队

一支高素质的研究团队是高质量研究的有力保证，为了保证团体沙盘课题研究的有效开展，课题组综合采取了多种措施，努力建立一支自身心理健康、心理健康教育能力优秀、具备科研能力、拥有团体沙盘心理技术理论和实践能力的中小学团体沙盘科研团队。

（一）团体沙盘基本理论和实操培训

团体沙盘在中小学中的应用是长春市"十三五"研究的一项重点内容。市教育局非常重视，拨付了专门的培训经费，对实验教师进行团体沙盘心理技术培训。从2016年开始，长春市对心理主导课题3个试验区、132所实验校的140余名心理教师进行了两轮团体沙盘心理技术培训，每轮培训包括初级和中级两级、理论和实操两部分的学习，培训主讲教师

是全国团体沙盘的专家刘建新和于晶教授。活动以体验式形式打破了以往以讲授为主的授课方式，主要是学员的操作和体验，给了参培教师全新的感受，尤其是沙盘的轮流坐庄的方式，让每位老师都清楚了如何在学校中实际操作。带着在团体沙盘活动中的深刻体验，既促进了自我领悟和提高，又掌握了学校心理健康教育活动的一门实践技能。

（二）专家送培到校，普及培训，精准指导

课题结合团体沙盘专家进百校活动，以分散培训和集中培训两种方式开展了形式多样、有的放矢的培训活动。其中，结合课题结题指导和团体沙盘专家进百校活动，开展了专家送培到校活动，请课题组和吉林省仁爱心理学校的专家到课题实验学校进行培训。集中培训1次，深入实验学校送培到校21次，共指导教师1000多人次。

（三）高端引领与深入督导

2018年，课题组邀请国际沙盘心理技术应用研究院中国区副院长兼总教务长于晶教授来长春对课题组实验教师进行了培训讲座。于晶教授从团体沙盘学校应用的理论、实践及总结要点等方面进行了全面而深入的讲解，并为长春市的心理教师做了现场督导。

针对长春市已于前期对中小学心理教师进行了两轮团体沙盘心理技术初级、中级培训，心理教师已经具备了初步沙盘活动的理论和实践经验，同时也在实践中遇到了困难和挑战，亟须督导和高端引领，开展了长春市心理健康教师沙盘小组活动，对长春市17名心理骨干教师进行了10次沙盘专题高端培训与督导。

（四）课题引领、科研方法培训，提升教师的科研意识和能力

以"走出去，请进来，重理论提升，重实践探索"为主要培训方式，开展了积极心理学理论与科研方法培训，提升了教师的科研素养和能力。

1.心理主导课题普及培训

2016年来，课题组共进行了5次（260～330人/次）心理课题培训，以心理课、心理主题班会、沙盘等不同研究内容为主题，对不同研究内容的课题研究的方法、科研成果、结题报告的撰写等方面进行了培训，培训教师约3000人次。

2.心理主导课题提高培训

2019年，课题组委托陕西师范大学进行了为期6天的科研方法与积极心理健康教育理论培训，并就团体沙盘活动开展等内容与西安市典型示范校进行了深度交流，提高了实验教师的积极心理相关理论储备、实际操作能力和科研水平，促进了长春市心理健康教育的高位发展。

同时，建立了一支以市教育局和基础教育研究中心的领导、专家为

核心，以具有团体沙盘理论与技术的专职心理教师为主体，由各校专兼职心理教师和班主任广泛参与的团体沙盘科研团队。高素质的科研团队保证了团体沙盘在中小学校应用的科学性。

三、强化积极心理取向，团体沙盘心理技术在中小学校的应用初见成效

团体沙盘心理技术在长春中小学校的应用研究始于2016年，4年多的时间，团体沙盘心理技术从无到有，从初步探索到初见成效，从仅在心理小组和心理课中应用到广泛应用于语文、道德与法治等学科教学，以及生涯课、班团队活动、师生与家长心理辅导等学校教育教学工作中。研究表明，通过团体沙盘心理技术与心理健康教育多种途径的结合，能有效提升心理健康教育工作的水平。

（一）在心理健康教育课中应用团体沙盘心理技术

在心理健康教育课中应用团体沙盘心理技术，丰富了心理健康教育课的内容与形式，形成了系统的团体沙盘课程、主题模式和教学模式等不同的教学模式，有的学校已经将沙盘课程纳入课表。

长春市第八十七中学在七、八年级利用心理课进行了团体沙盘体验。其根据学生的年龄和心理发展特点，结合24项积极心理品质确定团体沙盘的主题和整体计划，在心理课上开设6课时课程。第一次通过初识沙盘、团队建设培养学生的协作能力和团队意识；第二次通过"我的风采"增强学生的自信；第三次主题为"生活是个六面体"，培养学生乐观豁达的品质；第四次主题为"心系你我　合作最美"，培养合作力与爱的积极品质；第五次主题为"我计划，我执行"，培养自律品质；第六次主题为"我的未来不是梦"，体现学生的成长与收获，培养学生的感悟力和创造力。

长春市第七十二中学对在心理课中应用团体沙盘进行了深入研究，探索了主题模式和教学模式两种模式下团体沙盘心理课的具体操作方式。主题模式下又分为聚焦主题式和开放主题式；教学模式包括"破冰活动—主题规则—主题冥想—操作分享—分享整合—总结提升—情绪延伸"7个基本环节，并提出了各个环节的操作要求和方法要求。

长春市第五中学的沙盘课从点上尝试到面上铺开，先在高一年级挑选了四个实验班来尝试授课，根据班级小组进行分组，将所有学生随机分为8个小组，每双周一次课，在此基础上进行尝试性的授课，然后在全年级全面展开，现在沙盘课程已被纳入学校正式课表之中。

（二）在学科课上应用团体沙盘心理技术

1.在语文课中应用团体沙盘心理技术

长春高新第一实验学校在语文课上应用了团体沙盘心理技术，利用

沙盘游戏法提高学生的写作兴趣，化解写作难题。

一是利用沙盘游戏法提高学生的写作兴趣。①用沙盘知感受。如教师在开展"我的美丽校园"这一主题作文的教学活动，不同的个体之间对于校园的感受有所不同，在摆放沙盘过程中，能够充分体现学生自身对于校园的真情实感，教师可以通过学生对沙盘的描述，与学生共同探讨对校园的认识，鼓励学生说一说自己眼中的校园有哪些独特之处等。②用沙盘谈创新。教师采用沙盘游戏法对学生开展作文教育教学，能够将游戏的趣味性与写作的枯燥性有效结合，提高了学生对写作的学习兴趣。

二是利用沙盘游戏法化解写作难题。①用沙盘创情景。当学生面临作文题目不知如何写作时，可以利用沙盘让学生在创设沙盘情景的过程中，与自己的生活情景结合，如教师在组织学生开展有关"保护碧水蓝天，共建绿色家园"这一话题的写作教学活动时，学生可以通过在沙盘上摆放自身所理解的绿色家园的形象，为写作活动积累有效的生活素材。②用沙盘理层次。学生写作往往缺乏条理，让人看得"云里雾里"。教师在指导学生对沙具进行摆放时，提醒学生注意观察自己的摆放顺序，通过完善沙盘布局帮助学生对写作内容进行分析，分出主次，使学生抓住写作重点。

2.在道德与法治课中应用团体沙盘心理技术

长春市第八十七中学尝试将团体沙盘应用于道德与法治课中，选择适合的课程，以培育学生的积极心理品质为目标开展活动，从意识和无意识两个层面影响、润育学生。刘瑞琪老师在《学会沟通》课上应用了团体沙盘，课后学生表示很喜欢，课上的知识点记得更牢了。

对其他学科教学中团体沙盘应用的探索也在不断进行，比如宽城区朝鲜族小学的朴月香老师的美术课《树是鸟儿的家》，把课堂转移到沙盘教室，取得了良好的教学效果。

（三）在生涯课中应用团体沙盘心理技术

长春市第八中学进行了将团体沙盘应用于学生生涯规划的探索，形成了生涯沙盘课程，包括"生涯教育之揭开我的兴趣秘密""生涯教育之人生长宽高""生涯教育之做自己能力的伯乐""生涯教育之疯狂动物城""生涯教育之目标照亮现实""生涯教育之我的人生不设限""生涯教育之遇见最好的自己"等经典课程内容。通过将团体沙盘应用在学生生涯规划实践中，展现了团体沙盘在探索来访者职业技能、职业兴趣以及目标定向等方面的作用，明确了团体沙盘可以作为一种可信赖的手段和桥梁，帮助学生进行自我探索，确定职业目标。研究表明，团体沙盘心理技术对于学生职业生涯规划有显著效果，通过团体沙盘辅导，团体成员在自我了解、自信心提升、明确生涯目标、增强生涯决策能力等方面均有所提高。团体沙盘心理技术可以作为学生生涯规划教育的一种方法和工具得以推广和使用。

（四）在班团队活动中应用团体沙盘心理技术

长春市第七十二中学通过团体沙盘心理技术极大地促进了班级集体建设。在班会上，教师让学生分组进行团体沙盘的体验，成功拉近了成员间的距离，增强了成员间的合作意识。

（五）在家校沟通中应用团体沙盘心理技术

长春汽开区实验小学、长春市第八十七中学和宽城区的中小学也都开展了家长团体沙盘和亲子团体沙盘活动。

（六）在教师心理保健工作中应用团体沙盘心理技术

可以应用团体沙盘心理技术对教师进行心理保健，使教师学会心理调适，防止职业倦怠，实现专业成长。东方广场小学等很多实验校都开展了教师团体沙盘活动。长春市第八十七中学先在七、八年级班主任团队中开展了团体沙盘活动：一是希望班主任通过团体沙盘体验获得心灵的释放和成长；二是借助班主任的力量，将团体沙盘以班级为单位扩大辐射面，让更多的学生、家长、教师受益。首先，在班主任队伍中征集和招募志愿者，由心理教师进行培训，合格后，学校将为其班级配备沙盘作为试点推进，班主任可根据班级实际情况或所教学科灵活开展团体沙盘活动，这样既提高了班主任的团队心育专业化水平，做到全员心育，又充分发挥了班主任了解学生、了解家长、了解科任教师这一得天独厚的优势，增强了团体沙盘的实效性。同时由于不同的班主任承担不同的学科教学，可以进一步推进团体沙盘与不同学科的深度融合，可谓一举三得。在活动后的调查问卷中，95%的老师表示对团体沙盘活动感兴趣并愿意继续参与，5%的老师表示由于学校各项事务繁忙，虽然愿意参与，却身不由己。80%的老师申请成为志愿者。

案例三　从心开始　润泽生命
——哈尔滨市嵩山中学心理健康教育发展之路

在《教育部关于全面深化课程改革，落实立德树人根本任务的意见》下发后，专家、学者和广大教育工作者都在热议和研讨"核心素养"教育，学生的健康尤其是心理健康无可争议地成为"核心素养"的关键要素，也为初中青春期孩子的心理健康教育指明了目标和方向。嵩山中学从"心"开始，主要是从心理学角度入手，把教师和学生的心理健康作为润泽生命的着眼点和切入点，关注嵩山中学每一位师生身心的健康成长。

学校在教师方面实施教师心理帮助计划，帮助教师更新心理教育理念，指导教育实践，建立内在自我疗愈系统，提升工作效能。同时，成立了教师催眠放松训练室对教师进行身心放松训练，提升心理资本，缓解焦虑状况，调节反应方式，平稳心态，处理突发情绪问题，减少师生冲突。

学校在学生方面以发展学生健康心理素质为导向，开设心理健康教育校本课程，促进学生健全人格发展，积累和提升心理资本，促进班集体的组建和成长，促进小组合作学习，提升学生人际互动能力，处理学生突发情绪问题。

一、嵩山中学心理健康教育发展经历了三个阶段

（一）第一阶段以问题为导向阶段（2009—2011年）

早期学校的心理健康教育定位是心理咨询，以辅导和咨询为目标，学校心理健康教育主要面向5%有问题的学生，忽视了对95%健康群体学生的帮助。

（二）第二阶段以健康为导向阶段（2012—2014年）

这个阶段由心理教师深入班级做团体辅导，主要通过绘画疗法和PA探索教育帮助学生缓解紧张情绪，舒缓压力，以活动为载体，以学生的体验为主要学习方式，培养学生的沟通、信任、合作、责任、领导力等五大能力，从而实现个人和群体的共同发展。每周一节心理课，心理教师煞费苦心，但由于其他教师不能跟进，所以效果仍然不够理想。

（三）第三阶段以发展为导向阶段（2015年至今）

以发展为导向的心理健康教育是抓住源头的教育，以改善教师心理状况为基础。教师对学生的影响不仅仅在教育、教学过程中实现，教师自身的心理状态也会对学生产生潜移默化的作用，教师自身的人格及心理健康状况会直接影响学生人格的形成。

目前，教师心理状况不容乐观，这已经是行业共识。2014年，嵩山中学给全校教师做了心理体检，从中看到有些教师不同程度地出现躯体化、焦虑、敌对、睡眠和饮食障碍、轻度抑郁等症状。有的教师反映，已经一年不会笑了。基于这样的现状，嵩山中学心理教师张征汇聚了当代应用心理学的精粹，创造性地研制出了"嵩山中学'和老师'心理健康支持计划"，并通过催眠、PA探索教育、团体沙盘等提高师生的心理效能。

二、嵩山中学"'和老师'心理健康支持计划"

"'和老师'心理健康支持计划"是以尊重教师主体人格为出发点，充分运用自组织理论和大数据技术，通过对教师主体的心理和情绪实施定向、定位干预和调控，达到帮助教师提升心理资本和个人效能，增强教师组织内在活力和系统外部张力，促进教师系统跃升到自主学习、自我教育、自我管理、自我监督的和谐、可持续发展的自组织状态，包括通过催眠进行教师身心放松训练和学生学习能力提升；运用焦点解决技术，提升教师谈话效能；实施PA探索教育课程；建立TA自我疗愈系统等，包含了学校创建心理健康教育特色学校的长远规划。

2015年下半年，嵩山中学给筛查出的22位班主任和个别教师每人做了三次催眠身心放松训练，干预后的教师身心健康状况得到明显好转。从那时开始，学校就保持了每周开展一次教师身心放松训练团体活动，教师可以根据自己的需要进行预约和参加，及时调整自己的状态，高效助力教育教学工作。尤其给工作压力和强度都相对较大的学年教师提供了很大帮助。

三、将焦点解决的理念和技术引进学校，心理健康教育整体氛围形成

1.通过学习焦点解决技术，教师的思维方式和行为方式有了转变

学校开展了"提高班主任工作效能的'读书吧'活动"，让教师走近焦点。同时，邀请中国台湾致力于焦点解决短期咨询技术研究的许维素教授（《儿童技能教养法》的作者）、芬兰心理学家本·富尔曼先生及中文编译李红燕女士担任指导专家。2014年9月以来，在省心理健康教研员马永春老师的指导下，教师已先后读完《儿童技能教养法》《教师、学生和家长焦点难题解决方案》《高校教师》，并举办了两期四天的"焦点解决工作坊"，目前正在运用焦点解决技术开展研究，如焦点解决取向的家长会、班会等。在这个过程中，教师的思维方式和行为方式发生了重大改变，深刻理解了书中的真谛——我们生来就具足资源，我们能够克服自己的困难，能够自己解决自己的问题。我们的职责不是解决问题，而是欣赏自己的天赋，为自己的创造力注入活力，这样我们就可以踏上自由成长之路了。通过读书学习，现在教师已经从问题导向的思维方式转向"不关注问题，只关注问题的解决方法"。教师从情绪、心态、技术、方法上得到全面提升，扩大了心理资本，巩固了心理支持系统，教师整体效能得到建设性发展。

2.将焦点解决理念和技术渗透到学科教学中，提高课堂教学的有效性

在焦点解决理念的引导下，教师从正向积极确认中，引导学生感受

成功的体验，复制成功的做法，让学生在心情愉悦状态中习得知识，形成了嵩山中学问题导学式教学模式，即导疑—导研—导思—导创，将学习的主动权还给学生，突出了学生的主体作用。因此，站在学生角度想事成为教师的思考习惯。

3.学校整体氛围形成

在学校管理工作中，嵩山中学已经形成柔性治校管理文化，教师有了话语权，为学校的发展提出了许多宝贵建议。学校大会以表扬为主，传递正能量；学年组、教研组总结成功的好做法；在教师微信群中开设"你做事，我来赞"的表扬专栏，教师真情地为同伴的进步鼓掌喝彩。在学校的制度建设方面，嵩山中学采取的是"要做到……"的表达方式，鼓励教师将自己的进步与学校的发展、学生的成长紧密联系起来。教师将自己的真情感悟写成"我的焦点故事"，在全校大会上交流分享，影响并带动同伴共同进步。学校开展了"做一个有爱心，懂教育的智慧型教师"主题活动，现在越来越多的教师学会用教育的视角看教育、思考教育，用智慧做教育。

四、PA探索教育成为校本课程，提升学生五大能力

在学校心理健康教育第二阶段的探索中，教师和家长都看到了PA探索教育在学生五大能力提升上的可喜成果，学校从2014年便开始组织学校心理教师在实践中进行PA探索教育校本教材的编写，并从2016年9月开始把PA探索教育作为学校每周一节的校本课程，成功落实到课程计划中来，学生在体验式活动中排解了压力，发掘了潜能，提升了自我。

五、引进团体沙盘心理技术，缓解学生压力，培养学生的自信与人格，提高学生的想象力和创造力

（一）团体沙盘心理技术的引进

"心希望"心理健康科普进校园公益活动将团体沙盘心理技术引进课堂，为学校的心理健康工作开辟了一片新的天地。团体沙盘为学生提供了更加安全、自由和受保护的空间，在孩子投入到沙、水、沙具的沙盘游戏过程中，实现了它的重要治愈功能。2017年5月，学校邀请哈尔滨市人民警察训练基地教官、团体沙盘师吴宇华老师为八年三班（现九年三班）做了六节团体沙盘课，学生在活动中有了很大的变化，在目标设定、人际沟通、自我认知方面有了很大提高。2017年暑假，张玉娟校长带领嵩山中学10名领导、心理教师和骨干班主任参加了为期一周的团体沙盘培训学习。随着心理学的熏陶与渗透，嵩山中学的中层干部、专职

心理教师、兼职心理教师、班主任、任课教师等很多人都对心理学产生了浓厚的兴趣，并试图将心理学的理念融入管理与教育教学中，于是在2017年8月、9月和2018年1月先后带领这些志愿者参加了"心希望"团体沙盘心理技术讲师班、初阶班、中阶班培训。

（二）团体沙盘校本课程的开发与建设

嵩山中学心理学骨干团队于2017年8月经过系统培训之后，就全身心地投入到团体沙盘室的建设与团体沙盘校本课程的开发中。目前，嵩山中学已经建设了两个团体沙盘活动室，成立了团体沙盘校本课程课题开发与研讨小组，小组共7名成员，并在六、七、八三个年级开设团体沙盘校本活动课程。每周四上午10:00～11:30是课题小组集体研讨的时间，在这一个半小时的时间里，小组成员阅读《体验式团体沙盘心理技术实用教程》《沙盘师实践与成长：体验式团体沙盘心理技术操作手册》两本书，并分享读书的体会，研讨课程的设计，研究学生的学情，推敲课程的细节，分享上课的体验与反思。通过研讨，小组确定了本学期体验式团体沙盘校本课程的六个主题，沙盘初体验一之沙与沙具，沙盘初体验二之小组共创、认识自己、我骄傲的一件事、放飞梦想、我的小小计划。课前小组成员会将自己准备的课程上传到群里，让大家讨论，提出意见和建议，课上小组成员会互相听课并及时记录，课后听课的成员会将记录的详案再次发到群里供大家探讨。嵩山中学体验式团体沙盘小组的成员在这样的研究、讨论与分享中不断成长。

经过一学期的实践与探索，嵩山中学总结了一些经验，也发现了许多不足，于是2018年1月末请到团体沙盘心理技术黑龙江省的总督导团队来到学校进行了现场督导。在这次活动中，经过现场课—课后探讨—学生座谈—现场督导这样的督导过程，沙盘小组成员对课程设计与实施的理念与技术又有了进一步的提升。之后，小组经过几天高强度的集体备课，设计出了一整套的课程实施方案。这一方案将在新学期实施，当然，实施的过程中一定还会遇到很多的问题，教师也会根据学生的情况做出相应的调整，这个课程体系将是一个开放的不断修改和完善的体系。目前，已经完善的课程体系如图10-1～图10-4所示。

嵩山中学的团体沙盘校本课程开设至今，吸引了许多关注心理健康教育的人士与专家前来听课、体验、学习、探讨。2017年9月26日，哈尔滨市道外区人大心理课题调研组现场会，聆听了以"我骄傲的一件事"为主题的团体沙盘活动课，人大代表与区领导给予了充分肯定与支持。

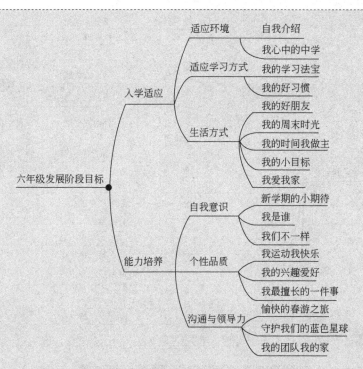

图10-1 六年级发展阶段目标与沙盘主题

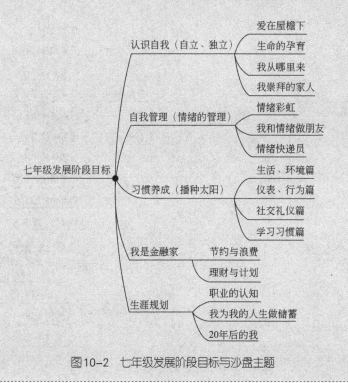

图10-2 七年级发展阶段目标与沙盘主题

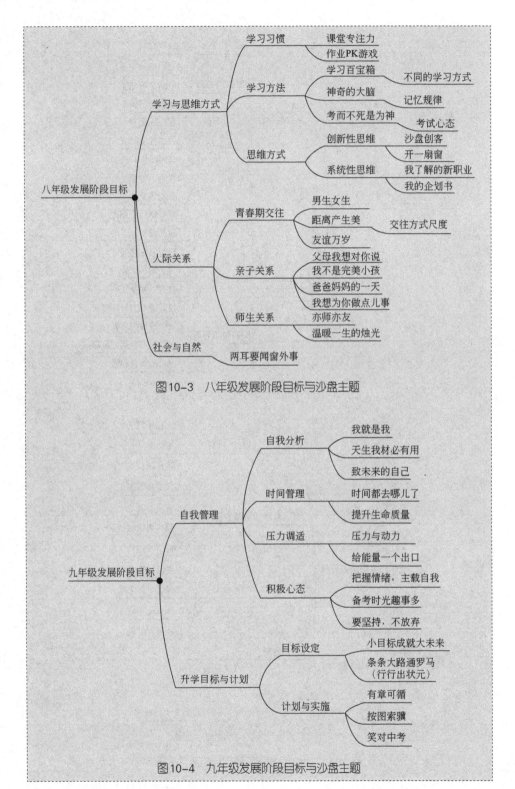

图10-3　八年级发展阶段目标与沙盘主题

图10-4　九年级发展阶段目标与沙盘主题

六、学习能力提升训练，冲刺中考

学校专职心理教师武晓军老师是国家三级心理咨询师、HMI美式催眠师，从2015年开始，其对九年级毕业学生进行学习能力提升训练，通过团体和个体催眠备考，提升学生的学习效能。针对每个班的部分学生，采取学生自愿报名和班主任老师筛选建议的方式，分别进行团体和个案的提升和指导，通过每个学期进行10次以上的训练，每个学生的心理状态、学习效率和学习成绩都得到了不同程度的改善和提高，学校三年中考成绩逐年提高，连创佳绩。

七、取得的可喜成绩

学校心理健康教育的成功开展，使嵩山中学师生在精神面貌、教学成绩和综合能力上都发生了可喜的变化。

现在嵩山中学的教师已经成功度过了职业倦怠期，深刻认识到了青春期的孩子没有品质问题，而是在成长过程中需要习得新能力。教师心中有爱，眼里有光，把每个学生都当成自己的孩子，把教书育人作为一项事业，热爱生活，快乐工作，都在朝做一位有爱心、懂教育的智慧型老师的方向而努力。

初中阶段的孩子正值青春期，是孩子身心成长的关键阶段。以前的孩子是越到高段越叛逆，越不爱学习，到了八、九年级，就会有个别边缘学生流失到校园外。随着心理健康教育深入发展，嵩山中学的学生发生了根本的变化，越到高段越懂事，越爱学习，素质越高。现在学校的问题学生、边缘学生、流失学生越来越少，每个孩子都在学校快乐地接受被尊重的教育。近年来，嵩山中学在各学年的期末检测、中考成绩逐年提高，在全区名列前茅。

嵩山中学将继续以心理特色学校创建为契机，将PA探索教育、团体沙盘心理技术、团体催眠、最棒班集体建设、家长课堂等校本课程系统化，在教育行政部门的支持下，加强心理健康教育的基础设施建设，积极落实和完善嵩山中学"'和老师'心理健康支持计划"，不断努力探索、总结出可供借鉴的有关心理健康教育在学校如何开展的行之有效的做法和经验，为实现中国梦培养合格的筑梦人。

第十一章
团体沙盘心理技术与教师心理健康维护

第一节　中小学教师心理健康维护

　　教师是人类社会最古老的职业之一，是人类灵魂的工程师。在社会发展中，教师是人类文化科学知识的继承者和传播者，也是学生智力的开发者和个性的塑造者。

　　目前，我国教育总体发展水平进入世界中上行列，各级各类教育普及程度均达到或超过中高收入国家平均水平，区域、城乡教育差距进一步缩小，人民群众的教育获得感不断增强，是我国1700多万专任教师支撑起了全球最大规模的教育体系，助力了我国教育的大踏步前进。我国教育取得今天的历史性成就，离不开广大教师的默默奉献。经过多年的积累，我国教师队伍建设取得了明显成效，为新时代高质量发展创造了良好条件，教师队伍的基础地位更加坚实。2018年1月，中华人民共和国成立以来第一次由党中央专门印发关于教师工作的文件，即《中共中央国务院关于全面深化新时代教师队伍建设改革的意见》，明确提出把教师工作置于教育事业发展重点支持的战略领域，优先谋划教师工作，优先保障教师工作投入，优先满足教师队伍建设需要，提出了系列提升教师地位的政策。

　　百年大计，教育为本；教育大计，教师为本。教师承担着传播知识、传播思想、传播真理的历史使命，肩负着塑造灵魂、塑造生命、塑造人的时代重任，是教育发展的第一资源，是国家富强、民族振兴、人民幸福的重要基石。因此，应全面提高中小学教师质量，建设一支高素质、专业化的教师队伍。

一、教师心理健康水平的重要性

　　教师的心理健康水平是教师整体素质发展的重要基础，直接关系到教育教学质量和学生的发展水平，直接关系着新时代中国教育的发展。加强教师心理健康教育，提升教师的心理健康水平，已经成为教师队伍建设改革的重要内容之一。

（一）教师心理健康能促进学生健康人格的形成

教育是生命影响生命，人格塑造人格的事业。教师自身的心理健康水平、心理成熟度以及完善的人格修养，直接影响着中小学生的身心健康成长及良好人格的养成。中小学教师面对的是正处于身心发展重要阶段的学生，在校期间是学生的人格即认知、情感、意志、行为、能力、性格等方面形成的重要时期，学生在学校中接触的重要他人是教师，教师的学识、情绪、言谈举止是学校教育环境的重要组成部分。心理健康的教师能够根据学生心理发展特点和身心发展规律，有针对性地开展教学教育活动，不断地挖掘学生发展的各种潜能，为学生创造良好的学习和成长环境，能够成为学生在学习生活中遇到心理冲突和内心矛盾时的引导者，为学生创造良好的心理环境；能尊重、信赖、理解、关爱学生，能与学生建立和谐的师生关系，为学生创造良好的人际环境；能够成为学生崇拜和效仿的榜样，爱其师信其道，成为学生良好行为的示范者。教师的人格和心理健康比教师的专业学科知识、教学方法和管理工作更为重要，心理健康的教师有利于学生心理的健康发展，对学生人格的形成和发展起着重要的作用。

（二）教师心理健康能够提升教师的职业认同感

职业认同感是一个心理学概念，是指个体对于所从事职业的目标、社会价值及其他因素的看法。教师是一个受人尊敬的职业，教师又是一个专业化程度很高的职业。教师职业认同指老师对自己所从事的职业在内心里认为它是有价值、有意义的，并能够从中找到乐趣。社会对教师职业的评价和期望都很高，"学高为师，身正为范"，教师既要有高的学识水平，又要有高的思想道德水平。教师要有道德情操、理想信念、扎实知识、仁爱之心，广大教师要做学生锤炼品格的引路人，做学生学习知识的引路人，做学生创新思维的引路人，做学生奉献祖国的引路人，"四有教师"和"四个引路人"是新时代对教师新的定位与要求。心理健康的教师能够充分认识自己的职业定位，乐于接受自己的教师角色，正确认识自我，对工作保持热情和信心；能积极主动地适应教育教学的不断变革，能够适应时代的发展需要，认同教师需要终身学习的定位，在学习中提升自己的教育教学能力，转变教育理念，研究与探索教育教学规律，能运用科学、高效的方法组织教育教学活动；能充分发挥学生的主体作用，激发学生的求知欲；能发掘每个学生的潜能，将爱的种子植入学生的心田，引导学生健康成长，也能设计好自己的职业生涯规划，确定自己人生发展的目标，享受职业的成就与幸福。

（三）教师心理健康可以化解教师职业倦怠

职业倦怠是指个体在工作重压下产生的身心疲劳与耗竭的状态，它是个体不能顺利应对工作压力时产生的一种极端反应，表现为个体在社会期望值、个体内在期望值过高而客观实际又达不到预期目标的情况下产生的疲惫的心态。教师是职业倦怠的高发人群，教师职业倦怠是指教师长期处在压力的情境下，工作中持续的疲劳及在与他人相处时因各种矛盾、冲突而引起的挫折感加剧，最终导致在认知、情感、行为等方面表现出精疲力竭、麻木不仁的高度精神疲劳和紧张状态，是一种非正常的心理和行为。心理健康的教师有精力和能力去面对周围环境带来的压力和挫折，在困境之中能够在自我与社会之间保持良好的平衡，增强自己对外界的适应能力，有效地化解矛盾、解决冲突，能有效、及时地处理好各类问题，化解职业倦怠时出现的认知偏差，情绪不稳定、失去自信和控制感，成就动机和自我效能感降低等问题，学会爱自己、接纳自己，包容、欣赏学生，能以饱满的热情投入到工作和生活中去。

二、教师心理健康情况

（一）教师心理健康水平整体呈下降趋势

1995年以来，国内研究者曾对教师心理健康问题做过几项大规模的调查研究，1996年，研究者对北京市15所小学的554名教师的调查结果发现，有58.46%的教师在工作中烦恼多于欢乐；8.57%的教师在工作中经常有苦恼；3.64%的教师在校内很少同别人交往；0.15%的教师很少同校外人员交往。调查对象中有55.98%的教师经常患病或有慢性病。1996年，上海市心理健康问题研究课题组对上海市所属小学3055名教师的心理健康进行测试，结果表明小学教师心理问题检出率为48%，其中12%有明显的心理症状，2%较为严重，与一般群体的常规相比，有23.4%的小学教师超出常规2个标准差。

2000年，国家中小学心理健康教育课题组对辽宁14个城市168所城乡中小学的2292名教师进行抽样检测发现：存在心理问题的中小学教师高达51.23%，其中32.18%属于"轻度心理障碍"，16.56%属于"中度心理障碍"，2.49%已经处于"心理疾病"状态。

2002年，国内研究者采用自编的"教师心理健康问卷"，对805名中学教师进行了调查，结果表明：心理健康水平处于正常状态的教师占66%，处于亚健康状态的教师占32%，还有2%的教师处于偏离健康状态。

1994—2011年，我国教师的心理健康教师SCL-90的均值随时间演进而逐渐升高，表明中国教师心理健康的总体水平是逐渐下降的。

（二）教师心理问题产生的主要原因及表现

随着时代的发展，社会对学校的期望值越来越高，学校对教师业务的要求也不断提高，学生对于教师综合素质也有了新的要求，教师面临着前所未有的巨大的压力。教师教育教学任务繁重，很少能在正常时间上下班，工作量无法用时间准确度量，加班加点地付出已是常态，还有许多隐性的劳动无法计量，常年超负荷运转，不少教师处于极度疲劳的状态。教师面对的主要工作对象是学生，现在的学生个性强，很多学生以自我为中心、情商低、敏感，自我管理能力差、意志力薄弱、规则意识不强，有的道德观念还很淡薄，学生学习问题与行为问题比较严重。再加上大多数家长的家庭教育方式方法不当，个别家长对教师的许多工作不理解、不配合，甚至以极端方式干涉教师对学生的教育管理，近几年见诸报端的家长与教师冲突的事件也时常发生，使得教师长期处于紧张状态，压力极大。工作压力大，少数教师的情绪调节能力又相对不足，从而导致不良情绪产生，教师在失控时很容易将自己的不良情绪发泄到学生身上。

2017年第33个教师节前，腾讯教育通过压力状况、收入状况、社会地位感知三部分，在全国近42万份调查中发现，47%的教师在实际工作中感到有压力，38%的教师表示非常有压力，只有15%的教师在实际工作中表示没有压力或者有点压力，即八成以上教师表示工作压力大。家庭负担重，工资不能完全满足生活需要，六成以上教师对工资收入不满意，九成以上教师认为付出与实际收入不相匹配，八成以上教师认为其社会地位低。教师成为工作时间长、任务重、收入低、自我安全感不足的社会群体。

教师角色行为的固化会影响其人际交往。受教师职业特点的影响，教师长时间处于相对封闭的学校环境中，逐渐形成了固定化的行为模式。在学校工作中，教师很容易因为与同事缺少沟通而产生人际关系问题。教师工作繁忙，情感交流的机会少，在与家庭成员及家长、校外人员的交往中，角色行为难以转换，言谈举止经常表现出教育者的姿态，容易引发诸多矛盾，造成人际关系的紧张和不适。由于一些教师没有足够多的社会交往，信息渠道较少，在认知上也容易产生偏差，导致教师心理压抑，抗拒与他人的交际。人际关系的不适给教师造成了精力耗竭和心理压力，进而影响了其对教学工作的热情和信心，给教师的心理健康带来隐患。

另一个造成教师心理问题的原因是个人因素，现实自我与理想自我差距大的教师容易出现心理问题。有些教师不能正确认识可控事物与不可控事物，在面对失败时会进行错误的归因，导致对自己的能力丧失信心。当个人的努力与相应的成绩得不到学生、同伴和学校领导的充分肯定时，多数教师会感到自己的付出与原有的期望有很大的差距，从而产生失望的痛苦心理。教师个人及家庭出现的重大事件，如评职升迁失败、婚姻解体、亲人伤亡及其他负性生活事件，也可能会使教师出现心理问题。

近年来，教师的心理健康状况不容乐观，教师殴打、体罚学生的事件见诸报端，教师虐待学生的事件也被曝光，折射出一部分教师心理健康问题日益严重，引起社会各界对教师的关注。

三、团体沙盘心理技术在培训中小学心理教师中的应用

团体沙盘心理技术可以为学校培训一批掌握团体沙盘心理技术的心理教师，把大量闲置的沙盘设备广泛、深入、持久地用于学校心理健康教育实践，为学校打造一支掌握团体沙盘心理技术的专兼职队伍。健心海团队常年在全国各地进行初级、中级、高级课程的专业培训，能为学校心理健康教师运用团体沙盘心理技术提供持续的支持。

（一）学校团体沙盘心理技术对沙盘师的基本要求

学校团体沙盘心理技术对沙盘师的基本要求也是其应具备的基本素质如下。

（1）良好的人格特质（主人格相对稳定）。

（2）充分掌握有关沙盘心理技术及团体辅导理论。

（3）具备建立良好的人际关系的能力。

（4）掌握基本的团体沙盘心理技术和专业技巧。

（5）具有丰富的沙盘心理技术经验。

（6）严格遵守教师职业道德规范。

（二）团体沙盘心理技术学校沙盘师的培训课程

1.初级班面授课程（24学时，3天）

（1）培训目标具体如下。

理论方面：了解并熟悉团体沙盘心理技术的基本要素、基本理论、基本设置及基本操作，掌握团体沙盘心理技术核心理念。

技能方面：熟练掌握应用一般主题的操作，能在学校带一个沙盘团体，尝试两个以上沙盘团体的应用操作。

成长方面：能通过团体沙盘心理技术的应用，认识与感受个人无意识的存在，开启个人成长之路。

（2）课后督导与实践：自愿组成成长小组，完成初级课后作业，可自愿申请国家级初级证书。

（3）课程内容具体如下。

理论：

① 团体沙盘心理技术核心理念。

② 团体沙盘心理技术的历史、内涵、基本理论、基本设置及基本操作。

③ 团体沙盘心理技术理念下的自我成长模式（初级）。

④ 团体沙盘的意义与类型及操作。

操作与体验：

① 沙、沙具等基本要素体验与连接。

② 一般主题、一个团体沙盘操作体验与掌握。

③ 自我成长的体验操作。

④ 沙盘团体方案设计及应用。

2.中级班面授课程（32学时，4天）

（1）培训目标具体如下。

理论方面：深入了解并掌握荣格分析心理学中个体无意识（情结）的理论，理解团体沙盘心理技术理念下的自我成长模式、积极心理学理论及其扩大意识容器的意义。

技能方面：熟练掌握积极心理品质主题操作，能带多个沙盘团体，尝试进行一对一沙盘操作的应用。

成长方面：能初步理解、掌握意识与无意识之间的沟通，培养基本的个体无意识觉察能力（感受性）。

（2）课后督导与实践：自愿组成成长小组，完成中级课后作业，可自愿申请国家级中级证书。

（3）课程内容具体如下。

理论：

① 积极心理学及其在团体沙盘心理技术中的应用。

② 沙盘心理技术一对一工作设置与操作。

③ 团体沙盘心理技术策划方案要点与实施。

④ 分析心理学视角下的团体沙盘治愈因素。

操作与体验：

① 个案概念化过程中的积极思维导向训练。

② 团体沙盘积极心理品质主题操作与训练。

③ 自我成长的操作与体验。

④ 掌握多个沙盘团体的操作与训练。

⑤ 一对一沙盘工作操作练习。

3.高级班面授课程（56学时，5天）

（1）培训目标具体如下。

理论方面：深入了解荣格分析心理学的集体无意识及原型、原型意象，理解与掌握团体沙盘心理技术（高级）自我成长模式及情结处理。

技能方面：熟练掌握带领多个沙盘团体的应用，能连续应用团体沙盘心理技术理念解决个体心理问题；掌握情结的测量与处理方法等。

成长方面：深入理解个体无意识情结，认识和感受集体无意识及其原型，使个人意识容器达到一个新的水平。

（2）课后督导与实践：自愿组成成长小组，完成高级课后作业，可自愿申请沙盘师高级证书。

（3）课程内容具体如下。

理论：

① 团体沙盘心理技术理念下的团体操作常见问题及应对策略。

② 分析心理学中的原型、原型意象、情结、阴影等与沙盘心理技术。

③ 分析心理学视角下的移情、共情等与沙盘心理技术。

④ 临床视角下的来访者评估与诊断路径。

⑤ 沙盘个案中常见问题及其应对策略。

操作与讨论：

① 团体沙盘情境下对原型意象的感受与理解。

② 团体沙盘心理技术情境中的移情与共情体验与讨论。

③ 沙盘情境下对"钱情结""性情结"的测量，深入体验与"处理"。

④ 沙盘情境下自卑情结、阴影等的呈现与处理。

⑤ 自我成长的高级体验与操作。

⑥ 案例中的问题呈现与解决方案讨论。

每一级别完成一定的课后作业，达到申请考核要求即可申请考核，考核通过由中国心理学会心理学普及工作委员会颁发"结构式团体沙盘心理技术普及推广能力（级别）证书"。

第二节　案例分享

案例一　拥抱内在的小孩——忆童年趣事

一、教育目标

为了让教师在教育、教学中更好地发挥作用，特设计教师系列团体沙盘成长活动，以提高教师自身的心理健康水平及教育管理能力。在团体沙盘活动中，为大家营造一个安全、开放、包容、温暖的氛围，引领大家收获宝贵的心灵体验，实现自我觉察、自我成长。

在团体情境下，团体内的人际交互作用会促进个体在体验过程中认识自我、探讨自我、接纳自我，调整和改善与他人的关系，学习新的态度与行为方式，以发展良好适应的助人自助的过程。它可以为健康正常的人提供一种促进自身人格成长的学习机会和学习环境；能够增强教师心理素质、激发个人创新思想，使其以健康良好的心态、锐意进取的精神投入日常的生活、学习和工作中。

二、团体特点

活动有48名教师参加，其中女教师40名，男教师8名。年龄跨度较大，在25～50岁。该群体目前存在工作压力大、身心疲惫、情绪不太稳定等问题，积极主动报名参加团体沙盘成长活动，想通过活动调整自身的状态，缓解压力，促进自我成长。

三、教学工具及要求

（一）物品准备

沙盘8个，沙具4500件，多媒体课件，小组桌牌8个。

（二）规则要求

（1）准时参加团体活动，不迟到，不早退。

（2）在团体活动中，不做任何与活动无关的事。

（3）在团体活动中，一定积极参与，遵守规则。

（4）在团体活动中，做到互相尊重、真诚分享、认真倾听。

（5）爱护沙具，轻拿轻放，物归原位。

（6）对成员在团体活动中的所言所行绝对保密。

（7）活动期间请将手机调成静音，无特殊情况请不要接打电话。

将以上规则提炼成"爱的约定"：互相尊重、认真倾听、积极参与、遵守规则、轻拿轻放、物归原位。

望老师们将"爱的约定"内化为素质，外化为行为！

四、宏观设计

此系列主题活动由易而难，由浅入深，由人际表层互动到自我深层探究，由行为层次、情感层次到认知层次，渐进式引导教师融入团体，开展团体活动。活动共三期，每期四次活动，每次活动120分钟，活动主题分别如下。

活动一："拥抱内在的小孩——忆童年趣事"。

活动二："遇见更美好的自己——我最自豪的事"。

活动三："探索更深层次的自己——自卑与超越"。

活动四："发现更智慧的自己——与压力共舞"。

五、微观操作

以活动一："拥抱内在的小孩——忆童年趣事"为例。

（一）团队建设

设计意图：分组、放松、活跃气氛，打破僵局，彼此相识并熟悉，增强成员之间的凝聚力，建立团队安全感。在展示过程中，呈现集体智慧与小组特色。

1. 分组游戏：开心接龙

（1）接龙：两两结组，以石头、剪刀、布的方式决出胜负，输的人站在赢的人身后，双手搭在对方的肩膀上，形成一队。队首带领本队成员继续寻找其他队首决出胜负，输的队首站在赢的队尾身后，双手搭在对方的肩膀上，形成一个新的长队。以此类推，全体成员接成一条长龙（见图11-1）。

图11-1 开心接龙游戏

（2）奖励龙头：让龙头的成员做一个动作，全体成员跟着模仿，必须无条件服从。

（3）拍背放松：全体成员围成一圈，同向站立，伸出双手，给前面的队员拍背放松：一拍肩，朋友好！二拍肩，身体好！三拍肩，心情好！四拍肩，精神好！五拍肩，关系好！六拍肩，感觉好！全体向后转，重复前面动作。

（4）以龙头为起点，开始报数1—2—3—4—5—6，6个数为一轮，反复循环，直到龙尾。每个人牢记自己所报数字。

（5）开心寻找：以最快的速度寻找与自己所报数字相同的桌号，看看哪组做得最快、最好。

2.团队初创

（1）选组长、副组长（有责任感、有组织能力）。

（2）定队名（积极、响亮）。

（3）定队歌（体现本组特色）。

（4）设计队形（体现本组精神面貌）。

小组信息如表11-1所示。

表11-1 小组信息

组别	组长	副组长	组名
一	赵老师	俞老师	永远的NO.1
二	董老师	齐老师	团结姐妹花
三	张老师	蔡老师	翠花
四	刘老师	郑老师	春天
五	王老师	刘老师	旭日东升
六	杨老师	陈老师	真心英雄
七	石老师	杨老师	相亲相爱一家人
八	王老师	宋老师	王者荣耀

3.团队展示

每小组展示时间在3分钟以内，各小组按1～8的顺序，依次进行展示：介绍组长、副组长、组员、队名，唱队歌、摆队形。

（二）沙盘体验

设计意图：通过抚沙和音乐，让体验者得到放松；用温柔、舒缓的引导语将体验者的意识、潜意识连接起来，呈现画面，引发情绪和感受；通过摆沙盘呈现抚沙画面和感受；通过组内分享表达并感受故事带给自己的影响；通过倾听组内成员的分享，彼此激活童年经历，扩大意识容器；通过全员分享本次活动的感悟与收获，集中提炼沙盘体验带来的自我觉察和自我成长。

1.摸沙冥想

指导语：把你的双手放到沙子中，可以用摸、抓、握等任何自己喜欢的方式来接触沙……把你所有的注意力都放在手和沙接触的感觉上……让自己静下来默默地感受就好。时光倒流，我们回到了天真烂漫的童年，一定有一些事让你至今记忆犹新，在这美妙的音乐声中，它会自然地浮现在你的脑海。请继续保持手和沙的接触，请把所有意念定格在其中一个画面上，让画面逐渐生动、鲜活起来，感受画面出现时你的情绪和身体的感受。请调整一下自己的呼吸，当我说到"1"的时候睁开眼睛。请大家依然保持"沉默"状态。3、2、1，睁开眼睛。最后，把沙面抚平。

2.沙盘创作

老师们带着自己冥想时的画面和感受，积极地挑选沙具，回到组内摆成自己想要的样子

（1）确定轮值组长：本次轮值组长为各组组长。

（2）沙具数量：每人3～5件。

（3）拿取方式：带着抚沙时的感觉和画面。

（4）摆放方式：按自己的意愿。

3.组内分享

每位成员借助沙具及摆放的画面，真诚而生动地讲述着自己的童年故事，感悟童年经历对自己的影响。请大家按照组长指定的顺序结合自己所拿的沙具及所摆画面讲一讲：

（1）你拿的是什么沙具？

（2）摆了一个什么画面？

（3）结合沙具及画面讲童年故事。

（4）这个故事对你现在的影响。

案例分享一：

刘老师拿了5件沙具，分别是"被捧在手心里的小女孩""背书包的

孩子""长大的女孩""树""房子"。她分享：我最后定格的画面是3岁时，因为特殊情况，妈妈不能外出，只能由我替妈妈到阿姨家取东西。这个"背书包的孩子"就是我，我走过一段路，跨过一座桥，终于来到阿姨家，她家的门槛对于小小的我来说很高，我只能手脚并用才能"爬"过去……一直以来，我都认为自己是被妈妈捧在手心里呵护长大的，我的家就像这个"房子"很坚固、很温暖。我的父母就像这棵"树"为我遮风挡雨，我就是这个"被捧在手心里的小女孩"，妈妈总是放心不下我，总觉得我不机灵，做事不果断，处处需要他们的保护。无论是上学、找工作还是找对象，都是他们替我做主。一直以来，我也认同他们的观点，觉得自己干什么都不行。但今天的画面让我感受到3岁的那个小小的我就已经那么勇敢、独立，能帮妈妈干活了，现在想想觉得自己特别了不起。印象中妈妈也总会向别人提起这件事，此刻我才觉察出其实妈妈是以我为骄傲的，有了这样的想法，我突然觉得其实那个时候的自己就已经是一个勇敢的人，可以完成很多有挑战性的任务，我还是很厉害的。瞧！这个"长大的女孩"就是现在的我，那么勇敢，那么自信……

案例分享二：

赵老师拿了3件沙具，分别是"麦苗""摔跤的人""踢球的孩子"。他分享：冥想时我脑海中出现的画面是和小伙伴们一起玩耍的场景，我们经常一起踢球，一起到麦田里追逐嬉戏。每次都是我和小刚最后走，因为他要留下和我比试摔跤，尽管他勇气可嘉，但每次都被我摔倒，有时我还会拿身边的麦苗往他嘴里塞，当时只是觉得好玩，现在想想自己太淘气了，也感激他没有恼我，一直肯跟我玩。后来长大了，我们也一直联系，他做生意还来找我借钱，但一直没有还，让我很气愤，但一想到小时候在一起玩耍的情景，我觉得他一定是有原因的，我对他多了一些理解，少了几分气愤，我相信他的生意会好转，他会还钱给我的……

（三）创作小组沙盘

设计意图：参与者在沙盘创作、分享过程中充分体验尊重、自由、接纳、包容、默契等感受，增进成员之间的安全感、亲近感、凝聚力，这种深度参与让参与者体会到了"你中有我，我中有你"的相互理解、相互促进、相互融合的幸福感。

1.沙具摆放

小组成员拿起自己的沙具，庄家确定摆放顺序，同时维护本组秩序。

创作规则：全程没有语言交流；每人每次只有一个动作（摆一个沙具或动一次沙），一轮一轮地进行，直到手中沙具都摆放完为止；全程不得移动他人的沙具，自己的沙具在下一个组员摆放之后，也不能再移动。

2.组内分享

（1）你对作品的总体感受如何？

（2）你摆放时的想法是什么？你最喜欢的部分是哪里，为什么？

（3）别人摆放时，哪里让你感觉到舒服或不舒服，为什么？

（4）给小组沙盘命名，最后由组长根据大家的命名确定一个主题，作为本小组沙盘的名字。

案例分享：我们的小组沙盘名字叫"美丽的花园"。这里有山，有水，有树，环境优美，山顶上郁郁葱葱的树给人们带来阴凉，人们在这里聊天、读书、休息，山脚下的麦田边，孩子们在嬉戏打闹，开心极了，玩累了，就躺在小河边休息。不远处还有凉亭和座椅，供人们休闲。整个画面让人感觉非常轻松、愉快，这里没有城市的喧嚣，没有工作的压力，没有生活的烦恼，这是一个美丽的世外桃源……

（四）分享感悟

设计意图：通过分享本次活动的感悟与收获，集中提炼了沙盘体验带来的自我觉察和自我成长。

案例分享一：我从来没有体验过冥想放松时这种美妙的感觉，感谢老师教给了我们一种放松的方法。我非常喜欢在这种轻松的氛围下彼此真诚地分享，这增进了同事之间的了解，加深了我们彼此之间的友情……

案例分享二：在组内分享时，我分享了自己童年中的一件做事讲究策略、方法的事，发现自己原来在小的时候居然就这么有智慧，同伴们也纷纷送出了夸奖与赞美，我备受鼓舞。如果不是在这种氛围下，彼此赞美会很尴尬。其实，我们每个人内心都渴望被别人认可和肯定。今天大家都感觉到很满足和幸福……

（五）保密宣誓

设计意图：强调保密性原则，增强团体成员的安全感。

全体成员以组为单位手拉手围成圈，带领者领誓：用你手的力度告诉同伴，你的宣誓是认真的；用你眼神的坚定告诉同伴，你的宣誓是真诚的！我宣誓：我只带走我的感受，留下别人的故事！宣誓人：×××。

六、效果评估

（一）参与者主观感受

（1）在摸沙冥想环节，感觉很放松，脑海中会出现很多画面，唤醒了很多记忆，甚至有一些早已被遗忘的画面竟然又出现了，出现不同画面会因引发自己不同的感受……无论什么样的感受，都会给我带来新的体验和发现，这种体验和发现让我感到无比惊喜。

（2）在沙盘体验中，大家都感受到了被尊重、被信任、被包容、被理解的温暖，彼此的经历开阔了我们的眼界和增长了见识，彼此的智慧丰富了我们做事的方法和技能。通过团体沙盘成长活动，我觉得对自己的认识更深入了，让我们以更好的心态去面对今后的工作和生活……

（3）通过团体沙盘成长系列活动，我们的身心得到了放松，压力得到了释放。在大家创造的自由、安全、受保护的空间内，与内在的自己连接，觉察自己、探索自己，发现了自己内在的资源，提高了自我疗愈能力。

（二）他人反馈

参与活动老师的家人、同事、学生等的反馈：通过四次的成长活动，感觉到参与者的精神面貌、心态都发生了积极的变化，情绪更稳定了，心境更平和了，对人对事的接纳和包容能力更强了，人际关系更融洽了，互动方式更多样了，工作态度更积极主动了，自我效能感增强了。

七、活动总结

（1）教师团体沙盘成长系列活动基本实现了预期目标，通过游戏、团队建设、冥想放松、沙盘体验、小组分享等环节，使参与老师的身心得到了很好的放松，达到了释放压力、缓解情绪、调整心态的效果。

（2）教师团体沙盘成长系列活动，分别设计不同主题，由浅入深，以渐进式方式实现了更深度的自我觉察、自我认识、自我成长的目标。同时，大家在相互分享、彼此倾听中不断扩大意识容器，激发和唤醒了彼此的内在资源和动力，促进了团队成员的成长、共同提高。

（3）在系列活动中，我们始终坚持"不分析、不解释、不评价、不判断，重感受、重陪伴"（"四不二重"）的原则，真正营造了一个自由、安全、受保护的空间，激发了老师们自我成长的渴望和热情，让大家愿意、敢于敞开心扉，表达内心真实的感受和想法。同时，将"四不二重"原则迁移到工作和生活的人际互动中，提升接纳、包容能力，使人际关系更加和谐、融洽。

（4）虽然活动取得了很好的效果，但还有很多需要改进的地方。例如，感觉活动时间有些仓促，尤其是分享部分，有的老师分享得不够尽兴；分组时没有照顾男女比例，个别组都是女性成员，分享的内容及探索的视角不够丰富。今后，设计活动可以通过增加活动时间，让活动环节设计更紧凑、活动开展更高效等方式解决分享时间不够的问题。另外，分组时可以有技巧地让男女分别站队，以便平衡小组的男女比例。

案例二 团体沙盘助力新教师成长

一、教育目标

本次团体沙盘活动是一次体验活动，目的是提升新教师岗前培训的效果，创新培训的形式，培养新教师的团队精神，让新教师在团体沙盘的活动中认识自己，了解将一同走上教育岗位的同伴，总结三天的新教师培训收获，使新教师尽快适应教师的职业和要求，适应新环境，缩短角色转换期，满怀信心地投入到新的工作岗位上。

二、团体特点

本次活动有32名新教师参加，其中女教师有30名，男教师2名。均为新上岗的新教师，年龄在23～28岁，其中幼儿园教师10人，小学教师16人，初高中教师6人，均为本科生和研究生。所有人均为初次参与沙盘活动。

三、教学工具

沙盘7个，沙具3000件，多媒体课件。

四、宏观设计

新教师培训活动共进行三天，第一天上午是团队建设，第三天的下午为团体沙盘活动，其余时间为新教师岗前培训的其他活动。

五、微观操作

（一）第一部分：第一天上午团队建设

1.破冰（30分钟）

（1）集合。全体教师在走廊集合，分成两排（中小学教师一排、幼儿园教师一排）。

（2）游戏抢龙头。两人一组猜拳（石头、剪刀、布），输的人站在赢的人身后，再选择其他组进行猜拳（石头、剪刀、布），输了的小组就站在赢的小组后面，决胜出最后两个小组，小组的"龙头"做自我介绍，谈一谈当"龙头"的感受。

（3）分组。从"龙头"开始两列分别报数：中小学教师按1～4报数，幼儿园教师按1～2报数。中小学教师按人数分成四组，幼儿园教师分成两组。

（4）大家一起跳兔子舞热身：播放音乐，体育老师带领大家跳舞热身。

（5）回到教室按小组坐好，滚雪球式地进行自我介绍。

自我介绍包括三方面信息：名字、所教学科、爱好。第二个教师要重复第一个教师的信息，培训师做示范演示。

（6）国王与天使的游戏。每个人拿一张纸写上自己的名字，折三折放在小盒中。全体参训教师全放完，对小盒进行摇晃，每个人抓出一张字条，打开悄悄看，只能让自己知道，这个人就是你的国王，你就是她的天使，国王不知道谁是自己的天使。三天的培训中，天使要注意观察国王的表现，第三天下午，国王要猜猜看谁是自己的天使，可以彼此说出对方的三个优点。

中间休息。

2.团队建设（30分钟）

（1）PPT展示基本要求。组建团队：推选组长、为团队命名、确定团队标志并画在纸上、商议团队口号、编制有特色的队歌。

（2）小组展示。小组自主选择展示的顺序，展示时间在3分钟以内，展示内容包括介绍组长、组员、团队名称、口号，唱队歌，展示本组设计的队徽。

（二）第二部分：第三天下午团体沙盘活动

设计意图：初次接触沙盘的教师了解沙盘心理技术的基本概念，了解团体沙盘活动的方法和基本要求及过程，在活动中体会团体沙盘心理技术的作用。

1.培训师用3分钟介绍团体沙盘心理技术

沙盘心理技术，又称为沙盘游戏治疗（sandplay therapy），也称为箱庭疗法，是目前国际上影响广泛的心理治疗的方法和技术，它起源于三代学者的努力，形成于荣格分析心理学与中国文化的结合。以心理分析之无意识理论为基础，注重共情（empathy）与感应，在"沙盘"中发挥原型和象征性的作用，实现心理分析与心理治疗的综合效果，是沙盘心理技术治疗的基本特征。

团体沙盘心理技术是借助沙、沙具、沙箱等元素，以3～8人为一个团队的方式，在心理教师的陪伴下，按照一定的规则，依据一定课程主题的要求，参与者自主选择沙具，在沙盘中把沙子、水和沙具自由用于画面的创建的心理游戏活动。

团队成员以游戏的心态积极认真地参与。每一个人都通过摆放沙具，在沙盘里静静地感受自我，分享自己的故事，感受过去、现在和未来，借助团队的力量找到真实的自我。团队成员在团体沙盘活动中理解了自己的同时，也了解了别人，它是自我成长和促进团队成长的一个非常有效的心理工具。

团队成员在团体分享中体会从不同角度看问题，增加团队成员彼此的了解与沟通，增加团队成员间的相互信任，增强团队的凝聚力。

2.介绍团体沙盘活动的方法及要求

本次活动按照破冰团建时的小组分为六个小组。

（1）活动前。抚平沙面，以手心手背+猜拳方式选出轮值组长。同时，设定轮值组长的权限（本活动组长决定摆放与分享的顺序）。

（2）活动中。按要求拿取和摆放沙具，中间不能用语言交流，不能碰别人的沙具，自己的沙具一旦摆放也不能再移动，摆放完毕后手离开沙箱。本次活动中，动沙不算在沙具数量中。分享时，遵循"不分析、不解释、不评价、不判断，重感受、重陪伴"的"四不二重"原则。

（3）活动后。拍照，将沙箱中的沙具放回原沙架的位置，抚平沙面。

3.活动过程

（1）摸沙冥想：打开轻音乐《细水长流》，作为背景音乐。

用指导语引导摸沙：请大家选择舒服的坐姿，闭上眼睛做三个深呼吸，深深地吸，慢慢地呼。请把你的双手放到沙盘的沙子中，用自己的方式，如摸、搓、揉、抓等方式体验沙子带给你的感觉，把自己的注意力全部集中在手与沙的接触上……用心体会这种手与沙子接触的感觉……回想一下两天半的培训过程，你对教师的岗位有哪些新的了解？对未来教师的工作有哪些畅想？在回顾的过程中，感受一下自己的情绪，伴随着情绪体验时的身体的感觉，以及大脑里出现的印象最深的画面、想法、回忆等。我会停下来几分钟，请大家继续感受……（音乐音量控制在似有似无的状态，体验时间为5～8分钟）。现在，请调整一下你的呼吸，按自己习惯的节律深呼吸，当我数到"1"的时候，请按照自己的节奏睁开你的眼睛，5、4、3、2、1。

（2）沙盘创作，具体包括以下几方面。

第一，创作个人沙盘。请大家带着摸沙时的感受，每人到沙架前选择3件沙具代表你学习的感受，选择好沙具后回到小组中，按照自己的意愿在沙箱中摆放。

第二，个人沙具分享：在组长的带领下按顺时针方向分享。分享的内容是你拿的3件沙具是什么？分别代表你的培训感受是什么？

第三，创作小组沙盘。小组成员拿起自己的3件沙具，组长确定摆放顺序与轮次，再次强调摆放的要求与基本原则，小组成员依照规则创建小组沙盘。

（3）组内分享，具体包括以下几方面。

第一，分享沙盘作品。小组成员分别讲述，每一轮摆放了什么沙具，摆放沙具时自己的感受；他人摆放沙具时自己的感受；说说整个画面让自己印象深刻的沙具或地方；对沙盘画面的总体感受如何？以第一人称讲述自己理解的沙盘画面的故事。成员全部讲述完毕，小组成员分别给小组沙盘命名，讨论小组沙盘的最佳命名，由组长根据讨论结果最终确定本组沙盘画面的主题。组长依据命名的主题，再次向全组讲述沙盘画面的故事。

第二，谈感受。组内每位成员讲述用沙盘心理技术进行培训的收获和感受，各组长代表本小组向全体成员讲述本小组总结的感受。

（4）沙盘拍照。指导语（参考）：请大家拿出自己的手机，以45度角拍摄，将整个沙盘拍下来，你特别有感觉的沙具可以拍特写。拍照时，不能触碰沙具，也不能在沙面上留下痕迹。

（5）拆解沙盘，归位沙具。各个小组将沙具放回沙架上，把沙面抚平。

（6）国王与天使揭秘互动。破解国王与天使之谜，每个天使去找自己的国王，选3件沙具代表自己观察到的国王的优点，送给国王，并向国王表达自己的敬佩之情。

（7）保密宣誓。全体成员以组为单位手拉手围成圆圈，培训师领誓：用你手的力度告诉同伴，你的宣誓是认真的；用你眼神的坚定告诉同伴，你的宣誓是真诚的！我宣誓：我只带走我的感受，留下别人的故事！宣誓人：×××。

六、效果评估

（一）教师感受

例1：教师分组开展团建活动，我所在的小组共6位教师，我们从陌生到熟悉，齐心协力设计出口号、队徽和队歌。通过小组之间的交流和展示，我感受到了教师的活力、正能量和对教育事业的热爱。团体沙盘活动过程中，我们针对三天来的学习内容与感受，以及对未来工作的期待，分别进行沙盘活动并解读，在沙画塑造中自由表现与创造，内心的世界得以呈现，团体沙盘活动真的是回归心灵的途径。

例2：使我感到最兴奋的是最后的团体沙盘活动，我没有选择"伤痛"的沙具。在曾经的读书生活中，我对人际交往曾有过几段难以忘怀的回忆，它成了我学生时代想要抹去的伤疤。闭上眼的时候，虽然也有伤心的往事浮现，但并没有影响我对教育事业的热爱。我想要变成孩子们的沙盘，他们可以摆上充满快乐和理想的沙具，共同讲述一个美好而漫长的故事，在学生阶段拥有快乐的回忆。

例3：第一天上午的培训以团建为主，从破冰游戏开始，从陌生到熟悉，我们这些教师间的距离逐渐拉近了。刚刚摆脱学生的身份，走向自己的职业生涯，我们每个人都难免紧张不安，破冰游戏就是最巧妙的过渡。在团队建设中，我们有分工也有合作，今日是参与者，不久后可能就会成为学生团队活动中的组织者，我们先置身其中，不只是拉近我们的距离，更是为日后的教育教学活动组织打好基础。在培训的最后阶段，我体验到了团体沙盘活动课的力量。当我跟随老师的引导，将手指插入沙子中时，我忽然感受到了前所未有的宁静。仿佛这三天培训里接触到的新知识都在我的心里一点点沉淀了下来，仿佛我一直悬着的那颗心忽然变得不再躁动。细密的沙子包裹着我的手指，它们包容我对它们做出的一切改变，或揉或扬，它们都陪伴我左右，样貌未改变分毫。那一瞬间，我不再是入职前忐忑的我了，我甚至不知道还有什么烦恼能令我惴惴不安，与其畏首畏尾，不如直面挑战。我完全遵从内心的意愿选择了沙具，解读沙具的含义时，我选择了"淡泊""正直""广阔"三个词。真心希望，我的未来人生一如我描述中的样子，希望自己不卑不亢，坐得端行得正，心中满怀希望，眼里永远有光，立德树人，无愧于心。

例4：在几天的培训中，老师反复强调必须要关注学生的心理发展。随着时代的发展，有些学生尽管物质生活更加丰富了，却存在一定的心理问题。因此，教师应该因材施教，对学生进行适当的引导。培训中，老师的团体沙盘活动给我留下了深刻的印象，这也让我明白了要想做一名好教师，不仅要懂得学科知识，还应该掌握心理学等多方面的知识。

例5："国王"和"天使"的游戏让我感到新奇。在三天内观察一个人，发现他的优点，偷偷做他的"天使"的同时，自己也是别人的"国王"。这样的活动充满了刺激和期待，刺激在于暗中有意观察一个人而不说出口；期待在于三天后揭秘的那一刻。我的"国王"和我相处时间不长，但是很容易看到她的闪光点，她有着甜美的嗓音和精湛的画技，简单的临摹也能看出丝丝神韵。我的"天使"在第三天向我奔来的那一刻，我仿佛真的看到了那对透明的翅膀。她诉说着我的优点，让我脸颊微微发烫，只能不停地说着"谢谢"，掩饰着不知为何有些泛红的眼眶。这样的诉说与倾听使我们轻而易举地站在了一起，心也站在了一起，无形中消除了所剩不多的生涩。

例6：无论是第一天的破冰团建活动还是最后一天的团体沙盘活动，都让我迅速地融入这个新的教师群体，和其他教师熟络起来，紧张感也被取而代之。我在活动的过程中发现了每一位教师身上都有属于自己的优点，这提醒我在以后的工作中也要发现学生的优点。

（二）培训师感受

这种体验与参与团体沙盘活动结合创造了培训的新模式，从团建到参与团体沙盘活动，这些来自各地的教师彼此之间有了深入的了解，对于自己未来的定位有了清醒的认识，提升了培训的效率，增强了培训的实效性，值得进一步推广。

七、活动总结

一次性的新教师团体沙盘体验活动基本实现了预期目标，让参与活动的教师通过团队建设、摸沙冥想、团体沙盘体验总结几天培训的收获，培养了教师的团队精神，让教师在团体沙盘活动中认识自己与同伴，增强了教师走上工作岗位的信心。

在团体沙盘活动中，教师对团体沙盘心理技术有了初步的了解与认识，了解了团体沙盘心理技术的基本理念与工作的基本原则和过程，激发了教师对团体沙盘心理技术学习的兴趣，为下一步开展教师系列成长团体沙盘活动奠定了良好的基础。

在这次团体沙盘活动中，小组团建与团体沙盘体验活动分开，在整个培训活动的两头进行，并且将中间学习培训的收获与沙盘活动内容结合，改变了讲座式的传统培训模式，创新了教师岗前培训的形式，教师在参与体验中学习，提高了教师岗前培训的实效性。

这次团体沙盘活动在设计与实施过程中还有很多不足，如各个环节的时间如何安排，沙盘心理技术基本知识讲解到什么程度更合适，摆放过程中应遵循怎样的原则才能让参与者很好地遵守等，都需要深入探索。

案例三　教师成长团体案例分享

一、教育目标

随着我国教育事业的发展，教育均衡及教育公平的理念日益深入人心，特殊儿童作为社会教育中的弱势群体也越来越受到重视。发展特殊教育关键在于教师，目前一些特教教师由于工作压力大、教育的挫败感强、工作负荷沉重、工作环境单调，出现了一定的心理健康问题。为了解决这些问题，学校领导应重视缓解特教教师的工作压力，努力做教师的贴心人。教师应正确认识自身角色和职业身份，提高自身的价值感，并采用有效的自我减压方法。

作为一名学校管理者，应运用团体沙盘心理技术的辅导功能，促进团队精神的升华，提升团队凝聚力。以沙盘游戏为载体，创造健康的团队文化，更好地理解人际关系、交往方式和情感的发生发展。确认个体和团队文化中积极的、肯定的和有效的方面，及时发现阻碍团体成长和目标实现的障碍。让教师处在游戏和自发活动的环境中，给参与者一定的空间去挖掘自身的天然智慧和深层心理；发现团体中的共性，加强成员间的精神交流，改善团队气氛，帮助组建优秀的团队，也使得团队成员的潜能得到发挥、人际动力系统得到确认、团队内信息得到及时沟通，确保了团队目标的实现。

在团体沙盘活动中，参与者彼此会产生冲突，因冲突而加强彼此的交流，进而逐步实现彼此共情，最后实现步调一致和整合。当一个团队能够实现协调和整合的时候，其工作效率自然会提高。

二、团体特点

在团体沙盘活动中，每一个成员都有独特的作用，他放入任何一个物品或做出任何一个动作，都会对沙盘作品产生影响。这样会帮助参与者感受到自己的价值，从而增强他们的责任感，这也有利于团队工作效率的提高。虽然本次活动所选择的4名教师之间彼此都认识，但也可以称其为熟悉的陌生人，他们均为班主任教师。

小A是一名很阳光的女孩，但不会主动与不熟悉的人交流，属于慢热型，但很沉稳、细心，做事深思熟虑，面面俱到；小B性格温柔，很少冲动，缺少个人独立见解；小C是一名年纪大的、很有教学经验由普教转岗的教师，但觉得现在在特教领域毫无用武之地，很封闭，不与人沟通；小D是一名年轻的康复师，性格阳光活泼，主动与人交流，属于外向型。

当他们组合在一起完成一个团体沙盘作品时，我们感受到他们之间潜在冲突背后的非言语沟通的独特魅力，以及个体和团体在活动中的变化。

三、教学工具及要求

（一）物品准备

沙盘1个，沙具2800件，小组桌牌1个，沙发1组，音响1组。

（二）规则要求

（1）准时参加团体活动，对成员在团体活动中的言行要保密，活动期间如无特殊情况，不准接打电话。

（2）摆放沙具的顺序是由事先的抽签或猜拳来决定的，尽量保证团体中的每个成员都有第一个摆放沙具或做轮值组长的机会。

（3）按约定好的顺序摆放沙具。每人每一轮只许放一个沙具或进行一个动作，如放一个或一组沙具、挖一条河、堆一座山等。

（4）整个制作过程中，不得进行言语交流等，但成员可以与培训者之间有互动。

（5）不能将他人已摆上的沙具拿走或放回沙具架，但允许移动自己摆放的沙具，并算作一次，移动完后，在这一轮中就不能再摆任何沙具。

（6）制作过程中，团体成员可以选择在某一轮放弃，什么东西都不摆放。

（7）整个制作过程中，最后一轮中的最后一个人在摆完后，还可以有一次修饰的机会，对整个作品进行一些小幅度调整，但不能再添加沙具。

四、宏观设计

教师团体沙盘由4名同一年级组相邻两个班级的正副班主任教师（小A、小B、小C、小D）组成。此主题活动分为四个阶段，分别为共情、理解、包容、和谐，每阶段大约组织4次沙盘，每次活动为50分钟。

五、微观操作

（一）团队建设

热身活动：趣味介绍。向别人敞开心扉，通过介绍让别人更加了解自己。

设计意图：放松心情，活跃气氛，打破僵局，虽然彼此相识但并不熟悉，增强成员间的凝聚力，建立团队安全感。在游戏过程中，呈现个人特色，建立团队意识及保密规则。

（二）沙盘体验

1.摸沙操作

播放舒缓音乐，让参与者慢慢抚摸沙子。

设计意图：通过摸沙和听舒缓音乐，让来访者得到放松。用温柔舒缓的引导语将体验者的意识、潜意识连接起来，呈现画面，引发情绪和感受。在互动过程中，每个人都可感受到与人接近时的那种内心能量的互动，激发对自我的反省与提升，同时促进团队精神的升华，提升团队凝聚力，加强成员间的精神交流，改善团队氛围。

2.沙盘创作

老师们带着自己的感受，积极地挑选沙具，摆成自己想要的样子。

（1）确定轮值组长。

（2）沙具个数：每人5件。

（3）拿取方式：带着自己的感受。

（4）摆放方式：按自己的意愿，选择喜欢的沙具。

3.组内分享

每位成员借助沙具及摆放的画面，真诚而生动地讲述着自己的童年故事，感悟童年经历对自己的影响。请大家按照轮值组长指定的顺序，结合自己所拿的沙具及所摆画面讲一讲：

（1）你拿的是什么沙具？

（2）摆了一个什么画面？

（3）结合沙具及画面讲童年故事。

（4）这个故事对你现在的影响。

案例分享一（小B）：小时候，由于父母都是高官，家长对自己都是居高临下的，几乎不允许有不同意见产生，自己的一生，他们都规划好了。在哪里念书，去什么地方，和谁交朋友，甚至穿什么衣服，都由父母决定。因为自己每产生一次反抗，家里都会有天翻地覆的场景，父母会吵得要离婚，要不就是几天不和自己说话，以至于后来自己就养成了什么事都不会主动拿主意，随波逐流，人云亦云。

案例分享二（小C）：由于小时候家里穷，父亲扫马路，母亲做服务员，穿的衣服不好看，常常被同学嘲笑。自己也曾经敞开心扉，真诚地交朋友，但每次都以被对方背叛、嘲笑收场，所以从那以后自己就不再交朋友了，也不和别人交流，怕再次被别人背叛和嘲笑。

（三）创作小组沙盘

设计意图：参与者在沙盘创作、分享过程中充分体验尊重、自由、接纳、包容、默契等感受，增进成员之间的安全感、亲近感、凝聚力。通过游戏形式促进成员间的互动与融合，搭建起潜意识心理层面沟通与理解的桥梁，使大家体验到合作、协调以及自己对组织的责任和义务，从而促进现实中人与人之间更好地沟通与合作。

1.摆沙盘

主题式沙盘，这次团体沙盘由四个人组成，培训者设置主题如"湖畔的家""美丽庄园""动物乐园""公园一角"，按先后动作顺序分别是A、B、C、D（以后称四人为成员1、成员2、成员3、成员4），共进行5轮动作。轮值组长以石头、剪刀、布的形式决定，轮值组长确定摆放顺序，同时维护本组秩序。

创作规则：全程没有语言交流；每人每次只有一个动作（摆一件沙具或动一次沙），五轮依次进行，直到沙具全部摆放完毕为止；全程不得移动他人的沙具，自己的沙具在下一个组员摆放之后，也不能再移动。

2.组内分享

（1）你对作品的总体感受如何？

（2）你摆放时的想法是什么？你最喜欢的部分是哪里，为什么？

（3）别人摆放时，哪里让你感觉到舒服或不舒服，为什么？

（4）给小组沙盘命名，最后由轮值组长根据大家的命名确定一个主题，作为本小组沙盘的名字。

（四）分享感悟

设计意图：通过分享本次活动的感悟与收获，集中提炼沙盘体验带来的自我觉察和自我成长。

（五）阶段性沙盘展示

每个阶段各展示一次沙盘活动，具体如下。

第一阶段——共情："湖畔的家"

第一阶段的沙盘图如图11-2 ～图11-4所示。

图11-2　主题沙盘"湖畔的家"（俯拍图）

图11-3　主题沙盘"湖畔的家"
（局部图1）

图11-4　主题沙盘"湖畔的家"
（局部图2）

1.调整及分享

成员3：移动石头到湖的尽头，将"人"放在栅栏正中间（见图11-4）。

在分享中，除成员3以外其他三人都表示，因成员3的动作而感到不舒服、诧异。

成员1：我看到成员3放的栅栏很不舒服，觉得有阻碍，很想让她过来，所以就放自己的缩影，希望他可以发现而过来。

成员2：我看到成员3放的栅栏也很不舒服，我觉得既然是家，家人都得在一起，为什么他自己在湖畔另一方，孤零零的，甚至最后调整到栅栏后面去了。

成员4：成员3把石头放在成员1挖的湖的尽头，我就感觉到了他的阻抗，所以就立即架了一座桥。

成员1和成员2在制作团体沙盘一开始就产生了影响，整个画面偏向左侧，成员4向来喜欢主动出击，从一开始就想融入成员1和成员2之间，也使画面很和谐。

成员3与成员1在制作团体沙盘一开始就产生了激烈的冲突，尤其是第一轮和第五轮。在第五轮中，两人彼此对抗，成员3在调整阶段有意识地增加对抗。

2.培训者的感受

在沙盘制作过程中，产生这种非言语战争、你攻我守的情境也是常见的，这些情境会将个人的问题呈现出来，沙盘游戏中的成员会不断改变自己的想法和行为方式，激发对自我的反省与提升，从而达到内心的平和与人际关系的协调，因而产生矛盾和纠纷。

在分享和讨论中，所有成员均意识到团队成员产生分歧时，采用简单粗暴的方式既达不到解决问题的目的，又会引起不必要的冲突，同时还会影响团队整体目标的完成。

我们在进行沟通的时候，往往只注重充分表达自我，而忽视了对方的真意，人们一方面想满足个人需求，另一方面又要顾虑与别人的冲突，不同的人对不同的事物有不同的看法，而人员的复杂思维模式令沟通更加复杂化。

借助沙盘和沙具，团队成员开放自己，与自我对话，这也是团队沟通的首要条件，让他人懂得自己的本意，自己明白他人的意思。只有以开放、主动的心态去沟通，才能赢得相互的理解，达成团队的共识，促进团队精神的升华，提升团队凝聚力，加强成员间的精神交流，改善团队气氛。

我们在讨论中得知，在第三轮，成员4做的动作与成员1、成员2不谋而合。在团体沙盘游戏中，另外一位成员也选择了自己想选择的沙具表达其心理时，自己会自然感到欣慰，会因为对方与自己的这种默契而感到被理解，从而达到自我接纳。这也就是团体沙盘游戏中提供"和他人一样的"体验。

成员3这种调整的行为，无异于组织中的精神离职者，无论哪种想法，最终都会导致团体整体效率的降低。每次有限的动作，都让人产生

图11-5　主题沙盘"美丽庄园"
（俯拍图）

图11-6　主题沙盘"美丽庄园"
（局部图1）

图11-7　主题沙盘"美丽庄园"
（局部图2）

了无助感，这时候需要的就是团队的力量，显然，在这次团体沙盘制作中，这个团队是缺乏力量的，没有使成员3融入集体之中。

要想提高团体力量，进而完成团体目标，团队合作是必不可少的。然而，每个人都有各自的优点，面对同样的沙盘，每个人都有独特的自我认识。那么，如何统筹规划，培训者就要取长补短，充分发挥每个团体成员的优势。

最后，4名成员在确定主题的时候，都不约而同地发现他们创作的沙盘分区不明显，给人的感觉比较乱，目标不一致，因而从中发现了自己的不足之处。

第二阶段——理解："美丽庄园"

第二阶段的沙盘图如图11-5～图11-7所示。

1.调整及分享感受

在最后调整阶段，培训者问有没有需要调整的，大家都说没有。

在分享中，成员1、成员2出现主动沟通行为，想要融入集体。

成员3在这次活动中大多数都选择动物沙具，这也是自画像，潜藏心理危险，选的动物无攻击性，是一种试探的沟通、交流，但仍然没把心理伪装去掉。他把自画像始终放在自认为一种安全的场所。

成员4始终保持一种积极向上、阳光的心理状态，对别人是一种无意识关注，这也是一种保护。

2.培训者的感受

这次活动是在一种放松氛围中进行的，小团队初步形成，成员之间开始相互影响，而且这种影响是一种正能量的影响。在案例中，与初始沙盘比，使用较多的沙具是花丛、树、草坪，逐渐出现房子、桥，而后过渡到人与动物。这次使用的沙具种类增多，象征着转化与动力性的沙具越来越多，出现象征能量流动的湖泊、车、桥，象征着能量的水车、马车等，象征旅行的小车整齐地沿着轨道行进，表征来访者与人交往的动力得到加强，内在人格和自我力量在不断成长。本案例中，空间配置呈现出由局部到整体布局的一种转变。这说明在沙盘游戏治疗过程中，来访者内心的能量得到释放与整合。

第三阶段——包容："动物乐园"

第三阶段的沙盘图如图11-8 ~ 图11-10所示。

图11-8　主题沙盘"动物乐园"（俯拍图）

图11-9　主题沙盘"动物乐园"
（局部图1）

图11-10　主题沙盘"动物乐园"
（局部图2）

1.调整及分享感受

在最后调整阶段，培训者问有没有需要调整的，大家都说没有。

在分享中，成员2对成员1的跟从减少，独立意识开始出现，以往大多隐藏了自己，这次是放开了，自我开始出现。

成员3这次还是大多数都选择动物沙具，选择没有攻击性的动物，是一种去掉心理伪装的试探行为。这一阶段，成员3主动融合，方向趋向中心，而且从第四轮中主动调整虎的方向来看，他开始尝试沟通，但也想把危险性降低，愿意敞开心扉，向好的方向扭转，由此可以看出团体对她的影响。

成员4始终对别人保持一种无意识的关注，这也是一种保护。

2.培训者的感受

在案例中，与前几次相比，这一阶段成员使用较多的沙具是花丛、树、草坪，逐渐出现动物，而后过渡到人，画面很有美感。出现象征能量流动的湖泊，表现能量的水车、风车等，海星的出现表示来访者有深入沟通的渴望，这是一次很重要的转变，说明来访者与人交往的主动性得到增强。成员2独立自主意识的出现，表明内在人格和自我力量在不断成长。本案例中，空间配置呈现出由局部到整体布局的一种转变，各区域的联系增强。这说明在沙盘游戏治疗过程中，来访者内心的能量得到释放与整合。

第四阶段——和谐："公园一角"

第四阶段的沙盘图如图11-11 ~ 图11-13所示。

图11-11 主题沙盘"公园一角"（俯拍图）

图11-12 主题沙盘"公园一角" 图11-13 主题沙盘"公园一角"
（局部图1） （局部图2）

1.调整及分享感受

在最后调整阶段，培训者问有没有需要调整的，大家都说没有。

（1）栅栏表示成员3仍存在自我保护意识。成员3把鹰换成马的行为，表明其在进行自我心理调整，把攻击性向和谐性转化。成员3出现了跟随，整个画面也给人更和谐、合理的感觉。

（2）成员4在第一轮第一次摆了一座桥，自始到终他都充当了治愈师的角色。

（3）成员2的自主意识越来越强，有创造性。

2.培训者的感受

这次氛围达到了前所未有的轻松愉快，又有点让人依依不舍，小团队成员之间相互影响，而且进行无意识交流。在案例中，与初始沙盘比，这次使用较多的是花丛、树、草坪，逐渐出现房子、桥，而后过渡到人与动物，所有攻击性都变为了和谐性，成员3的主动退让，说明他的心理在成长，能进行自我心理调整。同时，象征着转化与动力性的沙具越来越多，出现象征能量流动的湖泊与桥，表现能量的水车、船等，象征旅行的船在湖里航行，表征来访者与人交往的动力得到加强，内在人格和自我力量在不断成长，整个画面趋于更和谐和合理，说明成员之间的关系更加稳定。本案例中，从初始沙盘到结束沙盘呈现了一个动态变化的过程，体现了一个故事的创造过程，也能看出成员的心理变化过程。这也说明了在沙盘游戏治疗过程中，来访者内心的能量得到了释放与整合。

（六）保密宣誓

设计意图：强调保密性原则，增强团体成员的安全感。

全体成员以组为单位手拉手围成圆，带领者领誓：用你手的力度告诉同伴，你的宣誓是认真的；用你眼神的坚定告诉同伴，你的宣誓是真诚的！我宣誓：我只带走我的感受，留下别人的故事！宣誓人：×××。

六、效果评估

本案例分别以主题分析、沙具使用、空间配置、语言发展及与人互动情况等方面的发展变化，作为呈现团体沙盘游戏治疗的过程。

（一）主题分析

本案例中，初始沙盘呈现了创伤主题，有混乱、空洞、限制、忽视的主题表现，最后均以成员3的主动融入结束；接下来的沙盘游戏阶段呈现了治愈和转化的主题，通过保护、能量、整合、旅行等主题表现出来。

（二）沙具使用

在案例中，初始沙盘中使用较多是的栅栏、车辆，后来逐渐出现家具设施，最后过渡到人与动物的和平相处。中期阶段，被试使用的沙具种类增多，象征着转化与动力性的沙具越来越多，出现象征能量流动的湖泊、沟通的桥梁，有滋养、孕育含义的海洋生物（海星、鱼），表现能量的风车、水车、树等，象征旅行的马车沿着轨道行进，以及在航行的船，表征来访者与人交往的动力得到加强，内在人格和自我力量在不断成长。

（三）空间配置

本案例中，来访者的空间配置呈现出由局部倾斜到整体布局的转变。这说明在沙盘游戏治疗过程中，来访者内心的能量得到释放与整合。前期阶段，在制作沙盘游戏过程中，来访者始终在靠近自己一侧摆放沙具，与别人相隔较远，表明前期来访者是较封闭、冲突的；后期阶段，来访者在沙盘中的重点工作区域逐渐移动并稳定趋于中间位置，并且空置区域减少，各区域之间的联系逐渐增强，可以看出来访者从隐藏、试探、开放，内心逐步敞开，融入集体，受集体的影响逐渐加大，而且是一种正能量的影响。

（四）语言发展、与人互动，融入集体

在沙盘游戏治疗过程中，在初始沙盘中，来访者边制作场景边分享感受。分享时，言语不是很清晰、流利，吞吞吐吐，但具有较强的隐藏性，大家比较紧张、拘谨，离开沙盘室时都没有交流。在接下来的沙盘制作阶段，来访者的语言逐渐流畅，能够主动与他人交流分享，能够主动向别人寻求帮助，离开沙盘室时相互从点头致意到小声窃窃私语，越发自信。

这四人现在形成了一个小团体，相互帮助，相互交流，被大家称为"最美团队"。

七、活动总结

团体沙盘用沙具来表达无意识，在游戏中互动与融合，为团体成员创造一个轻松、包容和接纳的空间，搭建潜意识心理层面沟通和理解的桥梁。

通过创作一个共同的沙盘作品，加深了成员间的理解，让他们体验到了合作、协调以及自己对组织的责任和义务，感受到了非言语沟通的独特魅力，从而促进了现实中人与人之间更好的沟通与合作。

沙盘世界是沉默无语的世界，但是它带给每一位团体成员安全、尊重、信赖、接纳的感受和语言背后的深层思考。

第十二章
团体沙盘与中小学教育科研

第一节 团体沙盘心理技术的教育科研意义与方法

随着沙盘心理技术的推广，在中小学生学业负担较重的今天，团体沙盘心理技术作为一种有效的手段可以有效促进中小学生身心健康发展。与其他心理治疗技术相比，团体沙盘心理技术更容易被学校接纳。当然，通过团体沙盘心理技术来促进中小学生心理健康发展，也是中小学教育科研的实践需求。

教育科学研究，简称为教育科研或教育研究。一般认为，教育科研即运用科学、合理的研究方法和研究手段，以教育领域中存在的教育现象和发生的教育问题为研究对象，从事有目的、有计划、有系统的认识、探索和解决这些教育现象和教育问题的活动过程。从词义学的角度来看，"教育"是对象，是基点，教育科研根本的出发点和落脚点是关于人的发展的教育，"科学"和"研究"应服务和服从于这个基点。

一、团体沙盘心理技术教育科研的意义

（一）对团体沙盘心理技术进行应用研究是科学化发展的需要

长期的实践证明，沙盘心理技术不仅可以发现并改善儿童的问题行为，提高儿童阅读、写作以及表达能力，改善师生之间的关系，提高学生的社会技能，而且对于亲子及婚姻关系修复等都具有明显的效果。在我国，沙盘心理技术开始在学校里受到越来越多的关注，并逐渐在教育科研中得到论证。

有研究验证了沙盘心理技术在心理治疗和教育中有一定的使用价值，对推广沙盘游戏具有重要的意义，对于发现来访者的问题有积极的作用。团体沙盘心理技术在中小学心理健康教育中的应用最为广泛，对低年级学生的心理辅

导，对注意缺陷、多动等心理行为问题的治疗，对具有攻击行为学生的矫治，对缓解焦虑、紧张情绪等有积极作用，更适用于解决厌学、人际关系问题等。有研究发现，团体沙盘心理技术对小学生行为问题的改善是非常有效的。它不仅可以提高小学生的自控能力，还可以矫正其行为问题，激发小学生的潜力，促进健康人格的形成，以及促使其更好地融入校园生活。团体沙盘心理技术在学生行为问题方面的应用研究中取得了一定进展。王丽萍研究发现，团体沙盘心理技术能够有效降低高外显攻击性初中生的外显攻击性水平；能够有效降低高内隐攻击性初中生的内隐攻击性水平。夏晓辉使用"越红团体沙盘"对小学低段儿童行为问题进行了干预研究，研究结果表明"越红团体沙盘"对实验组的学习问题和冲动多动行为问题有显著的改善效果。

在人际关系干预方面，吕璐莎把团体沙盘纳入大一新生的日常心理健康课程中，取得了很好的效果。吕璐莎、杨敏等以研究生为研究对象，探讨了团体沙盘心理技术对其人际关系改善的影响。结果表明，团体沙盘游戏可通过改进自我映像，增强成长动机，提高人际交往能力。朱海妍等使用团体沙盘及团体心理辅导的方式对大学生人际交往能力进行了干预，结果表明，两种方式具有互补性，将两种形式结合起来能够取得更好的效果。

团体沙盘心理技术在考试焦虑及社交焦虑等焦虑情绪的应用研究中取得了一些成果。在考试焦虑的研究中，黄辛等使用团体沙盘心理技术干预高职医学生的考试焦虑及心理健康水平，效果显著。在社交焦虑的研究中，闫晓钒在其硕士论文中使用团体沙盘的方式对具有社交焦虑的研究生群体进行干预，干预后焦虑水平显著下降。

总之，一系列使用团体沙盘心理技术的研究证明，团体沙盘心理技术不再仅仅是一种咨询手段，而是成为一种有助于心理健康发展的教育模式。

（二）对团体沙盘心理技术的应用研究是技术论证与提升的需要

目前，在我国团体沙盘心理技术也正逐步得到认可，开始在中小学心理健康教育实践中发挥它应有的作用。团体沙盘作为一种心理技术，在实际的应用中逐渐呈现出多元整合的趋势，不断地与其他心理技术相结合，在汲取其他心理技术优势的基础上不断丰富与发展。如姜添采用音乐疗法与沙盘游戏疗法相结合的方式，对高中生的考试焦虑问题进行了干预，通过实证研究证明了音乐与团体沙盘心理技术整合的效果。马倩楠、郭霞等将萨提亚模式与团体沙盘心理技术相结合，对研究生的社交焦虑进行了干预研究，通过前后数据的对比表明萨提亚团体沙盘有效地改善了研究生的社交焦虑。冯琦、刘军（2016）等把思维导图运用到团体沙盘心理技术中，通过思维导图可以解决团体沙盘分析难以标准化的问题，在实践中取得了良好效果。

总之，随着团体沙盘心理技术的广泛应用，尤其是科学研究的不断深入，团体沙盘心理技术也需要得到科学论证，使这项心理技术得到更好的推广。

（三）对团体沙盘心理技术的应用研究是技术应用的需要

20世纪80年代以来，团体沙盘心理技术由学校咨询者和教师介绍到了学校，沙盘游戏被看成是一种促进学业发展、心理成长、诊断和治疗干预的心理治疗工具并被广泛接受。从事心理咨询和心理治疗的人认识到，团体沙盘心理技术能促进儿童的身体、社会、情感和学业能力的发展。最初沙盘游戏所强调的"自由与受保护的空间"和"静默的见证"与学校心理咨询中所强调的"无条件积极关注"是一致的。有许多教师将沙盘游戏运用到学校中，比如，国外教师玛丽·诺伊斯（Mary Noyes，1981）将一对一的沙盘游戏形式融入课堂情境中，帮助学生完成学业，结果表明进行了沙盘游戏的学生的阅读能力比前两年更高。辛西亚·贝尔泽（Cynthia Belzer，1991）将沙盘游戏应用于学校以促进学生对学习的接纳，结果表明沙盘游戏提高了学生的注意力和对学业任务的关注，进行了沙盘活动以后，学生的情绪稳定、轻松愉快，在课堂上表现得更好。陈越红博士在美国的小学工作期间用"越红团体沙盘"作为主要工作方法，也取得了许多成果。一种好的技术的推广，如果有科研的实证研究作为依据，则应用前景会更好、更加科学化。沙盘心理技术被引进我国有20多年了，随着团体沙盘心理技术在我国的应用越来越广泛，尤其是应用到中小学取得了很大成效，团体沙盘心理技术的科研论证就成了必需。

二、团体沙盘心理技术可采用的教育科研方法

按照教育科研的场域和方式不同，沙盘心理技术应用研究可采用教育实验研究、教育调查研究、教育质化研究和教育行动研究等方法。

（一）教育实验研究

教育实验研究是研究者运用科学实验的原理和方法，以一定的教育理论及假设为指导，有目的地操纵某些教育因素或教育条件，观察教育措施与教育效果之间的因果关系，从中探索教育规律的一种研究方法。

例如，关于沙盘心理技术对小学生心理健康的影响研究，可采用准实验设计的前后测，从前后测量小学生心理健康指标的变化，如采用测验法收集实验组和控制组主观测评的分数，进行组间差异检验；也可以采用实验法，同组前、后两种状态下不同特征的结果比较，跟踪实验前后测量的两配对样本数据进行t检验，最后再对实验组与控制组采用不同的方法得出的结果进行比较分析（详见本章第二节案例二"促进小学生积极心理品质发展的实验研究"）。

（二）教育调查研究

教育调查研究是指在科学方法论和教育理论的指导下，围绕一定的教育问题，运用问卷、访谈、测量等方式，有计划、有目的地收集有关的事实材料，从而做出科学分析并提出具体工作建议的一系列教育实践活动。

教育调查研究作为一种研究活动，与一般的社会调查相比，范围较小，它主要是以当前教育问题为研究对象进行的一系列研究活动。教育调查研究是一种描述研究，以现实存在的教育问题及表现形式为研究对象，对收集到的事实材料进行分析，所得出的结论常常揭示的是事物的相互关系。

（三）教育质化研究

教育质化研究主要是指对特定情况下的过程和现象的确切描述进行研究。教育质化研究依赖于对研究现象的观察、描述、定性判断或解释。它发生在自然的过程中，重视过程，旨在获得整体画面。教育质化研究经常没有明确的理论指向和结论假设。教育质化研究往往和其他研究方法共同使用，例如，团体沙盘心理技术应用中的感恩品质的研究（参见第八章第二节案例一"团体沙盘心理技术与初中生感恩品质培养"），可采用质化研究让参与沙盘体验的各个小组成员对沙盘中呈现的无意识现象进行描述和解释，研究者同时采用调查法进行感恩品质的前后测验，再通过准实验设计的前后测比较与分析得出实验结果，以此判断沙盘心理技术对感恩心理品质培养的促进作用。

（四）教育行动研究

教育行动研究是指在实际情景中，由实际工作者和专家共同合作，针对实际问题提出改进计划，通过在实践中实施、验证、修正而得到研究结果的一种研究方法。作为行动研究的一个完整单元来讲，无论哪一种对行动研究过程的理解，"问题""计划""行动""反思"四个环节都是必不可少的。在中小学沙盘心理技术的研究中，可以聘请有经验的沙盘心理技术专家到学校指导一线的教师开展研究，共同探讨如何更好地应用团体沙盘心理技术促进中小学生以及教师的心理健康发展。

例如，本章第二节案例三"以团体沙盘心理技术探索幼儿合作素养特点的研究"，该研究成果依据人本主义心理学、认知行为疗法、辽宁师范大学杨丽珠教授的"中国儿童青少年人格发展与培养研究"等理论基础，以利用团体沙盘心理技术促进幼儿与同伴之间建立合作关系，通过协商、合作与分享使幼儿在合作意识、合作习惯、合作情感等方面养成良好的品质和修养，提高愿景认同的意识，懂得责任分担，学会协商共赢，养成良好的合作素养为目的，通过采用调查研究法，设计"幼儿合作素养发展水平调查问卷"，面向幼儿园中、大班幼儿家长及教师进行调查，对问卷进行分析，确定参加团体沙盘的实验幼儿。同时，利用行动研究的科研方法，在具体的研究中尝试沙盘心理技术的实施，教师"一对一"跟踪并记录幼儿在团体沙盘活动中的成长过程。在研究成果的提炼中，逐步从合作意识、合作习惯、合作情感三方面发现并总结出中、大班幼儿合作素养发展的特点如下：幼儿的合作意识普遍淡薄，合作习惯不易养成，合作情感强烈、短暂、不稳定。但大班幼儿较中班幼儿在合作素养的三个维度上都有不同程度的发展，具有良好性格特征的幼儿在合作素养的三个维度上的发展要强于有不良性格特征的幼儿，幼儿对好朋友的合作意识、合作习惯、合作情感强于陌生小朋友。同时，针对幼儿合作素养的特点，从理念、游戏、家园共育三个层面提出了利用团体沙盘心理技术培养幼儿合作素养的合理建议。

三、应用团体沙盘心理技术的选题与方案设计

（一）团体沙盘应用教育科研的选题来源

1.教育实践

教育研究者特别是一线教师应善于把自己在教育教学实践中遇到的问题转化为教育研究课题，在选择研究课题时首先要考虑自己在教育实践中遇到了哪些问题，有些问题靠常识、习惯和已有的经验就能得到很好的解决，有些问题则不能得到很好的解决，如果这些问题通过教育研究能够得到解决或缓解，就可以考虑将这些教育现实中的问题转化为研究课题。教师在日常的教育中会遇到许多学生心理发展或教师心理困惑的问题，但并不是所有的问题都能转化为课题，只有当教师持续地关注这个有意义的心理问题，只有当这个问题被"设计"之后，日常的教育心理问题才有可能转化为课题。

2.教育理论

国内外教育书籍和文献中记载了大量的教育理论，但任何一种理论都不是绝对的真理，它的正确性都是有一定的时代背景的，随着时代的发展和变化，任何理论都在不断丰富、发展和完善。我们可以结合现今教育教学的特点和实际，预测未来教育发展的趋势，通过对这些理论进行分析、评价、验证，发现和提出新的问题，以教育理论为着眼点来研究这些问题。例如，可以承袭原有的研究成果探索新的问题，也可以从理论的反面来开拓和研究问题，研究某理论中一直有争议的问题，有争议的问题本身就是非常有研究价值、研究空间比较大的问题，这种研究可以不受原有理论的束缚，研究者可以从不同角度、不同方面进行研究。有的研究者从相关学科的交叉点来探究新的问题，在不同的时代背景下重复研究同一理论问题。

3.文献资料

文献资料是教育研究课题的重要源泉，包括经典名著、著作和专业的教育报刊和学术期刊等。与专著相比，专业的学术期刊和教育报刊对选题具有更重要的意义。有质量的专业学术期刊总是大量地发表相关的课题研究报告或论文，经常阅读这些刊物可以把握当前学术研究动向，了解最新资料。教育报刊上也有许多信息，有成功的经验，也有失败的教训，还有新的设想、猜想和新

的理论见解。研究者通过整理和分析相关资料，往往能获得启发，从中发现和提出研究问题，这就要求教师平时要多阅读、多积累，经常进行教育文献和资料的收集、积累和整理，并善于从别人的心得中获取智慧，从别人的成果中汲取营养，从而确定自己感兴趣、有能力研究的课题。

4.各级政府教育科研规划

除了上述提到的途径之外，全国教育科学规划领导小组和各省、市、区教育科学规划领导机构以及科研机构和学术团体从教育科研发展的实际需要出发，都会在相应的时间制订出有关教育科研发展的规划，提出具体的科研目标和任务以及可供选择的研究课题。这些课题是结合教育发展的实际，根据未来教育发展的趋势，经过反复的思索、探讨确定下来的。这些课题直接为研究者提供了选题指南。从规划中选题，教师还可以获得有关部门各方面的资助，这些有助于课题研究的顺利进行。

（二）教育科研方案的设计

研究方案也称课题研究计划，就是在课题确定之后，研究人员在正式开展研究之前制订的整个课题研究的工作计划。它是指对某一课题从提出课题、实施课题到全面研究课题这一动态过程的系统、具体的设计规划。

做好研究方案的设计是整个研究过程中的重要一环，特别是对于研究经验比较缺乏的研究者来说，一个好的方案可以保证研究工作有条不紊地进行。课题研究方案的基本结构主要包括以下几个方面。

1.研究的意义与目的

在进行研究之前，要明确本项研究的意义、价值，研究要达到的目的，要解决的问题。

首先，研究者要结合课题研究的具体内容阐明研究的理论意义和现实意义。理论意义也称学术价值，研究问题要根据教育科学发展的需要确定，要考虑能在理论上有哪些突破和建树，或有哪些补充和完善。现实意义是指所选择的研究课题符合社会、教育事业的发展需要，对教育实践有哪些指导和借鉴意义，如何解决教育教学实际中出现的问题，如何促进提高教育教学质量，促进青少年身心健康发展。

其次，根据研究目的提出具体的研究目标，就是一个课题所要实现的目的和要完成的任务。一般而言，教师的研究课题的目标是比较单一的，要根据主客观条件，制定合理的研究目标，有利于研究课题的进行，以便取得一定的研究成果。因此，制定的研究目标不能太大，也不能太小，一定要合理、明确，具有可操作性。例如，本书第四章第二节李鑫蕾博士的研究课题"母亲积极心理品质与亲子团体沙盘实践"的研究目的就是探究如何通过团体沙盘心理技术促进母亲积极心理品质的表达，传达积极心理学视角下"好妈妈"的理念，使母亲获得"好妈妈"的体验，使孩子能够感受到母亲的正向心理能量，进而改善亲子关系。

2.课题提出的依据

课题提出的依据包括理论依据和实践依据。任何一个研究课题，无论是理论研究还是实践研究，都应该属于一个或几个研究领域的学科体系，其中作为研究这个课题所必需的理论体系就成为支持这个需要研究的课题的理论依据。一般来讲，课题都是既有理论依据，又有实践依据。教育学科和其他学科是相互联系的，教育研究有时会涉及其他学科领域，也会以其他学科领域的理论和实践作为研究依据。团体沙盘心理技术的研究有时候也需要多学科、多领域的结合，一方面要考虑中小学生的心理发展特点与教育要求，另一方面也要考虑到中小学心理健康教育的途径与方法等。

3.课题的国内外研究现状和发展趋势

在进行正式研究之前，研究者应查阅大量的参考文献和资料，了解国内外关于本课题的研究处于什么样的状态，研究了哪些内容，得出了哪些结论，有哪些权威的专家和代表性的著作，还有哪些问题处于探索阶段，从中提出自己研究的切入点，论证本课题研究的重要性和必要性。同时，还要了解与本课题相关的一些研究，丰富自己的研究内容。

4.研究内容

在明确课题的研究目的之后，研究者就要根据研究目的来确定研究内容。研究内容是指课题研究的具体范围，要根据主客观条件来确定研究内容。同时，课题研究的具体内容要与研究目标和研究主题保持一致。

5.研究对象

研究对象是在研究过程中按照一定的标准和要求选择的。选择研究对象，首先要根据主题确定研究对象的总体和分体单位。其次，如果课题研究由于人力、物力、财力和研究时间等方面的限制，不能对所有对象进行研究，就要从总体中抽取一定的样本进行研究，这就必须根据课题的需要，运用恰当的方法进行抽样，并对样本的基本特征进行说明。需要注意的是，抽取的样本要有代表性，能代表课题研究对象的整体。中小学生、中小学教师、学生的家长等都可以成为研究对象，研究者要根据课题的需要选择有代表性的群体。样本的容量要适当，一般研究某一局部方面的心理特点、行为表现等，一个研究组最低为30人即可。但如果是研究儿童的普遍性问题，被试应该多一些，否则会影响结果的准确性。

6.课题的研究方法

任何课题都要有与研究内容相适应的研究方法，选择何种研究方法，有时直接决定了该研究能否获得成功。研究方法的选择在很大程度上决定着研究的价值和效率，不适合的研究方法会使研究的价值受到影响。实际上，对于一个课题，不只可以运用一种研究方法，要在以一种研究方法为主的前提下加强多种研究方法的综合运用。如对于沙盘心理技术促进小学生心理健康等课题，通常采用系列的团体沙盘活动，在主要运用实验研究和调查研究的基础上，还要运用其他研究方法，如文献研究、个案研究等。在研究方案的设计中，研究方法的选择要恰当，要保证研究的科学性和规范性。

7. 课题研究的进度

研究者在考虑课题的主要研究方法的同时，还要考虑到课题研究所需要的时间、步骤和进度等。课题研究所需要的时间是根据课题研究任务的性质、难度、规模和研究条件等因素而定的。一般而言，课题研究过程包括选择课题、制订研究方案、实施研究、整理和分析获得的资料、解释结果、得出结论、形成研究成果等几个阶段。

8. 课题的人员组成及分工

课题的人员组成最主要的是课题组长。课题组长是课题的带头人，规划、主持、全面负责课题的研究工作。从某种意义上讲，课题成果很大程度上取决于课题带头人的学术水平的高低和研究能力的强弱。一般来说，课题的研究方案应由课题组长负责设计。此外，在研究方案的设计阶段，课题组长应该对完成课题研究任务所必需的人员的数量、研究人员的学术水平、研究特长、具体人员所负责的工作有通盘的考虑。

9. 现有的研究基础及经费预算

课题研究的展开，还需要一定的财力和物资资源。分类依据不同，对文献的分类也不同。使用沙盘心理技术，需要有场地和沙具、沙箱等物质条件，以及合格的沙盘师。通常团体沙盘场地不能小于50平方米，人均不少于25件沙具，而且沙具的品种也要丰富，要由专业的采购布置等。同时，要预测研究的经费支出和研究设备的购置情况。对于这些问题，在方案设计阶段就要考虑周全，争取各个方面的资助，保证研究工作取得预期的成果。

10. 课题研究成果表述形式

研究成果要通过一定的载体表现出来，既可以总结和反思自己的研究工作，又可以展示自己的研究成果。研究的结果可以有很多种表述方式，不应拘泥于固定的模式，可以是文字形式的，也可以是影像形式的，可以是学术论文、研究报告，也可以是研究案例、教学故事等，这方面的内容就不详细论述了。

第二节　案例分享

案例一　团体沙盘心理技术对长春市民族中学学生积极心理品质的影响

积极品质得以发展的青少年将不再是社会的问题群体，开始成为影响同伴，提升家庭成员素养，在集体中承担更多责任，从他律、被动的生活方式逐渐转变成为主动谋划自我未来的一个群体。他们在未来可能遇到的逆境中能够表现出更强的抗压、调节能力，也能够更快地从消极情绪中复原。

很多学者都将研究重点放在如何提高青少年的积极心理品质上，团体沙盘心理技术是目前较为实用的心理干预技术，注重使用者的心理体验，通过使用者意识与无意识之间的联系，增强其意识层面的体验与表达，进而达到润物细无声的干预效果。初中生处于青春期，他们更多时候不愿意与父母、老师沟通，采用普通的干预手段效果不会很明显，而团体沙盘心理技术能够通过各种形式的象征物，真实地呈现来访者的内心世界，激活来访者个体无意识中的康复能力，促使每个来访者发挥自身的能量，处理创伤事件、人际关系事件、个人成长事件等。因此，本研究采用团体沙盘心理技术作为干预手段，探讨其对少数民族中学学生积极心理品质的影响。

一、研究对象

本研究以长春市某民族中学初一至高二的学生为被试，以班级为单位发放问卷，统一发放，统一回收。问卷共分两次发放，每次各发放600份，分别回收有效问卷551份、536份，有效率分别为91.83%、89.33%。

二、研究工具

国内的"青少年积极心理品质的发展机制与培养途径研究"项目组研究发现，青少年积极心理品质存在文化差异，因此研究国内青少年积极心理品质不能直接沿用国外已有的问卷。国内学者盖笑松等分别在深圳、上海、长春等地开展了相应的研究，编制了适合我国青少年的积极心理品质问卷——"青少年积极发展问卷"，问卷共包含8项积极心理品质、43个项目，是目前除了孟万金等编制的问卷之外，适用范围较广的问卷。

三、研究过程

（一）前测

使用"青少年积极发展问卷"对民族中学初一至高二学生进行前测，了解学生在未体验过团体沙盘活动时积极心理品质的现状。

（二）干预

采用团体沙盘活动作为干预手段，根据校本化的沙盘课程内容，定期给民族中学学生开展团体沙盘活动。

（三）后测

再次使用"青少年积极发展问卷"对参加团体沙盘活动的学生进行后测，并对比其参加活动前后积极心理品质的变化。

四、结果分析

（一）问卷的信、效度及各维度相关分析

1.问卷信度分析

为了检验问卷信度，采用Cronbach's α 对积极品质的8个维度进行内部一致性检验，发现问卷在民族中学学生群体中的整体信度为0.925，具体维度的信度如表12-1所示。

表12-1 "青少年积极发展问卷"的内部一致性系数

	热爱学习	兴趣好奇心	灵活创新	诚实正直	领导能力	自我调节	积极乐观	关爱友善
内部一致性系数	0.749	0.629	0.701	0.681	0.815	0.823	0.748	0.664

从表12-1可以看出，各维度的信度均在0.629 ~ 0.823，信度较高，说明在探究少数民族青少年积极心理品质时，可以使用该问卷。

2.问卷效度检验

对"青少年积极发展问卷"进行因子分析，KMO为0.942，因此适合做因子分析。对数据进行主成分分析后发现，旋转出8个主成分，与此问卷8个维度刚好吻合，因此问卷效度良好。

3.问卷各维度相关分析

为了考察积极心理品质问卷各维度的关系，进行了相关的分析，结果如表12-2所示。

表12-2 民族中学学生的积极品质各维度的相关分析（N=1087）

	热爱学习	兴趣好奇心	灵活创新	诚实正直	领导能力	自我调节	积极乐观	关爱友善
热爱学习	1							
兴趣好奇心	0.446**	1						
灵活创新	0.415**	0.312**	1					
诚实正直	0.472**	0.275**	0.284**	1				
领导能力	0.423**	0.320**	0.578**	0.330**	1			
自我调节	0.594**	0.486**	0.449**	0.520**	0.521**	1		
积极乐观	0.637**	0.385**	0.540**	0.469**	0.560**	0.652**	1	
关爱友善	0.448**	0.374**	0.391**	0.517**	0.464**	0.505**	0.549**	1
总分	0.767**	0.607**	0.679**	0.641**	0.730**	0.807**	0.813**	0.685**

从表12-2中可以看出，青少年积极心理品质各维度及总分之间均呈现两两显著正相关，相关系数在0.275～0.813，说明各个维度的归属性较强，各个维度既相互关联，同时又有相应的归属。

综上可见，"中学生积极心理品质问卷"可以用来测量少数民族中学中学生积极心理品质的发展。

（二）差异分析结果

为提高民族中学学生积极心理品质，采用团体沙盘心理技术作为干预手段，根据校本化的沙盘课程内容，定期给民族中学学生开展团体沙盘活动，比较一年后学生积极心理品质的变化。比较后发现，一年后，民族中学学生的总体积极心理品质有显著差异，且参加过团体沙盘活动的学生积极心理品质水平显著高于未参加团体沙盘活动的学生。其他维度的具体差异如表12-3所示。

表12-3 民族中学学生的积极品质性别差异分析结果（N=1087）

	未体验（n=551）	体验过（n=536）	t
热爱学习 M	3.396	3.445	7.532**
SD	0.865	0.956	
兴趣好奇心 M	3.144	3.147	8.657**
SD	0.762	0.879	
灵活创新 M	3.2365	3.2575	3.292
SD	0.792	0.838	

	未体验（n=551）	体验过（n=536）	t
诚实正直 M	3.844	3.874	0.109
SD	0.736	0.735	
领导能力 M	3.269	3.147	1.768
SD	0.911	0.879	
自我调节 M	3.144	3.362	10.588**
SD	0.675	0.756	
积极乐观 M	3.737	3.732	7.665**
SD	0.683	0.761	
关爱友善 M	3.911	3.883	0.204
SD	0.682	0.630	

t检验结果表明，在热爱学习、兴趣好奇心、自我调节和积极乐观这4个维度上，参与了团体沙盘活动的学生与一年前相比存在显著差异，且参与后民族中学学生在这4个维度上的表现均显著优于一年前。这在一定程度上说明，团体沙盘活动对民族中学学生来说是一种很好的干预手段，是值得继续推行的。

五、讨论

目前，只在部分维度发现显著差异，说明接下来在调整团体沙盘活动校本教材时，可以侧重于灵活创新、诚实正直、领导能力、关爱友善方面，从而能够全面提升民族中学学生的积极品质。

同时，除了采用团体沙盘活动干预手段外，还应该鼓励学生多参加社会实践，通过参加社团活动及丰富的社会实践活动，可以让学生将学习的科学文化知识应用在生活实际，能够让学生了解社会、认识国情、增长才干、奉献社会、锻炼毅力、培养品格，同时还能够增强自身的独立性，锻炼自己的领导能力。

学生通过自主策划、组织活动，锻炼了自己的组织协调能力和创新意识，为自己繁忙的学习生活增添了一抹色彩。同时，这也有利于提高学生个人素养，完善个性品质，培养学生的牺牲精神和坚强的品质，使学生真正成为社会需要的国家栋梁之材。

学校也要注重进行相关教育，可以以"自我统一性""生涯规划""未来取向"等为主题开展主题班会或专题讲座，激发学生自主学习的动机和热情，进而提升学生的积极心理品质。

六、结论

通过盖笑松等编制的积极心理品质问卷，本研究以长春市少数民族中学的学生为对象，探讨了团体沙盘心理技术对学生积极心理品质的影响，比较了参与前后民族中学学生积极心理品质的差异，具体结果如下。

（1）民族中学学生在参加团体沙盘活动后，总体积极心理品质水平显著高于参加前。

（2）比较民族中学学生参加团体沙盘活动前后积极心理品质的差异，发现参加团体沙盘活动后，其在热爱学习、兴趣好奇心、自我调节和积极乐观这4个维度上的得分显著高于参与团体沙盘活动前。

（3）团体沙盘心理技术可以影响民族中学学生的积极心理品质发展，是值得继续推行的干预手段。

（4）为更好地提升团体沙盘活动对民族中学学生积极心理品质的作用，对于团体沙盘活动方案，可以根据民族中学学生的积极心理品质的现有水平做适当调整。

（5）除采用团体沙盘活动的干预外，学校还可以通过增加学生的实践活动体验、自主活动经验等，进一步促进民族中学学生积极心理品质的发展。

（6）开展以"自我统一性""生涯规划"等为主题的主题班会或专题讲座，对于促进学生的积极心理品质发展有一定的作用。

案例二　促进小学生积极心理品质发展的实验研究

一、研究目的与研究假设

（一）研究目的

本研究以小学生心理健康教育课程为载体，以培养小学生积极心理品质为目的，进行心理健康教育活动，旨在提高小学生心理健康发展水平。

（二）研究假设

团体沙盘活动可以有效促进小学生积极心理品质的形成，提高小学生心理健康发展水平。

二、研究方法

（一）研究工具

本研究采用华东师范大学周步成等编制的量表"心理健康诊断测验（MHT）"，该量表包含8个内容量表，分别是学习焦虑、对人焦虑、孤独倾向、自责倾向、过敏倾向、身体症状、恐怖倾向和冲动倾向。全量表的分半信度系数（r）为0.91，表明该量表各测题之间具有较高的一致性；重测相关系数为0.667～0.863，说明该量表具有较高的稳定性；该量表与明尼苏达多项人格测验（MMPI）的相关系数为0.59，表明该量表的相容效度较好。

在约100平方米的沙盘室中，放置沙盘、沙子、沙具等用具，其中沙盘7个，每个沙盘配备6～8把椅子，每箱沙盘的沙子重量约5千克。沙具种类繁多，一般不少于十大类，包括神话传说、文化宗教、自然物质、风俗行为、颜色形状、数字方位、人物人体、植物和动物、家居建筑、体育运动、交通运输和奇异等。

（二）研究对象

在大连市开发区D小学，通过准实验研究方法，使用"心理健康诊断测验（MHT）"进行前测，通过前测结果，分别从五、六两个年级选择小学生心理问题检出率比较高的两个班级作为实验组，五年级二班为实验组一，六年级二班为实验组二。采用7次团体沙盘进行干预，再通过实验组前测和后测来验证研究假设。表12-4是两个实验组被试人数基本情况。

表12-4　被试人数基本情况　　　　　　　　　　单位：人

性别	实验组一	实验组二
男（N_1）	20	25
女（N_2）	23	15
合计（N）	43	40

（三）实施过程

本研究采用准实验研究设计的方法，使用"心理健康诊断测验（MHT）"进行前测，通过前测结果，分别从五、六两个年级选择小学生心理问题检出率比较高的两个班级作为实验组，实验组被试进行7次团体沙盘活动，再通过实验组的前测和后测来验证研究假设。

在团体沙盘活动的实施过程中，我们通过观察小学生的情绪、行为、认知、人际的变化，来了解小学生心理健康水平发展的变化。依据24种积极心理品质设置团体沙盘主题，设置7次团体沙盘心理活动课程。第一次是建立团队，感受沙盘的基本元素，让小学生对沙盘游戏有初步的了解；第二次是"我"与沙具的故事，第三次至第五次，分别以真诚、宽容、感恩为沙盘主题，第六次是放飞梦想，第七次是团结友爱一家人，鼓励小学生在沙盘世界中进行创造，增强与现实的连接，在团体沙盘活动中促进小学生积极心理品质的发展，具体如表12-5所示。

表12-5　团体沙盘活动对小学生积极心理品质培养促进作用的实验过程

次数	主题	热身活动	热身音乐	指导语	沙盘音乐	具体程序	
第一次	建立团队，感受沙盘的基本元素	兔子舞、捏肩捶背	《兔子舞》	触沙	《花絮轻撒》	1.破冰与热身游戏 2.团队建设 3.摸沙环节 4.分享摸沙感受	5.呈现摸沙感受 6.组内交流 7.组间分享 8.请学生分享感受
第二次	"我"与沙具的故事	大风吹、小风吹	《春天在哪里》	讲述沙具故事	《童年》《春天在哪里》	1.热身活动 2.播放音乐 3.感受沙具，摆放沙盘	4.组内交流 5.组间分享 6.请学生分享感受
第三次	"真诚"主题沙盘	心连心		关于真诚		1.热身活动 2.分享关于真诚的故事 3.沙盘创作	4.组内交流 5.组间分享 6.请学生分享感受
第四次	"宽容"主题沙盘	手指操		关于宽容		1.热身活动 2.分享关于宽容的故事	3.沙盘创作 4.组内交流 5.组间分享
第五次	"感恩"主题沙盘	手指操	《感恩的心》	感恩的故事	《感恩的心》	1.热身活动 2.播放音乐 3.沙盘创作 4.组内交流	5.第一人称单数组间分享 6.请学生分享感受
第六次	放飞梦想			关于梦想	《最好的未来》	1.热身活动 2.沙盘创作	3.组内交流 4.组间分享 5.请学生分享感受
第七次	团结友爱一家人	我和你	《我和你》		《相亲相爱一家人》	1.热身活动 2.播放音乐 3.沙盘创作	4.组内分享 5.组间交流 6.请学生分享感受

具体团体沙盘的应用流程如下。

1. 团体沙盘分组与组建团队

全体学生报数，了解参加人员人数，然后根据所参加人数分组，每组6～8人，然后组内成员共同推选出1名组长，作为7次团体沙盘游戏的各小组负责人，根据教师下达的指令，严格按照要求督促组内成员按指令的规定进行沙盘制作。

2. 团体沙盘指导语

指导语：亲爱的同学们，你们好！欢迎今天一起来参加团体沙盘活动，在这里有沙盘和沙子，你们可以用手感受一下沙子的细腻和温柔，沙盘旁边有许多沙具，有许多人偶、花草树木、各式小汽车、各种小动物、小房屋……待会儿你们可以自由选择这些沙具，并把它们放在沙盘里。同时，我们要轻拿轻放，保护好沙具，当别的同学在选择沙具的时候，要学会尊重他，不去争抢或者干涉。

3. 团体沙盘规则建立

每个沙盘开始制作前，各组组长都要带领大家选出这一轮团体沙盘的庄家，一般由各个小组的轮值组长设定摆放规则，团体成员在一个共同的沙箱中进行沙盘的创建，在创建过程中需要遵守一定的规则。

4. 团体沙盘摆放

团体成员依据小组设定的规则创建沙盘，具体取几件沙具、摆放顺序，由轮值组长决定。摆好后，各组成员在组内开始分享自己的故事，沙盘结束后，领导者需要带领团体进行宣誓："留下这里的故事，带走我的感觉。"

5. 团体沙盘的分享

一轮团体沙盘制作结束后，进行组内交流，也就是沙盘制作完成后，组内成员轮流说出在别人和自己摆放沙具过程中自己当时的情绪、想法和感受；完成组内交流后，小组成员共同商量为自己小组的沙盘命名。接下来，进行组间轮流交流，除了轮值组长，小组成员共同到其他小组再次交流，然后进行大组分享。分享结束后，组织者进行拍照留念，并随时记录。

三、结果与分析

（一）"心理健康诊断测验（MHT）"前后测统计数据分析

对实验组一和实验组二的学生在9～11月进行了为期两个多月的团体沙盘心理技术课程，在"心理健康诊断测验（MHT）"的实验前后测分数上，8个分量表和全量表前后测得分均出现了显著性差异，具体如表12-6、表12-7所示。

表12-6　实验组一MHT前后测得分差异检验比较

	实验组前测（n=43）	实验组后测（n=43）	t
	M±SD	M±SD	
学习焦虑	5.26±1.840	4.12±1.802	3.398***
对人焦虑	5.44±2.481	4.07±2.219	3.135**
孤独倾向	3.98±2.252	2.70±2.006	3.978***
自责倾向（焦虑）	5.35±2.080	4.51±2.604	2.456*
过敏倾向	5.77±2.057	4.65±2.608	2.472*
身体症状	5.23±1.950	4.28±1.469	2.925**
恐惧症状（倾向）	6.14±2.455	4.98±2.425	3.348**
冲动倾向	5.72±2.119	4.95±1.704	2.684**
全量表	42.88±12.002	36.00±12.938	3.655***

注：***$p<0.001$，**$p<0.01$，*$p<0.05$

表12-6是对实验组一在"心理健康诊断测验（MHT）"前后测验得分进行的相关样本 t 检验，在学习焦虑、孤独倾向、全量表上均呈现出极显著差异（$p<0.001$）；在对人焦虑、身体症状、恐惧倾向、冲动倾向上均呈现出非常显著性差异（$p<0.01$）；在自责倾向和过敏倾向上呈现出显著性差异（$p<0.05$）。

表12-7　实验组二MHT前后测得分差异检验

	实验组前测（n=40）	实验组后测（n=40）	t
	M±SD	M±SD	
学习焦虑	4.72±1.853	3.40±1.972	3.228**
对人焦虑	5.18±2.385	3.82±2.292	2.521*
孤独倾向	2.65±2.252	2.70±2.006	2.579*
自责倾向（焦虑）	5.05±1.907	3.82±2.241	2.833*
过敏倾向	4.82±1.933	3.55±2.298	2.472**
身体症状	5.48±2.124	4.35±2.348	2.401*
恐惧症状（倾向）	5.92±2.177	4.25±2.273	3.330**
冲动倾向	7.08±2.212	5.70±2.210	4.149***
全量表	41.90±12.870	33.98±11.486	3.362**

注：***$p<0.001$，**$p<0.01$，*$p<0.05$

表 12-7 是对实验组二在"心理健康诊断测验（MHT）"前后测验得分进行的相关样本 t 检验，在学习焦虑、过敏倾向、恐惧症状、全量表上呈现出非常显著的差异（ $p<0.01$ ）；在对人焦虑、孤独倾向、自责倾向、身体症状上呈现出显著性差异（ $p<0.05$ ）；在冲动倾向上呈现出极显著差异（ $p<0.001$ ）。

以上数据说明，开展团体沙盘课后，两个沙盘实验组的心理问题检出率和程度都有明显降低，并且在学习焦虑、对人焦虑、孤独倾向、自责倾向、过敏倾向、身体症状、恐惧倾向和冲动倾向这 8 个方面都获得了良好的改善，说明通过团体沙盘活动来培养小学生积极心理品质，确实可以提高小学生的心理健康水平。

（二）"心理健康诊断测验（MHT）"前后测结果分析

1. 学习焦虑减轻

在学习焦虑上，两个实验组在实验前后均呈现出显著性差异。从后期的调查和观察来看，学生在课堂积极发言的次数增多，学习态度也较为端正。因为团体沙盘活动在安全的环境中注重学生参与，关注学生当下的情绪状态，鼓励学生积极发言，帮助学生建立自信，树立理想，激发学生的潜能以及对生活、学习的热情，关注学生身上的"闪光点"，在一点一滴的成长过程中，鼓励学生不断进步。

2. 对人焦虑减轻

在实验组一的前测中，存在对人焦虑问题的学生约占班级总人数的23%，后测中存在对人焦虑问题的学生占班级总人数的4.9%；在实验组二前测中，存在对人焦虑问题的学生占班级总人数的21%，在后测中，存在对人焦虑问题的学生占班级总人数的5.1%，总体呈降低趋势。

学生在沙盘感悟分享中，慢慢喜欢和同学交往，觉得交到朋友是一件很幸福的事情，在沙盘课上，和大家一起做游戏、摆沙盘、分享故事，是一件很有意思和快乐的事情。另外，小组成员给了他们很多鼓励和温暖，逐渐懂得与人交往的时候，要学会感恩和宽容。在 7 次团体沙盘活动中，通过每次的热身活动，如手指操、我和你、兔子舞等，学生之间可以打破彼此的防御，相互之间产生信任。在组内、组间分享自己和沙具的故事，老师引导学生学会表达自己，鼓励学生说出自己想说的，只有表达出来了，别人才能了解你的想法，而在别的同学表达的时候，其他同学要学会尊重别人，认真倾听，这样学生在安全、信任的空间里，更愿意去表达和分享，让同学了解自己。另外，勇敢分享自己的故事、愿意表达的学生会受到老师的鼓励和得到同学给予的掌声，这样又增强了学生与人交往的信心。

3.孤独倾向得到抑制

实验组一的学生在"心理健康诊断测验（MHT）"前测中，有孤独倾向的学生占班级总人数的7.6%，在后测中，孤独倾向得分超过标准分8分的学生为0人；实验组二的学生在前后的检验中存在显著差异，说明团体沙盘心理技术有助于抑制学生的孤独倾向。

在团体沙盘活动中，课前的热身游戏、小组之间的相互分享、同伴给予的支持和鼓励，使学生之间慢慢形成了默契，收获了友谊，学生愿意和他人交流、分享、玩耍，彼此学会宽容、感恩，珍惜美好的友情。在团体沙盘活动中，学生在安全、信任的环境中分享自己的故事，倾诉自己的心声，加强了和同学之间的相互交往，体验到了在团体活动中的快乐和存在感。

4.自责焦虑缓解

在团体沙盘活动中，从选择沙具，到摆放沙具、分享故事，每组的陪伴老师都带着关爱去陪伴和尊重，帮助学生肯定自我、认识自己的优点，并且能够客观看待自己和他人，当学生出现认知上的偏差时，陪伴老师都会帮助学生形成合理的认知，自责焦虑逐渐缓解。

5.过敏倾向减弱

在团体沙盘活动中，团体成员给予了学生安全感和爱的陪伴。有的学生一开始做沙盘时，眼神中充满不安，有的进入不了状态，违反了小组以及大环境的规则。这时，陪伴老师与之亲切交谈，建立信任的关系，让学生能够安心在当下的沙盘游戏中。在分享沙具故事的时候，有的学生会伤心地哭泣，陪伴老师会把手放到学生右肩膀，让小组成员一起给予学生关爱和呵护，学生感受到了老师、同学的温暖，慢慢地开始有了安全感，增强了自信。

6.身体症状减轻

做完沙盘后，很多学生感觉到轻松和愉快。团体沙盘心理技术是在沙盘中借助沙具和沙子，在无意识的状态下，将一些问题情境和内心体验直观地表现出来，并在安全、受保护的空间内消除小学生的心理防备，为其提供一种自然的交流方式，从而达到情绪上的宣泄、疏导和释放。沙子本身是小学生比较喜欢玩的，在摆放沙具的过程中，小组成员之间相互尊重、注重倾听，不碰别人的沙具，不分析、不评价，重感受、重陪伴，遵守事先约定的规则，共同创造沙盘世界，这样在团体沙盘活动中增强了小学生与人沟通、合作、倾听的能力。

在团体沙盘课中，选择自己喜欢的沙具并在安全的小组内分享自己的故事，同学之间的认真倾听以及老师在旁边给予的关爱，可以让学生安心去倾诉。当学生分享完之后，陪伴老师给予鼓励和关爱，往往使学生感到自己受到重视和被集体需要的感觉，并且情绪上得到释放，身体也感觉很放松。

7.恐惧倾向减弱

在每次团体沙盘活动之前，都有热身活动，目的是使学生能够相互熟悉和了解。在团体沙盘活动后，老师都会带领大家做一个宣誓："留下这里的故事，带走我的感觉。"这样在安全、相互包容的团体环境中，老师遵循关爱和无条件地积极关注学生的原则，学生感受到来自团体的安全感和信任。

8.冲动倾向减弱

在选择、摆放沙具过程中，老师每次都会引导学生遵守规则，而且拿沙具的数量也会有限制，如每次拿1～4件自己喜欢的，在摆放的时候，也不能动别人的沙具，学会尊重他们的沙具；在其他同学分享的时候，要引导学生认真倾听，帮助学生树立规则意识和尊重他人的理念。

按照小组设定的规则，在每次团体沙盘活动之前都会产生新的庄家，每个小组成员都有机会做沙盘的轮值组长，轮值组长可以在大规则的设定下，制定本小组的活动规则，如选沙具的顺序、数量、沙具的种类、摆放沙具的顺序、分享沙具故事的顺序、沙盘的主题等，都需要轮值组长来设定。小组成员在庄家制定的规则下，摆放沙具、分享故事、完成沙画。给予学生做庄家的经历，鼓励学生做好轮值组长，认真倾听组内成员的故事，需要轮值组长率先遵守规则，具有沟通、协调本小组成员的能力。

从实验前后结果的分析来看，学生的学习焦虑减轻、对人焦虑减轻、孤独倾向得到抑制、自责焦虑缓解、过敏倾向减弱、身体症状减轻、恐惧倾向减弱、冲动倾向减弱，这说明小学生的心理健康水平整体得到提高。同时，为了更加直观地看到变化的结果，我们将"心理健康诊断测验（MHT）"8个分量表内容分成4个维度，综合实验结果和学生表现，分别从学习、行为与人际、情绪方面进行分析，如表12-8所示。

表12-8　实验后MHT量表的8个维度上学生发生的积极变化

主要方面	MHT分量表内容	学生主要积极表现
学习方面	学习焦虑减轻	喜欢学习，积极发言
行为与人际方面	对人焦虑减轻	主动交往，愿意交流
	孤独倾向抑制	乐于交往，学会分享

主要方面	MHT分量表内容	学生主要积极表现
情绪方面	自责焦虑缓解	相信自己，充满信心
	过敏倾向减弱	学会宽容，乐观面对
	身体症状减轻	身心放松，心情愉悦
	恐惧倾向减弱	勇敢面对，坦然处之
	冲动倾向减弱	遵守规则，尊重他人

表12-8表明，学生在学习方面能够喜欢学习，积极发言；在行为、人际方面，愿意主动交往；在情绪方面，能够适当调整自己，身心放松，心情愉悦；对待未来，能够充满自信，勇敢面对。在7次团体沙盘活动中，学生的行为、情绪、人际关系等都发生了积极的变化。

（三）实验培养过程中小学生的心理变化发展过程

每一次团体沙盘课后，我们都会对参与团体沙盘活动的学生进行书面非结构式访谈，访谈内容是要求学生记录参与沙盘活动的感悟，以下是某实验小组7次团体沙盘活动后心理变化过程。

第一次为初次摸沙，沙画如图12-1所示，以下是学生在制作沙盘时的感悟。

Z：伴随着悠扬的音乐，摸着金黄色的沙子，感觉沙子细腻而柔软，闭上眼睛，脸上似乎感受到了海风徐徐吹来，嘴里又有丝丝淡淡的咸味儿。随着有节奏的音乐，我们欢声笑语，嗨翻天！

图12-1　第一次沙画

L：开始拿沙具的时候，我飞快地拿了三件沙具，然后摆上，我拿的第一件沙具是一个小女孩，因为她跳舞跳得很累，所以我又拿了一棵大树让她乘凉，我又拿了一个小孩在读书，看到他刻苦读书的样子，让我想到了刚学过的课文《窃读记》，今天的沙盘活动让我受益匪浅。

W：今天我们去上沙盘课，给了我很多的体会。我把沙具摆放在沙盘里后，我想这些"河流"都出自小组成员天马行空的想象，感觉自己生活在诗意般的生活中。我在小组中讨论时，感觉可以把刚才摆沙具时的心情一下说出来，把憋在心里的话说出来，那个时候，我真的很高兴。

S：今天我玩了沙盘，沙盘令我感受很深，沙子凉凉的，好像进入了大海一般，周围是森林，鸟儿欢叫，我在大海里游，玩得很开心。

第二次是"我"与沙具的故事，沙画如图12-2所示。

图12-2 "我"与沙具的故事

S：今天在沙盘课上，我像一匹野马奔驰而去，但是看见了那一排排沙具，怦然心动，班里同学都来了，我们开始先玩游戏，又跳舞、唱歌，玩得很开心。

L：我拿了三件沙具，第一个是小桥，有一种小桥流水人家的感觉，第二个拿的是好似江南浦江第一家的门，可以当个旅游景点，第三个拿的是史努比拍的篮球，按上面的黄色按钮，史努比可以快速地拍球，我感觉很酷，我们做的沙盘的名字叫"疯狂动物城"。

W：这次沙盘给我感受最深的是一个冲浪板，这个冲浪板给我们的沙画增加了一丝色彩，还给我的心灵增添了一丝清凉。

Z：今天，我们再一次上了沙盘心理课，与沙子亲密接触。我们布置好了整幅画面，让我想起一句诗："小桥流水人家"，有小桥，有流水，还有人。我们总共拿了三棵树，其中两棵树上还有美丽的杜鹃，小桥下是小河，小河里面有乌龟、鳄鱼等，还有几只恐龙正在抢食一只小马呢！还有风景区，大海中的船，等等。

第三次的主题是"真诚"，沙画如图12-3所示。

C：热身活动，老师带我们做一些手语操，老师做得很美，之后我们进行了沙盘游戏，这次沙盘的主题是"真诚"。有一次，我在等三个好朋友，可是她们都没有来，我很伤心，后来她们打电话给我说分别出去旅游、游泳、野餐，她们告诉我真实的情况后，我觉得她们很真诚，又开心起来了。

S：这次沙盘课的主题是"真诚"。我认为真诚就是养了一个宠物，天天喂它吃东西，当你遇到危险时，它会用自己的生命来救你。有一次，我带家里养的小狗园园上山，在山底下看见了一条小蛇，园

图12-3 "真诚"主题沙画

图12-4 "宽容"主题沙画

园一看见它就扑了上去救了我，这件事让我难忘，这就是发生在我与园园之间最美好的真诚故事。

L：通过摆沙盘让我明白：做什么事都要真诚地对待对方，对方也会真诚地对待你，真诚不仅是生活上的收获，还是心灵上的收获。

第四次的主题是"宽容"，沙画如图12-4所示。

Z：我在沙盘中拿了两把椅子、两个麦兜和一张桌子。上学期上国画课的时候，我的朋友Y和我坐在一个位置上，我不小心将墨飞溅到她的衣服上，我们发生了争吵，冷战了一节课，后来我去找Y道歉，说："对不起，我不应该那样和你说话，我帮你洗衣服吧！"Y说："没事，不就滴点墨吗？回家我爷爷、奶奶会帮我洗的。"经历了这场"友谊的战争"，我们的友谊变得更加牢固！

在沙盘中，我最喜欢W拿的树，一片翠绿，为一望无边的沙盘增添了一抹生机和希望。沙盘带给我的感受像一缕阳光、一抹晚霞、一束月光环绕在我的心间，使我的心灵无比温暖、阳光。

W：此次沙盘的主题是"宽容"，我拿了四个海螺、四棵小树、一个仙人、一些小石块，因为我想让沙漠变得很有生机。沙盘中，我最喜欢四棵小树，因为它们能让沙漠变得更好看，沙漠中有了树后，会变得非常美丽。

第五次的主题是"感恩"，沙画如图12-5所示。

Z：此次沙盘的主题是"感恩"，我选择的沙具是一张桌子、两把椅子、一笼包子、一个樱桃小丸子、一个草莓公主。我要感谢的是我的一位同学、我的好朋友LSY。一次，我因为没竞选上广播员而伤心，她没有无视我，而是安慰我。今天上午，我玩的时候碰了头，十分疼，她马上离开游戏，过来问我："怎么了？"她给我揉揉头，安慰我，我们又玩了起来。

在沙盘中，我最喜欢W拿的两棵树，一棵粉紫、一棵翠绿，惹人喜爱，是那样优雅，为我们的沙盘世界增添了一道亮丽的风

图12-5 "感恩"主题沙画

景线。在沙盘中，我更加轻松、放松，而且抱着一种开心、愉悦的心情来做沙盘，也能增强我们的信心，我上课的时候经常举手发言。

L：我拿的沙具有菩萨、柯南，可以表达出我对老师的感恩之情。因为有一次，WJF不想当心理委员了，老师看中了我，而我也不想当，老师的一句话让我印象深刻，所以我当上了心理委员，因此要感谢我的老师，让我变得自信。

沙盘让我感觉身体上很温暖，另外这个故事也表达了我的自信。

第六次是放飞梦想，沙画如图12-6所示。

图12-6　放飞梦想

C：这次沙盘的主题是"放飞梦想"，我拿的沙具是一棵大树、一个大草丛、一只狗和一个人。我想当一名保镖，保护人们，就像保护地球一样，我认为当保镖要勇敢。

L：我拿的沙具是一个美羊羊，我的梦想是考上历史研究生，美羊羊表达了我对历史的热爱。因为有一天晚上我在电视上看到了一档历史纪录片，感觉里面有好多的奥秘，我以后想研究历史。沙盘带给我很多快乐，把自己的梦想表达出来，心里舒畅多了。

Q：在沙盘里选择一辆警车和几个小兵，以及山、大人、小孩，我的梦想是当一名合格的警察，保护每个人，让他们远离危险。在沙盘里，我要成为梦想的那个人，并超越他。

Z：我长大了，想当一位编辑或作家，我想未来的新书签售会上，一个小和尚大喊："什么书啊？好难懂。"还有一个小读者向我请教写作的问题，然后我高高兴兴地为他们签名。在沙盘活动中，我感到轻松、愉悦，我们组的组员可会逗人开心了，整堂课都充满欢声笑语。

第七次是团结友爱一家人，沙画如图12-7所示。

图12-7　团结友爱一家人

Z：在沙盘课上，这一次老师给我们的主题是"团结友爱"，感谢沙盘课让我感受到了快乐，对于不开心的事情，也有解决的办法，让我感受到了这个班级特别温暖、友爱，感谢老师给了我一个大大的拥抱，让我感受到了温暖，我还想在心理课上再做一次沙盘活动。这个活动让我感到温暖、变得坚强，给我带来许多快乐。

C：我喜欢大家一起手拉着手唱《相亲相爱一家人》这首歌，我感受到了我们这个班级的团结友爱。

L：上午不开心，下午做完沙盘就特别高兴。

通过实验小组学生7次团体沙盘的感悟，我们发现学生在学习、行为、情绪和人际方面都有显著的积极变化。在学习上，学生能主动发言，积极参与课堂；在行为上，学生学会尊重他人，懂得宽容、感恩，乐于助人；在情绪上，学生从沙盘中体验到了更多的积极情绪，如感到快乐、高兴、愉悦；在人际方面，他们也逐渐喜欢和人交往，想认识更多的朋友。

（四）实验组的沙画分析

综合分析实验小组的7次沙盘活动，每次沙具的分布情况如表12-9所示。

表12-9　实验组沙画中的沙具分布和总数　　　　　单位：个

次数	总数	人物	植物	动物	建筑	交通	家具	军用	装饰
1	17	3	6	3	1	1	1	0	2
2	39	2	0	16	5	1	9	1	5
3	39	4	7	10	2	0	16	0	0
4	38	4	4	11	1	0	4	0	14
5	22	8	2	4	0	0	3	0	3
6	22	9	2	5	2	1	2	0	1
7	31	10	7	9	0	0	2	0	0

1. 使用沙具的数量和种类

从小学生在沙盘游戏中使用的玩具种类来看，动物、植物、人物、家具使用的频率较高。动物类玩具在小学生的沙画中的作用有两类：一类是代表人类的伙伴，它们与人类和谐共处，这占据很大一部分，沙盘中摆放的动物有小狗、小鸟、兔子等。在小学生的心目中，这些动物是他们的好伙伴和朋友，他们和这些动物有着深厚的感情，如有的学生在摆放小狗这个沙具的时候，怀念自己之前失去的小狗，每次放学的时候小狗来接他，成为他那时候最好的朋友，希望家人可以允许他再养一只小狗，能够一直陪伴在他的身边。

另外，在沙盘游戏的理论中，如果动物代表一种能量的话，那么人类与具有这种能量的动物和谐共处，至少说明了人类对于这种能量的控制，也就是表明小学生逐渐具备自控的能力，开始在自我的冲动、欲望与环境之间相互平衡，这种和谐共处是他们适应环境的表现。另一类动物是原始动物，代表强大的力量，如恐龙，在第七小组第二次的沙盘——疯狂动物城（小组成员一起命名）中，摆放了五只恐龙争夺一匹小马麋鹿的场景。

2.色彩呈现和表达情绪词语的使用

在7次沙画的呈现中，从第一次到第七次绿色均呈现在沙盘里，一般是树木居多，树木代表着生机和希望，也有的是为了装饰，体现了学生对美好生活的向往和对自然的热爱。其他颜色也都在沙盘里出现，如粉色、白色、蓝色、黄色等，丰富的色彩变化，体现了学生丰富的创造性，也是学生的无意识在沙盘中的多样化呈现。

在第一次沙盘活动中，学生通过摆沙具，把憋在心里的话说出来，感到非常高兴，有的学生认为沙子让人感觉很清凉，好像进入了大海，而"我"在大海里畅游，非常开心。在第二次沙盘活动中，在与沙子接触和摆放沙具的过程中，学生有一种小桥流水人家的感觉，温馨的画面，让人的内心感觉到很温暖。在第三次以"真诚"为主题的沙盘活动中，学生感受到朋友的真诚，内心愉悦。在第四次沙盘活动中，那一片翠绿的树木，为一望无边的沙盘增添了一抹生机和希望，像一缕阳光、一抹晚霞、一束月光环绕在学生心中，使学生的心灵无比温暖，充满阳光。在第五次沙盘活动中，学生通过摆放沙具，创造沙画，心情变得愉悦，身心感到放松。在第六次沙盘活动中，学生对未来充满了信心，增强了对自我的认知。在第七次沙盘活动中，学生感受到自己是班级的一分子，感受到大家的温暖，交到许多朋友，在沙盘活动中得到很多快乐，期待继续上沙盘课。

3.团队协作的程度

每一次上沙盘课，小组成员都是固定不变的，经过7次团体沙盘课，小组成员由一开始的陌生到最后形成了一个配合默契的团体。在第一次沙盘活动中，通过热身游戏兔子舞，打破了防御，增强了学生之间的互动，而且在之后的几次沙盘课上，都分别采取了不同方式的热身活动，如"大风吹，小风吹""我和你""手指操""千千结"等，加强学生之间的交流和相互了解。在摆放沙盘活动中，大组老师和各小组陪伴老师（都是参加过国家心理咨询师和团体沙盘心理技术培训的老师），都会根据学生的实际情况，适时提醒学生遵守规则，如拿沙具时，要按照一定的顺序和庄家设定的规则去选择自己喜欢的沙具；在摆放沙具的过程中，不能动别人的沙具；在小组分享的时候，要注意倾听，学会尊重别人，培养学生的规则意识和自律意识，引导学生在与人交往的过程中具备良好品质，提高了学生的交往和合作能力。另外，每一次沙盘活动，都会选择不同的学生作为庄家，由轮值组长在大规则下设定自己小组的规则，在大组分享的时候能够把小组其他同学的故事表述出来，这就要求轮值组长要学会倾听，也能够理解作为轮值组长的责任。小组和大组分享故事时，既是小组成员之间彼此了解的时候，也是全班同学彼此熟悉的过程，团体凝聚力增强。

4.沙盘主题的变化

第一次、第二次让学生根据自己小组情况商定沙盘主题，多样的主题是每个小组相互讨论、商定的结果，如"颜值爆表队""颜王队""小清新"等，体现了学生具有丰富的创造力和想象力，同时也体现了学生相互合作和交流协商的能力。第三次以"真诚"为主题，第四次以"宽容"为主题，第五次以"感恩"为主题，第六次以"放飞梦想"为主题，第七次以"团结友爱一家人"为主题，这都是基于24种积极心理品质的培养要求而设定的，目的是使学生具有真诚、爱、坚持等积极的心理品质，培养小学生的健全人格。

（五）参与团体沙盘学生的自我评价

为了了解团体沙盘对小学生心理健康发展方面的影响，我们在7次团体沙盘课程后，对参与团体沙盘的学生进行了书面非结构式访谈，访谈的内容是记录自己在学习、行为、情绪、人际交往方面发生了哪些积极的变化，以下是选取部分小学生的团体沙盘活动总结。

Z：通过这两个多月的团体沙盘活动，在学习方面更加积极，课堂上能勇于发言；在行为上，更加开朗、爱劳动，不再漫不经心；在情绪方面，更加爱与别人说出自己的心声，更加自信，更加爱笑；在人际交往方面，更加爱交朋友，朋友越来越多。

Y：通过团体沙盘活动，学习上更加认真，听课越来越能集中注意力，课后能认真完成作业。另外，如果遇到经过自己认真思考后还不懂的问题，会积极去寻求别人的帮助。在行为方面，更加懂礼貌了，遇到熟人能主动问好，不再害羞，懂得遵守纪律，尊老爱幼，比之前有了更多的耐心，说话柔和多了，很少打闹，对自己也有了信心，愿意交朋友了。在情绪方面，不总是和家人生气了，能够学着调控自己的情绪，感觉自己进步了，希望以后进步越来越大，加油！

L：做沙盘之前，我上课时候不愿意发言，有不会的题目也默不作声，经过了这几次团体沙盘活动，现在上课我能积极发言，对于不会的题目，我下课后也会主动去问老师。在行为方面，以前我们家里来客人，我不会向他们打招呼，但现在每次家里来客人，我都会向他们打招呼，他们还夸我是个懂礼貌的孩子。在情绪方面，以前爸妈一说我，我就和爸妈顶嘴，自从做了团体沙盘后，我就不和爸妈顶嘴了。在人际交往方面，以前我的朋友不是很多，现在我有很多好朋友。另外，以前我不会帮助爸爸、妈妈，现在我能帮爸爸、妈妈做力所能及的事情。

C：在学习方面，感觉学东西都不怎么难了，能开开心心地学习。在行为方面，懂得感恩，不乱做各种违反学校和班级规定的事情，向别人借的东西能及时归还。在情绪方面，自从上了沙盘课，一直开开心心的，满脸笑容，变得开朗，学会了宽容，记忆力也增强了。在人际交往方面，这一段时间变得更加友好，交了很多的朋友，他们告诉我很多知识和道理。

H：自习课时能认真写作业，在家里能主动帮助妈妈去超市买东西和干一些家务活。原来我是个爱生气的孩子，现在上了沙盘课，心胸宽阔多了，不为一些小事生气了，能和同学一起玩，愿意交朋友，其他方面也有很大的进步。

J：自从上了沙盘课之后，我感觉学习变得轻松，易如反掌。以前遇到不会的题目，我都会烦躁。上了沙盘课之后，我变得有耐心去解决所遇到的难题。所以，很感谢心理课的老师和同学们，他们带给我许多欢乐。在行为方面，我能够团结集体，尊敬师长，爱小护幼。在情绪方面，我有一种快乐、放松、清凉、幸福的感觉，有时能感受到一种爱的味道。在人际方面，能主动与同学打招呼，愿意交谈，总之，沙盘带给我许多快乐，还想继续做沙盘。

X：在学习方面，更加认真，上课能更加积极地发言。在行为方面，经常倾听别人的心声，乐于助人，爱护花草树木。在情绪方面，不太喜欢发火，经常对别人微笑。因为我改变了，所以许多人愿意和我玩，以前经常没有耐心，做完沙盘后变得有耐心了。

通过学生的总结发现，学生在上完7次团体沙盘课程后，分别在学习、行为、情绪、人际方面有着积极的变化和表现，喜欢学习、愿意交朋友、乐于帮助人、懂得感恩、心情变得愉悦等。结合心理健康量表测验结果和学生的总结可以发现，团体沙盘心理技术可以促进小学生积极心理品质的发展，能够提高小学生的心理健康水平。

（六）家长对参与团体沙盘活动学生的反馈

为了更加全面地了解学生在团体沙盘课程后发生了哪些积极的变化，在7次团体沙盘课程后，我们对参与团体沙盘课程的学生家长进行了书面非结构式访谈，通过家长访谈，我们发现，参与团体沙盘的学生在学习、行为、情绪、人际方面分别出现一些积极的变化和表现，具体如表12-10所示。

表12-10　家长对参与团体沙盘学生的反馈

被试		家长观察到的积极表现
SRX	学习	这段时间感觉孩子对语文感兴趣，回家能主动完成作业后再去看电视
	行为	有时候说话会惹到她，但这孩子生气就一会儿，我要是哪里不舒服，她就会一直关心，同时也会关心同学，乐于助人。我不在家的时候，她会主动做饭
	情绪	比以前能控制些情绪，生气的次数少了
	人际	愿意和自己喜欢的同学一起玩、一起聊天，有讲不完的话题
ZML	学习	以前，孩子在家不爱读书，但是，上了沙盘课后，孩子喜欢上了读书
	行为	主动向我们（爸妈）问好
	情绪	最近发现都很开心
	人际	以前，孩子的朋友比较少，但是最近和朋友玩得特别多
LMT	学习	不用家长督促，能够及时完成老师布置的作业，做好第二天功课的预习，并能自主去购买相关的练习册，按照学习进度去练习
	行为	能够主动协助父母做家务，时常关心妈妈的身体情况
	情绪	以前对父母的安排有抵触情绪，时常表现不高兴。现在表现很好，有事能够和父母沟通，并表达自己的想法
	人际	与同学相处很好，在家经常有同学找她玩。与邻居相遇的时候，能主动打招呼，并能带邻居家的小朋友进行游戏
LM	学习	能够及时完成作业
	行为	比以前稳重，更懂礼貌了
	情绪	变得乐观，不爱生气了
	人际	同学之间的关系挺好
ZQH	学习	比以往有进步，能自主完成作业
	行为	懂得尊重别人，要进一步加强和提高
	情绪	偶尔使点小性子，发点小脾气，总而言之，比以前有进步
	人际	学会正确处理同学关系，愿意和我们沟通
CZ	学习	这两个月来，孩子的学习逐渐提升，学什么都不难了
	行为	表现很好，懂得感恩，借别人东西能及时归还
	情绪	自从孩子上了沙盘课，学会了宽容，变得开朗，满脸笑容
	人际	孩子这一段时间交了很多朋友，朋友也告诉孩子很多的知识和道理
SJY	学习	能积极完成作业，字迹也比以前工整了。利用课余时间读课外书，学习态度比以前更端正，并且上课能积极发言
	行为	早晨能按时起床，每天放学回家后能和家长交流学习方面的以及在学校里发生的各种事情，帮助我（妈妈）做家务
	情绪	比以前好多了，没有像之前那样爱耍小脾气了
	人际	这孩子人际交往一直很好，性格开朗活泼，愿意结交朋友

应用发展篇

（七）教师对参与团体沙盘活动学生的反馈

在每次团体沙盘课程中，教师都会对参与学生的表现及时做观察和记录。表12-11是上完团体沙盘课程后，教师分别从学习、行为、情绪和人际方面对部分参与沙盘课程学生情况的反馈。

表12-11　教师对参与团体沙盘学生的反馈

被试学生		教师观察到的积极表现
ZLZ	学习	学习积极主动，及时完成作业，课堂积极发言
	行为	不像以前那样淘气，现在做事稳重点
	情绪	现在开朗些，以前别人提到爸妈会流泪，现在愿意表达
	人际	现在同学能够接受他
LBH	学习	最近数学方面上心、用功，理解方面虽慢一点，但能积极发言，上课举手次数增多，数学成绩进步较快
	行为	开会时第一个主动来，不算开朗，做事尽职尽责，主动负责学校活动
	情绪	稍有自卑，现在慢慢好点，比以前阳光一些
	人际	人际交往还好，稍有内向
QGY	学习	上课还行，比以前强点，愿意发言
	行为	打扰别人的习惯有所改善
	情绪	情绪控制稍微好点
	人际	和班级玩得好的同学交往
SXD	学习	作业写得还强一点
	行为	上课能坐得住了
	情绪	没有特别大的变化
	人际	和同学的相处比之前融洽一些
LSJ	学习	上课认真听讲，积极发言
	行为	行为习惯得到改善，自习课说话少了，遵守学校纪律
	情绪	开朗些
	人际	小组活动的时候，积极参与同学的讨论

四、讨论

本研究主要通过培养小学生的积极心理品质来促进小学生心理健康的发展，提高小学生心理健康水平。因此，我们从24种积极心理品质中选取部分积极心理品质作为团体沙盘的主题，促进小学生积极心理品质的发展，从而提高小学生心理健康水平。

通过采用准实验设计的研究方法，我们使用"心理健康诊断测验（MHT）"量表作为前后测的测量工具，选取前测检出率比较高的两个班级作为实验组，利用每周一次的心理健康教育课，施行了7次团体沙盘操作。在7次团体沙盘课程后，我们使用"心理健康诊断测验（MHT）"进行后测，通过对前、后测结果的分析，发现实验班小学生心理健康的整体水平显著提高，8个分量表也不同程度地呈现出显著性差异：学习焦虑减轻、对人焦虑减轻、孤独倾向得到抑制、自责焦虑缓解、过敏倾向减弱、身体症状减轻、恐惧倾向减弱、冲动倾向减弱，验证了团体沙盘活动对提升小学生心理健康水平有着显著的促进作用。

随后我们对实验培养过程中每一次参与团体沙盘活动的学生进行了跟踪的书面非结构式访谈，结果发现，上完团体沙盘课，许多学生变得开朗、乐观、自信，愿意和人交往，觉得轻松很多，心情也变得愉悦。随后，选取某一小组的沙画进行分析发现，其使用沙具的种类丰富多样，动物、植物、人物、家具的使用频率较高，体现了学生能够很好地适应环境；在色彩上，绿色居多，代表着生机和希望，多样的色彩呈现也体现了学生对美好生活的向往和对自然的热爱；在表达情绪的词语使用方面，如使用"开心""愉悦""快乐"等，说明学生从沙盘中得到很多快乐；在沙盘主题上，如以"真诚""宽容""感恩""放飞梦想""团结友爱一家人"等为沙盘主题，促进了小学生积极心理品质的发展，提高了小学生心理健康水平。

我们从对参与团体活动的学生、家长、教师进行的半结构式访谈发现，学生在学习、行为、人际、情绪方面都有着积极的变化，如学生喜欢学习、能够积极发言、主动交往、懂得宽容、学会尊重他人、感到快乐、对自己充满信心等。

根据实验数据的分析、参与团体沙盘学生的总结以及对家长和教师的访谈发现，小学生的学习、行为、情绪和人际关系都有很大的改善，他们逐渐积极看待自我，建立自信，形成良好的行为习惯。我们发现，团体沙盘课对小学生心理健康发展确实有着促进作用，团体沙盘课注重学生的自我感悟、体验和成长，在团体活动中可以培养学生的合作意识、参与意识，提高小学生与人沟通交流以及解决问题的能力。其中，对于团体沙盘课在促进小学生心理健康发展方面，总结归纳出以下几点。

1. 增强小学生心理安全感

团体沙盘为学生建立了一个安全、可靠的空间，7次团体沙盘活动都是在同一小组，这样学生之间相互信任，在团体沙盘小组中会感到足够的安全。每个小组都有一位陪伴老师，带着关爱地陪伴和无条件地积极关注，肯定学生取得的每一次小进步。学生在沙盘里运用沙子和沙具创作沙画，也是潜意识和意识的连接，扩大了学生的意识容器，促进了小学生积心理品质的发展。在团体沙盘中，教师相信学生有自我治愈的力量，尊重每一位学生，遵循"不分析、不评价，重感受、重陪伴"的原则，积极关注学生的变化，给予小学生支持和鼓励，促进学生在沙盘世界中自我成长。

2.提高小学生对生活和学习的热情

每个人都有一次做轮值组长的机会，鼓励每个学生抓住机会，勇敢做自己，鼓励学生积极发言，肯定学生的进步。在以"真诚""宽容""感恩""梦想""团结"等为主题的沙盘活动中，促进学生自我学习和自我提高。学生在沙盘中释放自己、表达自己，对生活、学习的热情增强，有的时候也在沙盘中处理情结，当学生把埋在心底的话表达出来，并且周围的同学和老师都带着关爱认真倾听的时候，他们会觉得如释重负，心里感觉很轻松，这就达到了自我治愈的效果。在分享的时候，老师鼓励学生到教室前面讲述自己的故事，之后给予学生积极的评价和掌声。

3.提高小学生人际交往能力和规则意识

在分享环节，组内分享和组间分享加强学生之间的相互了解，提高了学生的语言表达能力，增进了学生之间的友谊，很多学生发现自己越来越爱交朋友，喜欢和同学一起玩耍，学生在团体中找到了存在感和体会到了温暖。在团体沙盘活动中，当别的同学摆的沙具也是自己喜欢的时候，并且表达的故事也是自己所想表达的时候，会产生共鸣，学生会觉得很欣慰，觉得自己融入了团体，被他人所接纳、理解。在摆沙具的过程中，教师引导学生遵守规则：不能动别人的沙具，拿沙具和摆放沙具的时候要静悄悄的，学会尊重和倾听别人。

五、结论

通过对本研究结果的分析与讨论，可得出以下结论：团体沙盘活动对于提升小学生心理健康水平有着显著的促进作用。

针对研究中出现的问题，我们提出相应的教育对策：第一，学校心理课健康教育的有效实施是提升小学生心理健康水平的关键；第二，教师应对学生保持积极关注并注意培养自身的积极品质；第三，家庭的关爱和正确的教养方式是培养小学生积极心理品质的基础；第四，家庭、学校、社会联盟能够共同促进小学生心理健康的发展。

案例三　以团体沙盘心理技术探索幼儿合作素养特点的研究

一、背景分析

《教育部关于全面深化课程改革落实立德树人根本任务的意见》中提出了"核心素养"这一概念，其中合作素养是幼儿在成长阶段需要着重发展的品质。《3—6岁儿童学习与发展指南》中明确提出建议"幼儿园应多为幼儿提供需要大家齐心协力才能完成的活动……学习分工合作"。为有效促进幼儿合作素养水平的提升，明晰幼儿合作素养特点是首要任务。大连市实验幼儿园引进了团体沙盘心理技术，结合"以游戏为本"的基本特点，利用团体沙盘心理技术增强幼儿合作能力的核心作用，开展了"以团体沙盘心理技术探索幼儿合作素养特点的研究"，通过研究发现并提炼出了幼儿合作素养的特点。

二、理论依据

由马斯洛创立、以罗杰斯为主要代表的人本主义心理学秉持"人具有个人发展的潜能，人有自主性，有自我实现的需求"。这一理论观点与幼儿合作素养培养的整体目标具有一致性。同时，团体沙盘心理技术理论强调的是人在沙盘游戏世界中进行意识、无意识的交流与表达，是一个自我释放与自我本能重塑、自愈的过程，显然这与人本主义中"自我实现的需求"的观点是一致的，所以运用体验式团体沙盘技术有利于幼儿合作意识的增强。

沙盘游戏是以荣格学派的人格发展心理学为理论基础的。辽宁师范大学杨丽珠教授在《中国儿童青少年人格发展与培养研究三十年》中指出：合作交往是幼儿健全人格结构中的典型积极人格特质。游戏自身所具有的教育性和趣味性使其成为幼儿健全人格教育的最佳载体。

目前，在国内外已经有研究运用认知行为疗法对儿童的社交行为问题进行干预，其中主要的治疗形式为儿童团体认知行为疗法，幼儿体验式团体沙盘也是儿童团体认知行为疗法中的一种干预策略。在合作素养培养层面，使用团体沙盘心理技术，能够让幼儿对合作形成正确的认识，知道合作的重要性，建立合作意识；在游戏体验中丰富的合作情绪，体验积极的合作情感，形成良好的合作习惯。

综上所述，本研究结合团体沙盘心理技术的特点及优势，通过对幼儿团体沙盘活动情况的跟踪观察和记录，确定研究重点，聚焦合作意识、合作习惯、合作情感三个维度，来观察、评价中、大班幼儿合作素养的发展特点。

三、内涵

幼儿合作素养的培养对未来社会人自我生存与发展具有重要作用，它为社会培养高素质的公民奠定了基础。幼儿园强化幼儿合作素养培养的意识，重新把人们的目光锁定在人生的发展之初，体现幼儿合作素养培养的必要性。目前，幼儿合作素养的培养是幼儿社会性发展的重要方面，对幼儿合作教育发展来说是一项基础任务。

团体沙盘心理技术的核心作用是提升团队合作能力，该技术能够提高幼儿与同伴交往的自信心，增进人际交往技巧，改善和提高幼儿的合作能力。因此，本研究利用团体沙盘心理技术，促进幼儿与同伴之间建立合作关系，通过同伴之间的协商、合作与分享，使幼儿养成良好的合作品质和修养，提高愿景认同的意识，懂得责任分担，学会协商共赢，养成良好的合作素养。

四、实施途径

（一）项目设计

在项目的设计上，我们主要从行动计划、研究目标及任务入手，进行调查研究与文献述评，了解团体沙盘心理技术在幼儿园应用的重要性和必要性。同时，成立项目研究核心成员组，从实际出发，通过预设和生成的途径确立本阶段的研究内容。首先，采用调查研究法，设计"幼儿合作素养发展水平调查问卷"，面向全园中、大班幼儿家长进行调查，对问卷进行了分析，确定了两组共12名参与实验的幼儿。其次，利用行动研究法开展了幼儿团体沙盘活动，相继组建核心团队，每周一次幼儿团体沙盘实操，研究每位教师，跟踪一名幼儿并按时填写"幼儿沙盘跟踪记录表"，每学期为每位幼儿形成一份"幼儿沙盘成长故事追踪报告"。在推进过程中，研究团队教师注重提炼经验、形成过程性资料，集成沙盘观察记录表集、幼儿沙盘跟踪记录表集、幼儿沙盘故事集等，不断生成有效、有趣的沙盘主题课程案例，促进了参与实验幼儿的合作素养的发展。

（二）研究调查

研究调查中，通过对大连市实验幼儿园中班、大班共计122名幼儿进行合作素养发展水平的问卷调查，我们发现，在中班幼儿中，在合作态度方面，57%的幼儿表现为"好"，37%的幼儿为"较好"，6%的幼儿为"较差"；在同伴关系方面，66%的幼儿表现为"好"，29%的幼儿为"较好"，5%的幼儿为"较差"；在社会焦虑方面，46%的幼儿表现为"好"，51%的幼儿为"较好"，3%的幼儿为"较差"。具体内容如表

12-12 所示。

表12-12　幼儿合作性与专注力发展水平调查问卷（中班）

调查维度	4～11合作态度				12～19同伴关系				20～27社会焦虑			
等级	差（1～8）	较差（9～16）	较好（17～24）	好（25～32）	差（1～8）	较差（9～16）	较好（17～24）	好（25～32）	差（1～8）	较差（9～16）	较好（17～24）	好（25～32）
人数	0	4	24	37	0	3	19	43	0	2	33	30
百分比		6%	37%	57%		5%	29%	66%		3%	51%	46%
较差—差	较差：14%											

在大班幼儿中，在合作态度方面，56%的幼儿表现为"好"，40%的幼儿表现为"较好"，4%的幼儿表现为"较差"；在同伴关系方面，73%的幼儿表现为"好"，22%的幼儿表现为"较好"，5%的幼儿表现为"较差"；在社会焦虑方面，49%的幼儿表现为"好"，47%的幼儿表现为"较好"，4%的幼儿表现为"较差"。具体内容如表12-13所示。

表12-13　幼儿合作性与专注力发展水平调查问卷（大班）

调查维度	4～11合作态度				12～19同伴关系				20～27社会焦虑			
等级	差（1～8）	较差（9～16）	较好（17～24）	好（25～32）	差（1～8）	较差（9～16）	较好（17～24）	好（25～32）	差（1～8）	较差（9～16）	较好（17～24）	好（25～32）
人数	0	2	22	31	0	3	12	40	0	2	26	27
百分比		4%	40%	56%		5%	22%	73%		4%	47%	49%
较差—差	较差：13%											

经过问卷调查分析，从中班和大班各筛选出合作性方面低于同龄幼儿水平的6名幼儿，按照研究计划每周一次对其在合作性方面进行沙盘操作干预，并设计了"幼儿沙盘制作跟踪记录表"（见表12-14），通过跟踪记录表和日常生活中教师对参与沙盘干预幼儿的观察随笔，记录幼儿合作意识、合作习惯、合作情感三方面合作素养的变化，这些研究成果能够有力支持"团体沙盘心理技术可以促进幼儿合作素养的发展"这一结论。

表12-14　幼儿沙盘制作跟踪记录表

幼儿姓名：蕾蕾　　性别：女　　年龄班：大　　记录人：那显婷

制作时间	第一轮	第二轮	第三轮	第四轮	第五轮	幼儿讲述记录
2017年3月30日	父亲和女儿	小公主	 小狗 	 婴儿 		喜欢自己所选的沙具，爸爸带着自己的孩子游戏

（三）研究实施

幼儿园大班和中班团体沙盘方案设计如表12-15、表12-16所示，对活动目标、活动方式、活动过程和容易出现的问题都做了较为详细的说明。

表12-15　大班团体沙盘研究内容一览表

阶段	活动目标	活动方式	活动过程	容易出现问题	合计次数
幼小衔接沙盘活动（大班课程）					
第一阶段	1.初步感受沙盘活动；2.熟悉沙盘活动；3.初步感受沙盘活动中的交往与规则；4.沙盘活动中有合作交往与交流的愿望；5.培养幼儿的想象力、创造力	团体沙盘，每盘6人	1.自己玩，把喜欢的沙具摆放到自己的沙盘里，如果出现问题，小朋友要用自己的方式解决，比如，手心手背、钉钢锤等；2.不碰别人的沙具，喜欢别人的沙具，要和小朋友商量，征得别人的同意；3.维护自己的权利，当别人要进入自己的沙盘时，要维护好自己的权利	1.抢沙具；2.争沙具；3.动抢别人的沙盘	1次

		幼小衔接沙盘活动（大班课程）			
阶段	活动目标	活动方式	活动过程	容易出现问题	合计次数
第二阶段	在激发合作与交往的意识基础上：1.初步培养幼儿的规则意识；2.初步培养幼儿的互动交往与合作能力；3.进一步激发与培养幼儿的创造力与想象力、手脑协调能力	团体沙盘，每盘6人，人员不变	1.不碰别人的沙具，在自己的小组内摆放；2.小组成员通过手心手背的方式定出取放沙具的顺序，记住自己的顺序号；3.每次取2件，取完摆放在小组内沙盘里，按照顺序都取放完为一轮，共取4轮；4.出现任何问题，小组成员商量解决；5.4轮摆放完后，小组每个人看看大家一起摆的沙画，说说感觉	1.动拿别人的沙具；2.不按顺序拿放；3.不按数量取放	2次
第三阶段	1.初步学会合作与交往，体会合作的快乐；2.初步养成规则意识，感受尊重的快乐；3.初步形成合作与交往的能力；4.进一步开发与培养幼儿的想象力与创造力	团体沙盘，每盘6人，人员不变	1.不碰别人的沙具，在自己的小组内摆放；2.通过手心手背的方式决出摆放顺序，记住自己的顺序号，小组内轮流摆放；3.每次取2件，一共取3次；4.出现任何问题，小组成员商量讨论解决，比如，动别人沙具、多拿沙具、别人的闯入等；5.3次轮流摆放结束后，组内成员彼此交换位置，看看每个人摆放的沙具和沙画，谈谈感觉；6.交流一下小组创作的沙画，谈谈对这次沙盘活动的感受	1.动拿别人的沙具；2.不按顺序拿放；3.不按数量取放	2次
第四阶段	1.初步学会合作与交往，体会合作的快乐；2.初步养成规则意识，感受尊重的快乐；3.初步形成合作与交往的能力；4.进一步开发与培养幼儿的想象力与创造力	主题：我喜欢的幼儿园，我要上学了。幼儿团体沙盘	1.幼儿用自己喜欢的方式决出顺序，记住自己的顺序号；2.说明主题，小组成员讨论商量如何呈现主题，比如，一次拿几件沙具、拿几次、怎样摆放等；3.轮流摆放结束后，组内成员看沙画，讲为呈现主题拿了什么沙具，摆的时候是怎么想的；4.出现的任何问题，小组成员商量解决	1.幼儿取的沙具不一定与主题有关；2.摆放沙具时都摆放在自己的位置	2次

应用发展篇

251

表12-16　中班团体沙盘研究内容一览表

			幼小衔接沙盘活动（中班课程）		
阶段	活动目标	活动方式	活动过程	容易出现问题	合计次数
第一阶段	1.初步感受沙盘活动；2.熟悉沙盘活动；3.初步感受沙盘活动中的交往与规则；4.沙盘活动中有合作交往与交流的愿望；5.培养幼儿的想象力、创造力	团体沙盘，每组6人	1.自己玩，把喜欢的沙具摆放到自己的沙盘里，如果出现问题，小朋友要用自己的方式解决，比如，手心手背、钉钢锤等；2.不碰别人的沙具，喜欢别人的沙具，要和小朋友商量，征得别人的同意；3.维护自己的权利，当别人要进入自己的沙盘时，要维护好自己的权利	1.抢沙具；2.争沙具；3.动抢别人的沙盘	2次
第二阶段	在激发合作与交往意识的基础上：1.初步培养幼儿的规则意识；2.初步培养幼儿的互动交往与合作能力；3.进一步激发与培养幼儿的创造力与想象力、手脑协调能力	团体沙盘，每盘6人，人员不变	1.不碰别人的沙具，在自己的小组内摆放；2.小组成员以手心手背的方式定出取放沙具的顺序，记住自己的顺序号；3.每次取2件，取完摆放在小组内沙盘里，按照顺序都取放完为一轮，共取4轮；4.出现任何问题，小组成员商量解决；5.4轮摆放完后，小组每个人看看大家一起摆的沙画，说说感觉	1.动拿别人的沙具；2.不按顺序拿放；3.不按数量取放	2次
第三阶段	1.初步学会合作与交往，体会合作的快乐；2.初步养成规则意识，感受尊重的快乐；3.初步形成合作与交往的能力；4.进一步开发与培养幼儿的想象力与创造力	团体沙盘，每盘6人，人员不变	1.不碰别人的沙具，在自己的小组内摆放；2.以手心手背的方式决出摆放顺序，记住自己的顺序号，小组内轮流摆放；3.每次取2件，一共取3次；4.出现任何问题，小组成员商量讨论解决，比如，动别人的沙具、多拿沙具、别人的闯入等；5.3次轮流摆放结束后，组内成员彼此交换位置，看看每个人摆放的沙具和沙画，谈谈感觉；6.交流一下小组创作的沙画，谈谈对这次沙盘活动的感受	1.动拿别人的沙具；2.不按顺序拿放；3.不按数量取	2次
第四阶段	1.感受幼儿园，在沙盘中表达自己心中的幼儿园的样子；2.初步养成规则意识，感受尊重的快乐；3.初步形成合作与交往的能力	团体沙盘，每盘6人，人员不变。主题：我喜欢的幼儿园。幼儿团体沙盘	1.以手心手背的方式决出顺序，记住自己的顺序号；2.说明主题，小组成员讨论商量如何呈现主题，比如，一次拿几件沙具、拿几次、怎样摆放等；3.轮流摆放结束后，组内成员看看沙画，讲讲为了呈现主题，自己拿了什么沙具，摆的时候是怎么想的；4.出现的任何问题，小组成员商量解决；5.组间交流：看和听讲解，介绍小组创作的沙画	1.不按主题摆放；2.不按顺序拿取；3.不按数量摆放；4.争抢别人的沙具；5.幼儿取的沙具不一定与主题有关	4次

五、成果与分析

通过在幼儿团体沙盘中的跟踪式观察记录，按照本研究确定的幼儿合作素养的三个维度，总结出了幼儿合作素养发展特点。

（一）团体沙盘活动中合作意识发展特点

大班幼儿和中班幼儿的合作意识呈现出递进的特点，并且都能通过团体沙盘心理技术的干预而逐渐提高。当进行主题沙盘操作时，初期幼儿对教师提出的合作摆沙盘几乎是置之耳外的，即使在教师无数次的引导下都很难合作完成沙盘的拼摆；探索期，教师尝试改变引导策略，作为幼儿的同伴和幼儿一起进行团体沙盘活动，隐性地引导幼儿合作，这样的方式让一部分发展较为成熟的幼儿逐渐有了合作拼摆的意识；较成熟期主要的表现是幼儿明确了教师提出的主题后，就能够进行合作拼摆沙盘，在这个过程中还有了和同伴交流合作的意识，如图12-8所示。

图12-8 体验式团体沙盘游戏中幼儿小组合作创建沙盘的作品变化比较图

（二）团体沙盘活动中合作习惯发展特点

在团体沙盘活动中，通过对大班和中班幼儿在合作习惯上的比较和分析，我们发现，不同年龄幼儿的自觉主动行为随年龄的增长而逐渐增加，大班幼儿明显多于中班幼儿，不自觉退缩行为所占比例则呈递减趋势。大班幼儿较中班幼儿在生理特征和心理特征上可能更容易形成良好的合作习惯。具有良好性格特征的幼儿的合作行为习惯更容易表现为自觉主动，具有不良性格特征的幼儿则相反。幼儿与陌生小朋友和好朋友的合作习惯也存在显著差异。

（三）团体沙盘活动中合作情感发展特点

在团体沙盘活动中，幼儿在合作情感的行为表现上，呈现出随年龄增长而行为增多的特点，大班幼儿的宽容接纳度明显高于中班幼儿，幼儿合作情感随年龄的增长而发展，但总体比例不高，情感强烈、短暂的幼儿的合作情感随年龄的增长而递减，但递减幅度不大，因此，不同年龄幼儿合作情感的稳定性普遍较差，情感强烈、短暂、不稳定。具有良好性格特征的幼儿宽容接纳度、情感稳定性明显高于具有不良性格特征的幼儿。幼儿对陌生小朋友和好朋友的合作情感存在显著差异。

六、结论与建议

通过进行幼儿团体沙盘研究，我们对幼儿合作素养的特点有了新的发现，得出了一定的研究结论，开始思考如何科学、有效地培养幼儿的合作素养。

（一）树立正确理念，确保培养科学性

培养幼儿的合作素养，首先要树立正确的理念。幼儿合作性的培养是《3—6岁儿童学习与发展指南》中提出的社会领域中的一个重要的核心经验。该指南中提出游戏是幼儿的基本活动，是幼儿获得认知、情感、能力发展的最有效方式，因此，团体沙盘活动更适宜在对幼儿的合作意识、情感、习惯各种合作素养的培养中运用。

（二）发挥游戏作用，提高培养体验性

任何一种非独立性游戏都需要幼儿的合作参与。寓教育于游戏之中也就成为幼儿合作素养培养的一大特点。在团体沙盘活动中，幼儿通过选择、摆放沙具，与同伴合作互动，调整沙具等一系列行为活动，丰富了在团体沙盘活动中合作的体验，让幼儿在团体沙盘活动中体验到了合作的乐趣，在合作意识、合作习惯、合作情感等多维度获得了发展。

（三）重视家园共育，实现培养的全面性

家庭教育在幼儿合作素养的培养中起到了主要作用，幼儿园应利用家园共育活动促进幼儿合作素养的培养。把团体沙盘心理技术的参与、体验、感悟式教育引入家长课堂，运用游戏这种方式，借助沙具开展亲子间的非言语沟通，在合作摆沙盘中增进亲子合作。在游戏过程中，父母能亲眼看到孩子在沙盘制作过程中的表现，发现孩子合作素养发展的特点及存在的问题，在与孩子共同"游戏"的过程中，通过数次和孩子共同体验团体沙盘活动，开始清楚合作问题出现的原因，开始发现自己的问题，进而改变家庭教养方式，鼓励和强化幼儿养成好的合作意识、情感和习惯，帮助幼儿建立合作的自信心，养成良好的合作素养。

总之，幼儿团体沙盘研究，让幼儿在合作创作沙盘的过程中自然地获得了合作素养的养成和发展，也让教师通过跟踪观察记录幼儿沙盘活动情况，发现了幼儿合作素养发展特点，为对幼儿合作素养的培养提供了依据和基础。

参考文献

[1] 丁志强.学校心理咨询工作困境及其应对方略 [R].第十二次全国心理卫生学术大会论文汇编，2019.

[2] 丁娅.军人积极人格特质及其与心理弹性的关系研究 [D].重庆：重庆师范大学，2012.

[3] 马倩楠，郭霞.萨提亚模式团体沙盘活动干预研究生社交焦虑的有效性研究 [J].开封教育学院学报，2016（08）：173-174.

[4] 王为群，李小珊.心理咨询的语用策略及相关问题探讨 [J].甘肃广播电视大学学报，2016（08）：57-60.

[5] 王丽萍.初中生攻击性特征及沙盘游戏干预 [D].银川：宁夏大学，2015.

[6] 王剑.团体沙盘游戏干预小学生注意力问题的应用研究 [J].大连教育学院学报，2018（09）：62.

[7] 王瑞.微时代背景下青少年心理健康问题浅析 [J].才智，2018（36）：229.

[8] 王晃芳.浅析小学生心理特点 [D].2019年中小学素质教育创新研究大会论文集，2019.

[9] 林崇德.中小学心理健康教育指导纲要解读（2012年修订）[M].北京：北京师范大学出版社，2013.

[10] 中共教育部党组.开启全面建设高素质专业化创新型教师队伍新征程 [J].光明日报，2020（05）：1.

[11] 冯琦，刘军，戚菲，等.团体沙盘中的思维导图应用研究 [J].健康之路，2016（01）：77-78.

[12] 吕璐莎.团体箱庭在大学生心理健康教育课程中的运用 [J].华夏教师，2014（05）：33.

[13] 彭贤，朱丽霞.团体沙盘游戏在大学生职业生涯规划中的应用 [J].心理学，2011（03）：723-726.

[14] 魏昶，吴慧婷，孔祥娜，王海涛.感恩问卷GQ-6的修订及信效度检验 [J].中国学校卫生，2011（10）：1201-1202.

[15] 吕璐莎，杨敏，杨珺.箱庭疗法对提高研究生人际交往能力的研究 [J].福建医科大学学报（社会科学版），2013（01）：28-32.

[16] 朱海妍，刘丽琼，钟宇，王楠.团体沙盘游戏与心理辅导对大学生人际交往能力的干预效果比较 [J].中国学校卫生，2015（07）：1041-1044，1048.

[17] 任俊.写给教育者的积极心理学 [M].北京：中国轻工业出版社，2010.

[18] 向群英.团体沙盘心理技术在高校学生工作中的应用与实践 [M].北京：化学

工业出版社，2020.

[19] 刘亚梅.人际交往困难小学生的初始沙盘及临床诊断意义的探索研究[D].
济南：山东师范大学，2011.

[20] 刘宏.沙盘游戏教学法在初中语文作文教学中的应用研究[J].中国校外教
育，2020（04）：49.

[21] 刘晓丽.小学生行为问题的干预研究——短程沙盘游戏技术的运用[D].烟
台：鲁东大学，2014.

[22] 刘朝忠.教师队伍建设与专业发展［M］.北京：高等教育出版社，2017.

[23] 衣新发，赵倩，胡卫平，李骏衣.中国教师心理健康状况的横断历史研究：
1994—2011[J].北京师范大学学报（社会科学版），2014（03）：12-22.

[24] 汤世明.是否心理咨询　搞懂四个问题[N].家庭医生报，2016.

[25] 孙妍，郑静，胡朝兵.积极人格特质问卷PPTQ在中国大学生中的因素结
构研究[J].唐山师范学院学报，2013，35：140-143.

[26] 孙绵涛.教育管理原理[M].沈阳：辽宁大学出版社，2007.

[27] 杜夏华.大学生积极人格特质及其与幸福感的关系研究[D].南昌：南昌大
学，2009.

[28] 李艺.青少年心理咨询效果的评价探讨[J].赤峰学院学报（自然科学版），
2015（08）：83-84.

[29] 李玉荣.中小学心理教育教师队伍建设研究[J].大连教育学院学报，2009
（04）：35.

[30] 李江雪，申荷永.沙盘游戏疗法的形成与应用[J].社会心理科学，2005，
21（02）：52-55.

[31] 张日昇.箱庭疗法［M］.北京：人民教育出版社，2006.

[32] 李灵.整合性沙盘游戏治疗技术［M］.北京：研究出版社，2017.

[33] 李鑫蕾.积极心理学视角下大学生积极人格培养对策研究[D].大连：大连
大学，2015.

[34] 杨庆昱.小学生心理特点、常见的心理问题及原因分析[J].教育教学，
2018（01）：152.

[35] 肖福芳.沙盘游戏对自闭症谱系障碍儿童的心理辅导应用[D].上海：复旦
大学，2010.

[36] 吴九君.大学生积极心理品质量表的编制[J].中国健康心理学杂志，2014，
22：1693-1695.

[37] 何亚星.区域中小学心理健康教育的理论与实践[M].石家庄：河北教育出
版社，2017：99-100.

[38] 何进军，齐力.青少年心理健康现状与心理服务需求研究[J].荆门职业技术
学院学报，2008（10）：19-23.

[39] 闫晓钒.社交焦虑研究生的自尊与团体沙盘辅导研究[D].郑州：郑州大学，2015.

[40] 沈晓明，金星明.发育和行为儿科学[M].南京：江苏科学技术出版社，2003：219-326.

[41] 张日昇.箱庭疗法的心理临床[M].北京：北京师范大学出版社，2016.

[42] 张金福，刘翠兰.积极心理学对中小学生心理健康教育的启示[J].山东教育学院学报，2007（03）：25-26.

[43] 张晓茜.流动儿童积极人格特质与社会适应的关系，及其影响因素研究[D].漳州：闽南师范大学，2017.

[44] 张倩.小学生积极心理品质他评问卷编制及信效度评价[J].中国学校卫生，2013，34：692-694.

[45] 张辉，王腾，杨凤池.我国社区人群常见心理问题及其心理咨询方法的研究进展[J].中国全科医学，2015，18（31）：3888-3892.

[46] 张微，张宛筑，袁章奎.贵阳市中小学生心理健康现状[J].中国学校卫生，2018，39（08）：1256-1259.

[47] 张新招.积极心理学视域下大学生健康人格培养探究［J］.广西民族师范学院学报，2016（06）：120-122.

[48] 陈顺森.箱庭疗法治疗自闭症的原理和操作[J].中国特殊教育，2010（3）：32-42.

[49] 陈顺森，张日昇.儿童原型理论与箱庭疗法[J].信阳师范学院学报（哲学社会科学版），2005，25（06）：23-26.

[50] 陈顺森，张日昇.箱庭疗法在聋生心理咨询中的应用价值[J].中国特殊教育，2007（1）：26-29.

[51] 陈顺森，张日昇，徐洁.团体箱庭疗法干预初中生考试焦虑的效果[J].心理与行为研究，2006（04）：290-296.

[52] 陈静.团体沙盘游戏技术对儿童行为问题的干预研究[D].广州：华南师范大学，2005.

[53] 林甲针，陈如优.高中生职业生涯规划与班级团体辅导[M].福州：福建教育出版社，2009：121-130.

[54] 林灵.沙盘游戏对促进中学生心理健康发展的分析[J].文理导航（下旬），封3，2016.

[55] 国晓东.沙盘游戏在特殊教育学校的应用与思考[J].中国校外教育（下旬刊），2012（10）：32.

[56] 金家新.中小学班级团体心理辅导探析[J].素质教育大参考，2009（09）：46-48.

[57] 周芸婷.积极团体辅导对小学生情绪智力发展的作用[D].武汉：华中师范大学，2015.

[58] 周嵚.大学生积极特质结构的验证性因素分析及影响因素的研究[D].石家庄：

河北师范大学，2008.

[59] 罗艳红，蔡太生，张斌.积极人格的研究进展[J].医学与哲学（人文社会医学版），1：39-40.

[60] 郑日昌.中小学心理健康教育[M].武汉：武汉大学出版社，2010：13.

[61] 郑娟.大学生家庭环境、积极人格和网络依赖的关系研究[D].石家庄：河北师范大学，2011.

[62] 孟万金，官群.中国大学生积极心理品质量表编制报告[J].中国特殊教育，2009，8：71-77.

[63] 胡丹."越红团体沙盘游戏"对小学生孤独感的干预效果研究[D].成都：四川师范大学，2010.

[64] 胡金生.心理健康教育中教师和家长的互动[J].中小学心理健康教育，2009（07）：15.

[65] 茹思·安曼.沙盘游戏中的治愈与转化：创造过程的呈现［M］.申荷永，译.北京：中国人民大学出版社，2012：6.

[66] 侯玮，张日昇.限制性团体箱庭疗法促进初任班主任生涯发展的探究[J].中小学心理健康教育，2014（02）：12-15.

[67] 度阴山.知行合一王阳明［M］.南京：江苏凤凰文艺出版社，2018：239，246.

[68] 姜炳旭.艺术心理治疗中的治疗关系研究[D].济南：山东艺术学院，2019.

[69] 姜添.音乐沙盘疗法的理论研究[J].合肥学院学报，2013（05）：119-121.

[70] 班东杰.特殊教育学校有效开展沙盘游戏的策略研究[J].绥化学院学报，2016，36（10）：10.

[71] 夏晓辉."越红团体沙盘游戏"对小学低段儿童行为问题的干预研究[D].成都：四川师范大学，2009.

[72] 高永金.初中生积极心理品质的量表编制及现状研究[D].北京：北京师范大学，2012.

[73] 高岚，申荷永，张敏.沙盘游戏与儿童心理教育[J].湖南儿童工程职业学院学报，2004（Z1）：43-46.

[74] 黄辛，檀倩影，蔡篮，等.团体沙盘游戏对改善高职医学生考试焦虑和心理健康状况的效果评价[J].中国学校卫生，2016（08）：1267-1270.

[75] 曹淑君，王萍.学校心理健康教育[M].沈阳：东北大学出版社，2012.

[76] 崔丽娜.沙盘游戏对中小学生心理健康成长影响的实验研究（上）[J].辽宁教育，2017（09）：36-37.

[77] 崔建华，黄兰荣.箱庭疗法对智障儿童进行干预的实证研究［J］.甘肃科技纵横，2013（07）：130.

[78] 梁波.中学生心理咨询与心理健康教育探究[J].心理月刊，2020，08（15）：30-32.

[79] 彭聃龄.普通心理学：第5版[M].北京：北京师范大学出版社，2019：5.

[80] 曾恕，越红.团体沙盘游戏对促进小学高年级学生心理健康的实验研究 [D].成都：四川师范大学，2010.

[81] 谢丽仪.高职生积极人格、自我意识与人际适应关系的研究 [D].广州：广州大学，2016.

[82] 赖小林，巢东蕊，丁成文.沙盘游戏疗法的应用及研究现状 [J].中国健康心理学杂志，2010（06）：754-755.

[83] 赖微.积极心理学视角下初中心理健康教育课程探索研究 [D].武汉：华中师范大学，2016.

[84] 廖全明，李辉.我国中小学教师的心理健康问题及其危害——目前国内关于中小学教师心理问题研究的文献综述 [J].学术探索，2004（04）：56-59.

[85] 廖波.普通心理学 [M].北京：航空工业出版社，2012：84-87.

[86] 熊睿.基于小学生心理发展特点的小学音乐欣赏 [D].长沙：湖南师范大学，2019.

[87] 樱井素子，张日昇.在澳大利亚某重度语言障碍学校进行箱庭疗法的尝试——爱玩沙的8岁男孩的箱庭疗法过程 [J].心理科学，1999（4）：350-355.

[88] 潘顺英，朱晓华.1573例精神科儿童心理咨询门诊首诊问题调查 [R].2011年浙江省心理卫生协会第九届学术年会论文汇编，2011.

[89] 克里斯托弗·彼得森.积极心理学 [M].徐红，译.北京：群言出版社，2000.

[90] 卡尔文·霍尔，弗农诺·德比.荣格心理学七讲 [M].冯川，译.北京：北京大学出版社，2017.

[91] 芭芭拉·A.特纳，克里斯汀·尤斯坦斯杜蒂尔.沙盘游戏与讲故事——想象思维对儿童学习与发展的影响 [M].陈莹，王大方，译.北京：北京师范大学出版社，2015：8.

[92] 申荷永，高岚.沙盘游戏：理论与实践 [M].广州：广东高等教育出版社，2004.

[93] 杨丽珠，孙岩.心理与教育科学研究方法 [M].北京：中国人民大学出版社，2018.

[94] Christine L.Childhood trauma in obsessive-compulsive disorder, trichotillomania and controls. Depression and Anxiety, 2002, 15: 66-68.